들어라 와다쓰미의 소리를

일본전몰학생기념회 엮음 / 한승동 옮김

서커스

죽은 사람들은 돌아오지 않는데,
살아남은 사람은 무엇을 알아야 하나?

죽은 사람들은 한탄할 방도가 없는데,
살아남은 사람들은 누구를, 무엇을, 한탄해야 하나?

죽은 사람들이 이미 입 다물고 있을 수 없는데,
살아남은 사람들이 침묵해야 할까?

장 타르디외(프랑스의 시인, 1904~1995)

차례

들어라 와다쓰미의 소리를

きけ わだつみの声

일러두기

1. 이 책은 1949년 일본전몰학생기념회가 엮어펴낸 『きけ わだつみのこえ』의 1995년 신판(岩波文庫)을 완역했다.

2. 본문 중 [ ] 안의 내용은 유고의 이해를 위해 필요하다고 생각되는 단어에 대한 엮은이의 보충 설명이다. 옮긴이가 덧붙인 설명은 내용의 끝에 '옮긴이'라고 표시했다. ( ) 안의 내용은 유고의 필자들이 쓴 내용이다.

3. 시대 배경을 이해하기 위한 중요한 어구는 *로 표시되어 있고 각 유고의 뒤에 해당 내용에 대한 주석이 있다.

4. 유고 필자들의 약력은 (1)생년월일과 출신지 (2)학력 (3)군력(軍歷) (4)전몰 날짜와 사유, 전몰 당시의 계급, 만 나이 등 4개 항목 순으로 유고 본문 앞에 정리되어 있다.

5. ………은 엮은이에 의한 생략 부분을 표시한다. ……은 필자 자신의 손에 의한 것이다.

슬퍼해야 할까 분노해야 할까

아니면 침묵해야 할까

들어라 끝없는 와다쓰미의 소리를

우에하라 료지上原良司

1922년 9월 27일생. 나가노현 출신.

게이오의숙대학 예과를 거쳐, 1943년 경제학부 입학.

1943년 12월 1일, 마쓰모토(松本) 보병 제50연대에 입대.

1945년 5월 11일, 육군특별공격대원으로, 오키나와 가데나 앞바다의 미국 기동부대로 돌진해 전사.

육군 대위. 22세.

소감

영광스러운 조국 일본의 대표적 공격대라 해야 할 육군특별공격대*로 뽑혀 더없이 영광스럽게 생각합니다.

생각건대 오랜 학생 시절에 얻은 신념이라고도 해야 할 이론 만능의 도리로 본다면 이것은 어쩌면 자유주의자*라는 얘기를 들을지도 모르겠지만, 자유의 승리는 명백한 것이라고 생각합니다. 인간 본성인 자유를 없애는 건 불가능하며, 설사 그것이 억눌린 듯 보일지라도 밑바닥에서는 늘 싸우면서 마지막에는 반드시 이긴다는 사실을, 저 이탈리아의 크로체[Benedetto Croce. 이탈리아 철학자. 1866~1952]도 말했듯이, 진리라고 생각합니다.

권력주의, 전체주의 국가는 일시적으로 융성하더라도 반드시 마지막에 패배한다는 건 명백한 사실입니다. 우리는 그 진리를 이번 세계대전의 추축국가[삼국동맹을 맺은 일본·독일·이탈리아]에서 볼 수 있다고 생각합니다. 파시즘의 이탈리아가 이미 그렇지만 나치즘의 독일 또한 이미 패배해 이제 권력주의 국가는 토대가 무너진 건축물처럼 차례차례 멸망하고 있습니다. 진리의 보편성은 지금 현실로써 증명되고 있으며, 과거 역사가 보여준 것처럼 미래 영구히 자유의 위대함을 증명해 갈 것으로 생각됩니다. 내 신념이 옳았다는 것, 이것은 어쩌면 조국에는 두려워해야 할 일인지도 모르겠습니다만 우리에게는 기쁘기 한량없습니다. 현재 어떤 투쟁도 그 토대가 되는 것은 반드시 사상이라고 생각합니다. 이미 사상만 봐도 그 투쟁의 결과를 명백히 볼 수 있다고 믿습니다.

사랑하는 조국 일본을 예전의 대영제국처럼 만들려던 나의 야망은 결국 덧없이 깨지고 말았습니다. 진정으로 일본을 사랑하는 자들이 나라를 세웠다면 일본은 어쩌면 지금과 같은 상태로 내몰리지는 않았을 것이라고 생각합니다. 세계 어디든 당당하게 돌아다니는 일본인, 이것이 내가 꿈꾼 이상이었습니다.

하늘의 특공대 파일럿은 하나의 기계에 지나지 않는다고 어느 벗이 말했지만, 확실히 그렇습니다. 조종간을 쥔 기계, 인격도 없고 감정도 없고, 물론 이성도 없이 그저 적의 항공모함을 향해 빨려 들어가는, 자석 속의 철 분자에 지나지 않습니다. 이성적으로 생각한다면 도저히 생각할 수 없는 일로, 굳이 생각한다면 그들이 말한 대로 자살자라고나 할까요. 정신의 나라 일본에서만 볼 수 있는 일이라고 생각합니다. 하나의 기계인 우리는 어떤 말도 할 권리가 없습니다만, 바라건대 사랑하는 일본을 위대하게 만들어 달라고 국민 여러분에게 부탁드릴 뿐입니다.

이런 정신 상태로 출정한다면 물론 죽더라도 아무 소용이 없을지도 모르겠습니다. 그래서 처음에 얘기했듯이 특별공격대에 뽑힌 것을 영광으로 생각하는 것입니다.

비행기를 타면 기계에 지나지 않는 존재가 되지만 일단 내리면 역시 인간이기 때문에 거기에는 감정도 있고 열정도 솟구칩니다. 사랑하는 연인이 죽으면 자신도 함께 정신적으로는 죽습니다. 천국에서 기다리는 사람, 천국에서 그녀와 만날 수 있다고 생각하면 죽음은 천국으로 가는 여정에 지나지 않으므로 아무렇지도 않습니다. 내일은 출격합니다. 과격했고, 물론 발표해야만 할 일은 아니었지만, 거짓 없는 심경은 지금까지 밝힌 바와 같습니다. 아무 계통도 세우지 않은 채 생각나는 대로 주절주절 늘어놓는 걸 용서해 주시기 바랍니다. 내일은 자유주의자 한 사람이 이 세상을 떠날 것입니다. 그의 뒷모습은 쓸쓸하겠지만, 마음은 만족으로 가득 차 있습니다.

하고 싶은 얘기를 하고 싶은 만큼 했습니다. 무례를 용서하십시오. 그럼 이쯤에서.

출격 전야에 쓰다

---

*특공·특별공격대·특공병기… 항공 병력이 부족했던 아시아태평양 전쟁 말기에 패세를 만회하기 위해 감행한 무모한 전법. 최대한의 폭탄을 실은 비행기가 적 함선을 통째로 들이받아 폭발하는 걸 노렸다. 특공을 통한 적 함선 피해는 미국 쪽 자료를 보면, 침몰 16척, 손

상 185척으로, 적함에 대한 명중률은 1~3퍼센트였던 것으로 알려졌다. 특공에 따른 전사자(2계급 특진)의 수는 해군이 2527명, 육군 1388명으로 기록돼 있다. 다른 특공병기로 인간어뢰 '가이텐(回天)', 폭탄 장착 모터보트 '신요(震洋)', 인간폭탄 '오카(櫻花)', 폭탄을 싣고 해저에서 솟아올라 상륙용 함정을 들이받는 '후쿠류(伏龍)' 등이 있었다.

* 자유주의… 교토대 다키가와(滝川) 사건, 천황기관설 사건 이후 일본에서는 군국주의 파시즘이 기승을 부렸다. 자유주의 사상의 존재 자체도 허용되지 않게 되고, 자유주의를 표명하는 것은 '국적(國賊)' '비국민'임을 선언하는 것과 다름없는 시대 상황이었다.

01

중일전쟁 시기

15년 전쟁은 1931년 9월 18일, 류탸오후(柳条湖) 부근의 남만주 철도 노선 폭파라는 모략에 의한 '만주사변'으로 시작됐다. 국제연맹에서 이를 비난하는 보고서가 채택되자 일본은 연맹을 탈퇴했다. 일본의 침략과 '만주국' 수립은 중국 민중의 항일구국운동을 고양시켰다. 1937년 7월 7일의 중일 양국군의 충돌, 루거우차오(盧溝橋) 사건을 호기로 삼아 일본은 '지나사변(支那事變)'이라 칭한 중일 전면전에 돌입했다. 이는 중국 민중의 격렬한 항일운동을 불러, 수렁에 빠진 장기전이 지속됐다.

이시가미 다카아키石神高明

1916년 9월 13일생. 가고시마현 출신.

제7고등학교를 거쳐, 1936년 도쿄제국대학 문학부 심리학과에 입학, 1939년 졸업.

1939년 11월 2일 입대.

1942년 3월 17일, 중국 후베이성 톈먼(天門)현에서 전사. 육군 중위. 25세.

1938년 10월 5일

○ 저녁, 지나* 행 우편물에 우표를 몇 장 붙이면 될지 혼고(本鄉. 당시 도쿄제국대학의 소재지 – 옮긴이) 우편국까지 물으러 갔다. 이미 '저축채권은 매절'이라는 팻말이 세워져 있는 것이 인상에 남았다.

○ 본교에서 다카다 야스마 선생[高田保馬. 교토대 교수, 사회학자·경제학자. 1883~1972]의 강연회가 곧 열린다. 38번 교실에서.

○ 10·7, 블뤼허[소련 극동군사령관. 숙청으로 처형되었으나 사후 명예회복. 1890~1938]의 자살설을 전해 듣는다.

○ 한편 독일—체코슬로바키아 친선화, 군사동맹설조차. 또 한편으로 슬로바키아인은 자치를 요구하고 있다는 얘기이니 실로 우스꽝스러운 희극, 아니 오히려 비극적인 민족주의의

'촌극'을 보라! 배후에서 득의의 미소를 짓고 있는 거대한 자의 존재를 잊어선 안 된다.

○ 소련, 프랑스에게조차 정나미가 떨어지려 한다. 그러나 인민전선의 항쟁은 단념해서는 안 된다.

○ 10·7, 기요노 겐지 박사[淸野謙次. 교토대 교수, 병리학·인류학자. 1885~1955], 도쿄에서 정신감정을 받게 된 모양이다.

10월 7일

○ 가와이 에이지로 교수[河合榮治郎. 도쿄대 교수. 사회사상 연구가, 경제학자. 1891~1944]의 4대 명저 『사회 정책 원리』등의 판매금지. 또한 교수 자신의 진퇴도 문제화되다.

○ (아침 수양) 오가사와라 해군 중장의 반동 강연을 듣다. 스페인에서 교회의 파괴, 살육당한 성직자 수를 알 수 없다는 건 어디에서 나온 수치일까. 신사회가 신세대로 짜여진다는 것은 당연한 것 아닌가. (『방공(防共)과 나의 종교』)

○ 목표 없이는 학문조차 거의 불가능하다고 믿는다.

○ 무신론을 첨예한 무기로 삼자.

○ 제국대 학생들의 냉혈·냉담, 정말로 싫고 가증스러운 면이 있다. 그들은 철저히 기회주의자들의 오합지졸일 수밖에 없다. 자본가 계급 앞잡이가 되기에 얼마나 급급하며, 또 그 고마운 분부에 얼마나 고분고분한가. 어디까지나 보신적이다! 왕년의 신인회[新人會. 1918년에 도쿄대 내에 결성된 사회주의적 경향의 학생단체. 1929년 해산] 시대의 의기는 오늘날 과연 어디로 갔는가. 반동주의의 노예들!

○ 그렇다. '사회'로 나가자, 함께!

○ 나는 어느 부분 층(層)을 통해 사회태(社會態)에 대한 접촉을 합법적으로 허용받고 있다. 메토데[methode, 방법]와 이데올로기를 확립하자. 먼저 스스로 단결하고 모든 형태로 '투쟁'을 실천해야 한다. 이제야 나는 개인주의와 그것의 확대에 지나지 않는 전체주의와 사회주의의 명료한 대립을 인지한다. 그 차이를 얼버무리는 것도 그들의 전술의 하나일 뿐이다.

○ 우리는 어떤 종류의 주장이 '사회성'을 너무 고양시킨다는 이유로 거기서 눈을 돌려서는 안 된다. 우리는 감정주의적 아지테이션[선동전략]에 속아서는 안 된다. 우리는 감정이 실은 사태의 소산, 아니 사태의 변동 그 자체라는 것을 알아가고 있다. 여기서부터 신비와 반동성을 몰아내려 하고 있는 것이다.

센티멘털리즘―인류에게 피할 수 없는 것― 거기에 종교적 요소의 궁극적 도피처가 있다는 것은 아무리 주장해도 지나치지 않다.

10월 8일

○ 다카다 야스마 박사는 말했다. "적어도 이성적 과학 이론은 국제적으로 협조 가능한 것이기 때문에, 고유의 과학을 주장하는 것과 같은 것은 이론의 발전이 국제적 수준에 아직 도달하지 못한 과도 단계에 있다는 것을 자기 고백하고 있는 데에 지나지 않는다. 또는 이론과 응용 양 분야의 혼동에 토대를 두고 있든지"라고. 실로 통렬한 '폭로'라고 할 수 있다.

10월 22일

○ 가지 와타루[鹿地亘. 중국에서 일본인민반전동맹을 결성]의 〈전위(前衛)의 아버지〉(『전기(戰旗) 36인집』) 도쿄 개조사, 1931, 377~394쪽)를 읽은 오늘은 기념해도 좋을 날이다! 개조사(改造社. 일본 독서계에 엔본 붐을 일으킨 〈현대 일본 문학 전집〉, 〈마르크스 엥겔스 전집〉, 사회주의적 종합 잡지 〈개조〉 등을 펴낸 출판사. 버트런드 러셀, 아인슈타인 등을 일본에 초대해 화제를 모으기도 했다. 1944년 군부의 압력으로 문을 닫았고 현재는 서점 체인만 운영하고 있다. - 옮긴이)가 출판처로 돼 있는 것도 오늘의 정세와 대조해 보게 되고, 또한 중학생 시절 총선거 때 야마모토 사네히코(山本実彦) 씨가 고향에서 입후보했을 때 반대당의 가두연설이 전매소 부근에서 열려 개조사를 사회주의의 소굴로 매도했다는 얘기를 친구를 통해 들었는데, 그런 것도 지금 다시 깊이 상기하게 된다.

○ 아카(赤)[공산주의(자)의 속칭] 문학이 건강하지 않다는 것은 새빨간 거짓말이다!

○ 겨우 10년도 지나지 않았는데, 그사이에 '시대'가 얼마나 큰 진전을 보였겠는가. 게다가 본질적 사태는 거의 변하지 않았다.

11월 9일

○ 처참하게 '찌부러져' 몰락해 있는 슬럼가에서, 예컨대 『습자 교실』[도요타 마사코 작. 1937년 간행]의 작은 여주인공으로 대표되는, 특히 아동들이 '고민도 없이 팔팔하게 생활하고 있

다'는 것.

○ 구보카와 이네코 씨의 르포(〈문예〉 11, 1938, "『습자 교실』의 학교를 보다")에서도 슬럼가에 세워진 소학교 아동들의 '해맑음'이 지적되었다는 것.

○ 그러나 나는 환경의 원시화는 필연적으로 생활 장면, 따라서 생활의 원시화로 귀결된다고 생각한다. 이런 의미에서도 '소학교'의 환경적 역할은 크다고 본다.

생활이 밝다는 것은 사회적인 장, 환경이 전혀 규제를 하고 있지 않아서가 아니라, 아직 영향을 줄 만큼 충분한 단계 내지 형태에 도달해 있지 않다는 것을 의미하는 데 지나지 않는다………

11월 10일

○ 유대인 재벌과 코민테른. ―나는 이렇게 엮어 본다. 우리는 폐쇄돼 있어서는 안 된다. 속았다는 것은 바보 취급을 당했다는 것이다. 단적으로 말해서―

12월 30일

○ 고리키의 『유년 시대』

―스스로 일할 수 있도록 배우고, 남에게 머리를 숙이지 마라, 가만히 차분하게 살아라, 하지만 똑바로 보라, 모두가 하는 얘기를 들어라, 그러나 일은 너의 뜻대로 하라……

○ 국가에 의한 착취 강제 때문에, 라는 맹종.

＊지나(支那)… 전쟁 전과 전쟁 중에 일본인들이 중국을 일컬었던 호
칭. 중국인들로선 불쾌한 문자 표현. (이하 중국으로 표기 – 옮긴이)

요시무라 도모오吉村友男

1922년 3월 1일생. 기후현 출신.

와세다대학 제2고등학원을 거쳐, 1942년 10월 와세다대학 문학부 국문과에 진학.

1943년 12월 1일 입대.

1944년 10월 18일, 필리핀 서쪽 해상에서 전사. 육군 보병 중사(軍曹)

하니 고로(羽仁伍郎)의 『크로체』[1939년 간행]를 읽고,

1

크로체가 위대한 것은 학문을 믿고, 많은 사람들을 위해 온 힘을 다하겠다는 생각을 갖고 있었기 때문이라고 봅니다. 학문의 독립이라는 말이 있지만, 그것을 관철하는 것은 매우 어려운 일이라고 생각합니다. 크로체라는 사람은 진정으로 그것을 믿고 그것을 지킨 사람이었습니다. 평화로운 때는 공론(空論)도 공론으로 보이지 않기 때문에 학문의 독립이라는 말도 대단히 번창했겠지만 현대와 같은 이상한 시대에는 공론 따위는 나올 여지가 없어지고 모두 그런 얘기를 별로 하지 않게 됐습니다. 원래 진심으로 한 얘기가 아닐 테니까 당연하겠지만, 매우 한심한 일이라 생각합니다. 크로체가 다른 점은 그의 논의

보다, 그런 시대에도 꿈쩍도 하지 않은 그의 학문적 신념이라고 생각합니다.

2

현대와 같은 격동의 시대에는 학자는 둘로 나뉜다고 생각합니다. 하나는 자신의 학문을 믿고 일관되게 현대를 비판하려는 사람과, 또 학문 따위는 내동댕이치고 현실에 휩쓸려가는 사람으로. 크로체는 물론 전자에 속하는 사람이었습니다. 그것은 앞의 세계대전에 대처한 그의 태도를 보면 알 수 있습니다. 그때 현실이야말로 모든 것이라며 정열에만 몸을 맡긴 사람들이 지금 어떻게 돼 있는가. 우리는 분명히 볼 수 있습니다. 크로체는 학문을 믿었지만 현실 또한 조금도 잊지 않고 있었다고 생각합니다. 그것은 크로체가 비판을 중시하고 〈크리티카〉라는 잡지를 통해 기탄없이 새로운 사태를 비판했던 사실을 보더라도 알 수 있습니다. 이는 크로체가 학문만 믿고 현실은 망각해버린 거짓 학자들과 크게 다른 점이라고 생각합니다.

현실 속에 휩쓸려간 사람은, 현실은 복잡해서 단순한 이론 따위로는 대처할 수 없다고 주장합니다만, 거짓 이론으로는 어떤 현실에도 대처할 수 없겠지요.

크로체의 이론은 좀 더 깊고 강한 이론으로, 역사의 올바른 비판에서 나온 것이라고 생각하기 때문에 어떤 사태가 벌어져도 놀라지 않고 올바르게 비판할 수 있었다고 생각합니다.

3

크로체는 비판을 가장 중시했습니다.

역사에 대한 올바른 비판을 현실에서 살려나감으로써 사람들이 행복해질 수 있다고 생각했습니다. 이는 단지 역사나 과학만이 아니라 우리 생활에 대해서도 얘기할 수 있다고 봅니다. 크로체처럼 '자기 자신의 비판'을 살려나감으로써 우리는 좋아질 수 있다고 생각합니다. 지금 생활 형편이 좋지 않다고 해서 비판을 버린다면 오히려 진정한 행복을 잃어버리게 될 것이라고 생각합니다. 그것이 우리가 교양이라고 얘기하는 것이 아닐까요. 크게 한 나라나 인류의 입장에서 얘기하면, 그것이 학문입니다. 교양이 없는 나라가 어떻게 진정으로 행복해질 수 있겠습니까. 그 학문은 비판이어야만 한다는 걸 크로체가 얘기했다고 나는 생각합니다.

교양이 욕망에 짓눌려서는 우리가 잘 될 수 없겠지요. 국가 차원에서도 마찬가지라고 생각합니다.

4

또 크로체는 많은 사람들을 위해 최선을 다해야 한다고 생각했습니다.

어떤 사람이든 행복해질 수 있도록, 한 사람의 행복이 다른 사람의 불행을 초래하지 않도록 해야 한다고 크로체는 진심으로 생각했기 때문에 언제나 몸을 낮추고, 어떤 세력에도 가담하지 않고, 학문의 순수성을 지켰습니다. 학문의 순수성이라는 것은 생활과 괴리되어 있다는 의미가 아니라 여러 세력에게 짓눌리지 않는 것이라고 생각합니다. 생활과 분리돼야 학문이 독립할 수 있다는 얘기 같은 건 무의미하다고 봅니다.

하지만 학문의 순수성을 생활과의 분리라고 생각하는 학자들이 의외로 많지 않을까요.

크로체는 진정한 의미에서의 학문의 순수성을 지켜나간 사람이었습니다. 그런 맑고 강한 심성을 지닌 사람이 일부 사람들만의 행복을 생각할 리가 없다는 건 당연하다고 생각합니다.

5

나는 진리의 나라의 왕이다, 라고 그리스도가 말했을 때 로마 총독 빌라도는 진리란 무엇이냐고 물었습니다. 빌라도는 현실에 휩쓸려간 사람이기 때문입니다. 그런 것을 한눈에 꿰뚫어 보면서 어떻게든 진리를 확신해야만 했던 그리스도에게 빌라도의 질문은 의미를 가질 수 없었다고 생각합니다.

크로체에게도 그때의 그리스도와 같은 영지(英智)가 있었다고 나는 생각합니다.

오이 히데미쓰 大井榮光

1914년 10월 2일생. 도쿄 출신.

도야마 고등학교를 거쳐, 1934년 도쿄제국대학 이학부 수학과 입학, 1937년 졸업.

1938년 9월 1일, 대학원 재학 중에 입대.

1941년 6월 14일, 중국 산둥성 시수위안(柿樹園)에서 전사. 육군 소위. 26세.

어머니

마침내 이별의 날이 왔습니다.

하지만 저는 건강하게 다녀올 테니 부디 몸조심하셔서, 고생하고 살아 돌아왔을 때에는 한층 더 건강한 모습으로 뵐 수 있기를 빌겠습니다.

아무런 걱정도 없고 어떤 감정의 부침도 없는 체하고 있습니다만, 저는 역시 많은 미완성을 안은 채 전쟁터로 갑니다. 거기에는 적막감도 있고 애석한 정도 있습니다. 하지만 보이지 않는 신의 의지가 지배한다는 것을 전폭적으로 신뢰하며 위험하고 험한 곳으로 가는 자세는 다소나마 이미 터득하고 있다고 자부합니다. 이렇게 된 바에는 어머니도 요시미쓰도 미에코도 모두 제 심정을 짐작하고 애써 웃는 얼굴로 저를 보내주고 싶었겠습니다만, 역시 어버이와 자식 간의 정은 참으로 깊고 절실한 것인 듯합니다. 저는 엄마의 눈물은 마다하지 않습니다. 하지만 이후로는 가능한 한 쾌활하게 나날을 보내시면서 제가 전하는 소식을 기다려 주시기 바랍니다. 처음부터 '슬픔의 눈물'을 흘리면 전쟁터에 가는 것이 아니라 죽으러 가는 것 같은 생각이 들어 화가 나기 때문에, 부디 낚시도구나 스케치북 같은 것을 들고 밖에 나갔다는 식으로 생각하시기를 간절히 바랍니다. 제발 더는 결코 눈물은 흘리지 않겠다고 결심하고 약속해 주세요.

벚꽃이 아름다운 풍경, 봄날의 편안하고 한가로운 기분에 빠져 제 마음을 돌이켜보니 온갖 새로운 감정이 솟구쳤습니다. 오늘까지는 인간세상이라거나, 고민이나 즐거움, 그 밖의 어려운 일을 서로 알고 있는 듯한 기분이 돼 함께 얘기하거나 혼자 속단하기도 했지만 결국은 거의 모든 게 스쳐 지나가는 것일 뿐이었습니다. 그리고 오직 그리스도의 구원만이 움직이지 않는 세계에 대한 유일한 희망의 사다리로 남아 있는 듯한 생각이 듭니다. 그 신앙도 결코 대단히 강고한 것이라고 말씀드리지는 않겠습니다만, 다른 것—세상의 모든 것—에 비하면 훨씬 더 절실한 것처럼 여겨진다는 얘깁니다.

그토록 전쟁을 싫어하고 두려워했던 예전의 제가 이젠 모든 잡념을 깨끗이 버리고 오로지 싸우기를 바라는 자로서 갖가지 훈련을 계속하고 있는 것은 참으로 놀랄 수밖에 없는 일이라고 생각합니다. 하지만 그건 가족들이 보기에는 경이적인 현상일지라도 당사자의 처지가 돼 보면 매우 당연한 일에 지나지 않는다는 생각이 들 수밖에 없습니다. "그만큼 군인이 된 것인

가"라고 하신다면 그뿐이지만, 저는 오히려 그렇게 생각하기
보다는 "군인이라는 처지에 놓이게 돼 특수한 훈련을 받고 있
다"는 편이 맞는다고 생각합니다. 저는 "그만큼 군인이 돼 있
는 건 아닙니다".

군대 생활에서 제가 고통을 받고 있는 것들 중에서 제 감
정—섬세하고 예민한—이 점점 닳아 없어져 어떤 것도 무서워
하지 않게 된 대신에 어떤 것에도 반응을 하지 않는 상태로 빠
져들고 있는 게 아닌가 하는 의심만큼 저를 우울하게 만드는
것도 없습니다. 저는 그렇게 해서 점점 동물로 굴러 떨어지기
보다는 언제나 예민한 감정으로 살아가면서 과감하게 전투를
수행하고 싶은 충동에 사로잡힙니다. 하지만 저는 무리하지는
않습니다. 일순 놀라고 쩔쩔매지만 다음 순간에는 최선의 방법
을 차분히 실행해 가는 식으로 자신의 성격을 살려서 최후의
승리를 향해 매진하고 싶습니다. 저에게 이른바 최후의 승리는
살아 돌아감으로써 비로소 성취되는 것인지, 아니면 전사해야
만 주어지는 것인지 지금으로서는 전혀 알 수 없습니다. 하지
만 그런 만큼 아주 즐겁게 출발할 수 있으니까, 부디 집에 계신
가족들도 모두 즐거운 나날을 보내면서 저의 필생(필사!)의 수
양을 지켜봐 주십시오. 죽게 되면 그 또한 주님의 뜻일 터이니
연약하게 눈물 따위 흘리지 말고, 살아 돌아오더라도 그것으로
최후의 승리가 주어지는 건 아니니까 경솔하게 웃지 마시기를
바랍니다.

이상 어쩐지 장광설을 늘어놨습니다만, 그 가운데서 미소만
을 읽어내 주세요. 이제부터는 좀 더 재미있고 익살스럽고 유

쾌한 것도 많이 쓰겠습니다.

제가 최근 너무 글을 쓰지 않아 머리가 돌처럼 굳어져버리게 아닌가 생각했지만, 아직 문제없이 쓸 수 있고, 다소 인간다운 감정도 남들만큼 솟구치고 있으니 그때그때 감정을, 이따금 써서 보내겠으니 즐거움과 단란의 양식으로 삼아 주세요. 이것으로 첫 편지를 끝내겠습니다.

1940년 4월 17일

히데미쓰 올림

[목사님에게]

○○○에 상륙한 뒤 베이징과 톈진(天津)에서 각각 1박하고, 지금은 ○○에 와 있습니다. 드디어 내일이나 모레는 ○○로 갑니다. 이른바 사람의 세계로부터 떨어져 나와 중국의 오지에 와 보니 중국이 지닌 고민을 맛볼 수 있습니다. 실로 황진만장(黃塵萬丈)이란 표현 그대로인데, 그 이상으로 거기에는 억(億)을 헤아리는 민중이 먼지투성이가 된 채 이상도 실망도 모르고 살아가고 있습니다. 그리스도의 빛이 그들에게 비춰질 날은 과연 언제일까 하는 생각을 합니다.

주님 안에서

히데미쓰 올림

[목사님에게]

은총을 빕니다.

주님의 은혜로 건강하니 마음 놓으십시오. 전장에서 저녁에 조용할 때 찬송가를 부르며 찬송하는 여유를 주신 것은 매우 다행스러운 일이라고 생각합니다. 지금의 제 상황은 은혜로 충만해 있다고 할 수 있습니다. 생명의 위험은 전장이기 때문에 어디서도 문제가 되지 않습니다만, 저는 마음의 여유 때문에 편안합니다.

오늘 저녁 처음으로 중국인 교회에 들어가 봤습니다. 기도회가 있는 듯해서 마을을 시찰하고 돌아오던 중에 들렀습니다. 중년의 남녀, 노인들이 모여 있었습니다. 제가 일본의 기독교도라고 했더니 몹시 기쁜 듯한 얼굴로, 여기 일본어 성서가 있다며 굳이 꺼내와 보여주었습니다. 중국어 성서를 진귀한 듯 바라보고 있었기 때문에 그랬을 겁니다. 금방 돌아왔습니다만, 돌아올 때 노인이 〈출애굽기〉를 주려고 했습니다. 기쁜 일이었습니다. 마을 가운데를 걸어서 돌아오면서, 폐허가 된 마을이지만 지금 제 마음속에는 신앙인의 희열이 넘치고 있다는 걸 자각했습니다.

교회를 생각하고 은혜를 빌겠습니다. 여러분 모두 잘 부탁드립니다.

주님 안에서

히데미쓰 올림

가련

가련의 정이란 말을 종종 듣는다. 나도 곧잘 그런 기분을 맛볼 때가 있다. 작은 것, 미약한 자를 불쌍히 여기는 것은 사람의 마음속에 떠오르는 여러 정념 중에서도 매우 바람직한 것이다. 실력 없는, 의지할 데 없는 약한 자가 단지 약하다는 이 유만으로는 가련한 정이 솟아나지 않지 않을까. 약하면서도 자신을 보존하고, 연약하고 서툴지만, 미흡하지만 노력하는 것을 볼 때야말로 가련한 정이 솟아날 것이다. 약자가 강자의 비호를 당연한 듯 여기는 것은 결국 비굴한 것에 지나지 않는다. 거기에서는 가련의 정이 눈곱만큼도 솟아나지 않는다.

능력이 떨어지는 부대가 서툴지만 일장기에서 전해져 오는 감격에 떠밀려 혼신을 다해 노력하고 있는 것을 볼 때 부대장으로서 나는 몹시 감동을 받을 때가 종종 있다. 그리고 거기에서 솟구치는 것이 가련의 정이다. 오랫동안 목욕도 하지 못한 더러운 손으로, 추위로 퉁퉁 부어있는 손으로, 쥐고 펴기도 자유롭지 못한 듯한 대나무 마디 같은 손으로 무기 손질을 열심히 하고 있다.

또는, 다른 상관으로부터는 이미 '틀렸어'라는 낙인이 찍혔지만 여전히 무심하게 헛된 노력을 하고 있는 부대를 볼 때 가련하다는 생각이 든다. 그들에게도 그들의 세계가 있는 것이다. 그들이 자랑스럽게 자기주장을 하는 장면도 있는 것이다. 적어도 그들에게는 사랑하는 아버지 또는 어머니, 형제들이 있을 것이다. 그리고 그들은 성실하지만 그들의 재능이 떨어져 낮은 평가를 받고 불합격이라는 비평을 받아야 한다. 그들은 주옥같이 아름다운 마음을 지니고 있는데, 그들의 아버지, 어머니, 형제가 그들에게 희망을 걸고 기대를 하고 있는데, 그들은 결국 미약한 것이다. 그럴 때 그런 병사 한 사람 한 사람이 한없이 가련해진다.

......

　나는 또 어느 때 중국인과 그 사람의 어린 아이를 보고 심히 가련의 정을 느낀 적이 있다. 그 중국인은 마흔 정도의 남자로, 키가 크고 살진 몸에다 통통한 뺨, 갸름한 얼굴을 지닌 남자였다. 그다지 부자라고 할 수는 없지만, 그렇다고 최하층의 꾀죄죄한 가난뱅이라고 할 정도도 아니었다. 그는 아들로 보이는 네 살 정도의 어린 아이를 안고 황군[천황이 통솔하는 일본군]의 당당한 진군을 길옆에 잠시 멈춰 서서 바라보고 있었다. 그들은 결국 패배한 나라의 국민이었다. 그들은 승리한 황군을 어떻게 바라보고 어떻게 생각하고 있었을까. 그들에게는 비굴한 정은 없었다. 그들에게는 작은 자주성의 싹이 보였다. 특히 패배한 어른의 보호를 받고 있는 아이에게는 어쩐지 장래 중국의 가능성이 감춰져 있는 것 같았다. 그럼에도 그들은 지금 한가닥 동정도 받지 못하고 아무도 돌아보지 않는 가운데 문화의 빛과는 거리가 먼 저 시골구석에 버려져 있다시피 한 것이다. 나는 진군 중에 가련한 그들 두 사람을 보고 마음이 쥐어뜯기는 듯 아팠다.

....

　1940년 11월 27일

메구로 아키라目黑晃

1916년 11월 10일생. 미야기현 출신.

제2고등학교를 거쳐 1937년 도쿄제국대학 문학부 사회학과에 입학.

1941년 3월 입대.

1941년 10월 10일, 중국 화중 웨저우(岳州) 야전병원에서 병사.

24세.

[아버지에게 보낸 편지]

1941년 9월 16일

아버지, 가을이 왔습니다. 지금까지 백 몇십도(화씨)나 되는 찌는 듯한 더위 속에 있었는데, 갑자기 찾아온 서늘한 가을바람에 놀랐습니다. 별이 총총한 하늘도 아름답습니다. 벌레들이 가까이에서 울고 있습니다. 어떤 벌레라도—귀뚜라미든 방울벌레든 내지(일본)에서 들을 수 있는 가을벌레는 어떤 것이든 이 중국 땅에 와 있는 우리 부대에게 잠시 향수를 불러일으킵니다. 우리 부대가 함께 모여 이야기라도 할 때는 그래서 저 내지의 산하와 음식 얘기만 하게 됩니다.

아버지, 우리 야마모리(山森) 부대는 지금 한커우(漢口)에 있습니다. 몇 개월간의 저 혹서(酷暑)에 대한 교육이 드디어 이 가을에야 실제로 성과를 올리게 된 셈입니다. 9월 9일 중양절

(重陽節)에 우리 부대는 주둔 준비를 마쳤습니다. 그곳은 이 한 커우에서 다시 350킬로미터 떨어진 당양(當陽) 마을입니다. 오전 10시에 우리 자동차는 가을비 부슬부슬 내리는 가운데 첫 출전지를 향해 출발했습니다. 몇십 대나 되는 자동차 부대는 완만한 구릉을 뒤로 뒤로 하며 나아갔습니다. 심한 진창길이어서 타이어가 미끄러져 움직일 수 없게 되거나 고갯길을 오를 수 없어서 모두가 애를 써서 끌어올리고, 자동차가 고장이 나기도 하는 등 헤아릴 수 없을 만큼 고생을 거듭한 끝에 우리 자동차 부대는 4일간의 행정(行程)을 거쳐 12일 오후 10시에 이곳 한커우에 도착한 것입니다. 이제부터 배를 타고 어디로 갈 것인가, 우리는 전혀 알 수 없습니다. 어떻게 해서든 다만 목숨이 붙어 있는 한 오오키미(大君)*의 말씀을 좇아 나아갈 따름입니다.

....

아버지, 정직하게 말하면 저는 이 화중(華中)의 땅에서 보낸 몇 개월간 아버지랑 어머니 곁에서 저 어린 시절처럼 칭얼대며 하소연하고 싶은 일이 수없이 많았습니다. 그것은 짓궂은 친구가 집에 돌아와 부모에게 고자질하는 듯한 치기어린 짓이긴 합니다만…… 여러 가지 얘기를 듣고 싶어서, 쓸쓸하고 고독한 밤에 밖으로 나가 말없이 별이 총총한 밤하늘을 쳐다본 적이 여러 번이나 있었습니다.

제가 살 수 있는 곳은 역시 그립고 다정하고 혼이 따뜻한 세계라고 비뚤어진 생각을 하기도 했습니다. 하지만 이런 악몽도 이번 첫 출전에서 날려버릴 수 있으리라 믿고 있습니다. 그보다도 병사는 무엇보다 어떤 고난도 참아내며, 아니 그렇다기보다는 고난을 아랑곳하지 않고 싸우는 것인가 하는 것을 이제 알 만큼 알게 됐고, 저도 웬만한 고난에는 절대로 지지 않겠다는 각오를 하고 있습니다. 아버지, 비겁한 흉내는 절대로 내지 않겠습니다. 목숨이 붙어 있는 한 나아가겠습니다. 앞서 보내주신 부적은 목숨을 아끼기 위한 것이 아니라 오히려 약한 부대를 용감하게 만드는 것이라 생각하고 있습니다. 아버지 어머니의 깊은 마음이 이 부적 속에 담겨 있다고 생각하면 할수록 소중히 간직해야겠다는 생각을 합니다………

아버지 어머니의 은혜에 대해서는 저는 아무 말씀도 드릴 수 없습니다. 아버지가 적수공권으로 일구신 우리 집은 제게는 다만 하나의 그리운 추억이 됐습니다. 참으로 그렇게 조화로 충만했던 세계는 없을 것이라 생각될 정도로 아버지는 아름답게 자신의 집을 일궈냈습니다. 그것은 아름다운, 아버지가 남기신 예술품입니다. 우리 자식들은 그 속에서 안온하게 자랐습니다. 부자유도 없었고, 저녁에는 언제나 따뜻한 연기가 자욱했습니다. 제가 여기에 와서 그리워하고 언제나 음미했던 것은 아버지가 만드신 예술품뿐입니다. 저는 저 아름다운 조화를 보여주신 것만으로도 삶의 보람을 느낍니다. 아버지, 기나긴 은혜였다고 생각합니다. 깊은 마음이었습니다. 지금은 단지 이 전쟁에 혼신의 힘을 쏟고 있는 저를 생각하시고 마음을 놓으십시오. 그럼 이만 나가겠습니다. 가을바람이 산들거리고, 철도 제방 밑 크리크[도랑. 중국 평야지대에 많은 물이 괴어 있는 짧은 지류]의 물이 일렁이고 있습니다. 센다이에는 아름다운 가을이 찾아왔으리라 생각합니다. 쓰기 시작하면 한없이 그리운 옛날이 생각납니다. 그럼 어쨌든 오늘은 실례하겠습니다. 언제나 아버지께 말씀드리고 있는 저를 생각해 주세요………

9월 17일

………아버지에겐 다 쓸 수 없을 정도로 쓸 거리가 많아서 말씀드립니다………○월○일 우리는 난징(南京)에 도착했습니다. 여기서 약 일주일 남짓 ○○부대 숙사에서 보냈습니다. 그것은 사자산(獅子山) 밑에 있는데, 사자산에는 포대의 흔적이 뚜렷이 남아 있었습니다. 매가 유유히 춤추듯 날고 있었습니다. 제가 처음 중국의 인간을 직접 보고 인상 깊었던 것은 쿨리[苦力. 최하층 중국인 품팔이 노동자] 무리였습니다. 제가 상륙하려고 했을 때 잔교(棧橋)에는 수백 명이 넘는 쿨리가 우글거리고 있었습니다. 모두 볼품없는 누더기를 걸치고 있었습니다. 늙은이에서부터 젊은이들까지 맨발로 우왕좌왕하고 있었습니다. 그것은 저에게, 숙사로 향하던 도중에 본, 전쟁으로 폐허가 된 수많은 민가들보다 더 인상적이었습니다. 아침 일찍부터 쿨리 무리가 빈 통조림 깡통을 허리에 매달고 성내로 들어가고 저녁에는 또 줄줄이 성 바깥으로 나오는 것은 저에겐 잊을 수 없는 광경이었습니다.

………

* 오오키미(大君)… 천황. '상관의 명을 받는 것은 실은 곧 짐의 명을 받는 거나 같다는 마음가짐을 가지도록 하라'는 〈군인칙유(軍人勅諭)〉에 따라 일본군은 상관에 대한 절대 복종을 요구받았다.

다케무라 고이치竹村孝一

1914년 3월 14일생. 아키타현 출신.

이바라키 니혼국민고등학교를 거쳐 1933년 도쿄제국대학 농학부 농학실과에 입학.

1936년 졸업.

1937년 10월 5일 입대. 1938년 9월 외지 출정.

1939년 2월 23일 중국 화중에서 전사. 24세.

야영

또 하나의 별 흐르고 총 쥔 손에 차디차게 밤이슬 젖어오네

해는 떨어져 어느새 별은 빛나고 주검들 위에 바람 세차게 몰아치는구나

오늘 아침 유언장 쓰는데 전우밖에 없구나 눈물 번져나오네

하마다 다다히데浜田忠秀

1921년 1월 18일생. 출신지 불명.

1939년, 니혼체육전문학교 입학.

1941년 12월 6일 입대.

1944년 11월 23일, 중국 후난성 창사(長沙)에서 전사, 육군 중위,

23세.

1942 7월 28일

몹시 지쳤을 때, 모든 게 붕 떠 있다고 느낄 때, 말라리아열에 가위눌릴 때는 "작전 그 자체에 질렸다……"는 생각이 든다. 진실한 외침이다. 나그네 갈 길은 멀어 몇 천리! 아득히 항저우(杭州)까지의 험로를 생각할 때 "뭐든 좋아, 이대로 여기서 끝내버리고 싶다"는 것, 이 또한 적나라한 기분!

수십 일 만엔가 펜을 들었더니 글자를 잊어버린 게 정말 화가 난다. 대관절 무엇을 위해 이러고 있는 거지.

피켈을 쥔 손을 총으로 바꾸고 소모할 대로 다 소모한 몸을 가리사카[雁坂. 야마나시현과 사이타마현의 경계에 있는 고개]와 같은 고개로 옮겨갔다. 후미진 곳을 따라 사방이 산, 온통 대나무, 대나무…… 연두색으로 빛나 거의 평화 그 자체인 곳에 고

운 마을이 하나. 웬지 무릉도원(武陵桃源) 마을이라도 들어온 듯한 느낌이 든다.

전쟁만 없다면 이런 산속 깊은 곳에서 이런 마을 나름의 생활을 정말로 즐기며 유쾌하게 살 수 있을 텐데, 하고 골똘히 생각했다. 맑고 차가운 물이 달려가고 있다. 푹 쉴 틈도 없이 병사들은 나아가고 또 나아간다. "내지에서 허랑방탕 살아가는 자들을 위해 우리가 이토록 고생해야 하다니……"라는 생각이 들었을 때 "네가 미운 게 아냐, 히스테릭한 기분이 이렇게 만드는 거야"라고 고함친 적도 있었지. 폭우가 내린 날, 무릎까지 잠기는 험한 길을 강행군했을 때 "쓰러질 때까지, 쓰러질 때까지 걸어가면 되는 거야"라고 생각했다. 캄캄한 길을 수도 없이 행군했다. 전방의 희미한 윤곽에 의지하면서 느릿느릿 걸어간다. 저도 모르게 눈을 감아버릴 때가 종종 있었다. 첨벙 물웅덩이에 빠지고는 "앗" 하고 눈을 뜨고 앞을 뒤쫓아갔다. 그러고는 몇 발자국 걸어가다 다리에서 쓰러진 적도 있다.

8월 31일

각기병 증세와 극도의 피로와 강행군 때문에 사흘째인 16일은 지친 나머지 열이 나고, 17일에 결국 고작 2킬로미터를 걷고 배를 탄다. 제대로 잠도 자지 못한 채 며칠을 보낸다. 식욕이 나서 우선 살 것 같다. 태어나서 처음으로 피오줌을 쌌다. 꼭 끓인 홍차 같아 어쩐지 기분이 나쁘다. 소모된다. 인간이 소모되면 잠시도 높은 자세로 있을 수 없다. 심장이 또는 폐가, 하여간 가슴이 쥐어짜고 싶을 정도로 아프고 미쳐버릴 것 같아 거친 호흡도 가빠진다. 물론 열이 나고 머리는 쪼개질 듯 아프다. 언젠가 탈진 끝에 죽은 미네기시의 용태와 같다. 배에서는 캄캄한 새벽녘부터 훈도시 하나 걸친 상태여서 감기에 걸리고 말았다. 리수이(麗水)에는 22일 도착했다. 이튿날인 23일에 진단을 받았더니 부종성 각기병과 말라리아가 의심된다고 해서 입원 명령이 떨어졌다. 바로 비행기로 후송하기로 해 무엇 하나 짐도 챙기지 못하고 입은 옷차림 그대로 야전병원에 처음으로 입원했다. 어쩐지 기력 또한 푹 꺾여버렸다. 죽을 먹어가며 하룻밤을 보내고 오랜만에 비행기로 항저우에 갔다. 병원은 초만원이었다. 무엇 하나 돌봐주는 게 없었다. "이대로 점점 소모돼 가는 게 아닐까" 하는 생각마저 들었다. 누워 자는 것 외에 아무것도 할 수 없고 오로지 세 번의 빈약한 식사만 기다렸다. 끊임없이 후송돼 온다. 그리고 일부는 상하이로, 난징으로, 또는 어딘가로 후송돼 간다. 입원을 한 다음 날 오후부터 9도 7분 정도의 열에 가위눌린 채 나흘을 보내고, 어제부터는 미열이다. 눈에 띄게 야위었다. 손은 괴이쩍을 정도로 가늘어졌다. 기상도 없고 소등도 없고, 다만 야간 점호가 한 번, 그밖에는 세 번의 식사가 매일의 행사 가운데 중심을 차지한다. 일어나 있자니 견딜 수 없고, 누워 있자니 지겨워 나날이 몸 둘 곳이 마땅찮아 가슴앓이를 한다. 후송시키려면 후송을 시키든지, 퇴원시키려면 퇴원을 시키든지 빨리 제대로 해줬으면 좋겠다. 투약도 없이 닷새를 보냈다. 와카모토(위장약 - 옮긴이)의 분말과 같은 약을 6일째에야 가까스로 받아 사람대접을 받게 됐지만, 말라리아에 대해서는 아무런 조처도 받지 못하고 오직 발열에만 맡겨둘 뿐. 보내려거든 빨리 보내다오. 하루라도 빨리 제대로 된 병원 생활을 시작하고 싶다. 중대는 그립지 않으나 텐진의 생선초밥이 못 견디게 먹고 싶다.

후쿠시마 다케히코福島武彦

1921년 9월 24일생. 도쿄 출신.

1939년 니혼체육전문학교 입학, 1941년 졸업.*

1941년 11월 20일 입대.

1944년 1월 8일, 중국 광시(廣西) 구이린(桂林)에서 전사. 육군 중위.

22세.

내가 처음 '이치로(一郎)'를 알게 된 것은 후난성 장(江)현과 메이셴(梅仙)현의 경계를 이루는 고개에서였다. 내가 이끌고 있는 분대가 도로 정찰을 끝내고 휴식을 하고 있을 때, 지휘반이 전진하고 있는 가운데 소를 끌고 오는 귀여운 아이가 말쑥하고 예쁜 옷을 입고 사와다와 함께 다가왔다. 눈이 맑고 콧날이 선, 흰 살갗에 얌전하고 귀여우면서도 품위가 있는 아이였다. "어이 준공(公), 귀여운 아이네. 어디서 붙잡았지?" "으응, 귀엽지, 다처핑(大車坪)에서." "어이, 이건 계집애잖아. 정말 곱고 품위 있네." "그놈, 계집애네." "아, 가여워라. 그런데 잘 건네. 착한 애다, 착한 애야."

실제로 이치로는 품위가 있었고, 또 웃는 얼굴은 사랑스러운 수줍음을 머금은 고운 얼굴이었다. 그 아이의 웃는 얼굴에는 한 가닥 세련미가 있다. 그 아이의 나이는 올해 열한 살. 정말 귀엽고 얌전한 아이다. 게다가 이치로가 이치로인 까닭은 일본어를 조금은 이해하는 까닭에 정말 애교가 있고 친밀감이 있다는 점에 있다. 내가 교환한 '아기 모자'를 오도카니 쓰고 우락부락한 사람들을 종종걸음으로 따라간다.

메이셴(梅仙)에서 열흘 남짓 생활하면서 내가 묵은 집의 왕둥천과 매우 사이좋게 놀았는데, 왕이 사랑하는 아이가 친구 꼬임으로 도망가버린 뒤에는 잠시 나를 찾아오지도 않았다.

내가 오른쪽 다리가 아파서 "죽고 싶다!"고 생각했을 정도로 힘든 행군을 한 뒤 류양(瀏陽)에 있는 숙사에서 매일 죽치고 있는 동안 나는 다시 이치로와 아주 친해졌다. 사와다는 구둣방 일로 바쁘다. 다로(太郎)는 남자이고, 허난(河南)에서부터 계속 종군해 왔으므로 훨씬 선배다. 우이, 아라이 같은 녀석들도 이치로를 놀리는 통에 사와다도 견디기 힘들어 한다. 이치로를 울리기도 해 자연히 훈련이 없는 날 빈둥거리며 한가하게 보내는 내게 놀러 온다.

내가 어디에서 누가 가져왔는지도 모르는 오르간에도 싫증이 나서 벽 하나를 사이에 둔 지휘반에서 어떻게든 자리를 잡으려고 다리를 절며 돌아다니면 이치로가 이따금 슬피 울며 누워 있다.

"어떻게 된 거야" 하고 물으면 "사와다 씨가"라든가 "우이씨가"라고 고자질을 한다. 풀이 죽어 쓸쓸하게 산 너머를 원망하듯 바라본다. 열한 살 아이에게는 우리의 향수보다 더 간절한 망향의 정이 있을 것이다.

"반장, 우리 집은 다처펑이야. 엄청 멀어! 돌아가고 싶지만,

그래, 돌아가고 싶지만." 흐느껴 울며 이런 얘기를 하면서 무릎에 매달린다. 어쩐지 불안할 것이다. 모두가 모두에 대해 이렇다 할 것도 없이 걱정하고 있을 것이다. 내지의 아이라면 겨우 아홉 살, 열 살 정도로밖에 보이지 않을 작은 몸집으로 우락부락한 이국인들 손에 끌려 다니면서 매일매일 고향과 멀어지는 가운데 전혀 모르는 곳으로 떠돌아다닌다. 혼자서는 도저히 돌아갈 수도 없고, 도망쳐 봤자 전망이 서지도 않는데, 이 이국의 병사들은 어디까지 어떻게 갈 것인지. 죽은 엄마가 그립고, 한커우에 있다는 아버지도 그립다. 할머니와 숙모와 조카들 속에서, 불우한 운명을 지고 태어난 몸이긴 하나 다처핑의 집이, 산이, 물고기가 뛰어오르는 연못이 있는 그곳에서 살고 싶을 것이다. 다시 한 번, 아니 금방이라도 저 옛날로 돌아가고 싶을 것이다. "다처핑아! 다처핑아!" 하고 달랜다. "오오, 선생님들도 잠시 뒤면 끝나. 그러면 다처핑으로 선생님들과 함께 가자. 예쁜 옷과 귀여운 신발과 돈을 많이 갖고 빨리 돌아가자. 자 울지 말고, 울지 말고 반장과 함께 자장자장 하자꾸나" 하고 등을 어루만져주면 어느새 울다 지쳐서 내 무릎 위에서 잠을 잔다. 가련한, 그리고 불쌍한 패전국 아이, 그것이 그 무렵의 이치로였다.

이치로가 내 양자로 온 것은 그로부터 4, 5일 뒤의 일이다. 처음 공습을 당한 그날 저녁, 즉 류양을 출발해서, 이제부터는 점점 더 고전하게 될 것이라고들 했던 리링(醴陵) 공략에 들어간 첫 날이다. 내가 옷을 벗은 채 사와다와 담배를 말고 있는데 언제나처럼 풀 죽은 모습으로 와서는 "반장! 선생님들은 어디로 가요?"라고 묻는 품이 또 몹시 외로운 모양이다.

"으음! 선생님? 선생님은 토벌 간다. 금방 돌아올 거야"라고 대답했다. 그게 설사 거짓말일지라도 그 말 외에, "광둥(廣東)에 가는데, 몇 년을 걸어가야 할지 몰라" 하고 우리 자신들조차 어쩐지 불안해지는 진짜 대답은 해줄 수 없었다. 아주 잠깐일지라도 그 아이의 기분을 풀어줄 수밖에 없다.

사와다도 양자로 들이는 게 좋다고 했고, 이치로도 또한 "반장과 함께 가겠다"고 한다. "사와다 선생님은 매일 만날 수 있어?" 사와다와의 이별에는 역시 일말의 슬픔과 불안을 느낄 것이다. 실제로 뭐든 낯설고 또 갈 곳 없는 여로에서 몸 둘 곳, 마음 둘 곳이 지금까지 죽 보살펴 준 사와다 외에는 이 세상에 의지할 곳 하나 없는 운명이기에. 그 무렵 '사와다 선생님'은 부러 종종 울리기도 하고, 혼자 돌아가! 등의 매정한 말을 가끔해서 정을 끊으려고 했다. 사귄 지 일주일 정도밖에 되지 않은 새 사람에 의지해 따라가자니 뒷머리채 끌리듯 미련이 남아 견디기 어려웠을 것이다. "메이티엔 메이티엔(매일매일) 함께니까 괜찮아"라는 두 사람 얘기를 듣고는, "그렇다면"하고 내 분대에 양녀로 왔던 것이다.

드디어 내일부터 행군에 들어간다. 내 철모와 그녀와 내가 겨우 들어갈 수 있는 중국 모기장과 견직물 상하의에 가죽으로 된 서양 구두 한 켤레(모두 사와다가 고생해서 징발해 그녀에게 준 선물이다), 거기에다 반합까지 매달고 내 바로 앞을 종종걸음으로 간다. 졸린 야간행군의 연속이다.

어두운 논길, 꼬불꼬불 구부러진 언덕길을 그저 곧장 걸어가다 동틀녘에 가까워서야 숙소를 잡았다. 신을 모신 감실이 있는 중앙의 넓은 부엌에 덧문짝을 깔고 돗자리를 펴서 오늘의 잠자리로 삼는다. 먹지 않고 마시지도 않고 가장 먼저 자는 쪽을 택한 우리지만, 어려서 철이 없는 아이에게는 여러 날 밤에도 쉬지 않는 행군에 그 작은 신경이 모조리 닳아 없어진 걸까.

우리가 배낭을 벗어놓을 짬도 없이 "반장, 잠 자요 잠 자요" 하며 매달린다. 이때만큼 그 아이를 불편하게 여긴 적이 없다. 할 일도 하지 못한 채 가까이 있던 문짝을 하나 떼어내 비스듬히 세우고 아이의 짐인 모기장을 펴서, 하반신이 밤이슬에 흠뻑 젖은 채로 아이를 재운다.

아직 열한 살인 아이를 우리와 함께 걷게 해서 80, 90리, 사람의 정이 이렇게 아름다운 줄 이때만큼 뼈저리게 느낀 적은 없었다. 너에게는 가여운 일이지만 이것도 전쟁이다, 이렇게 된 이상 어디까지든 우리와 함께 걸어가는 거다. 전쟁이 끝나고 싸움에서 이긴다면…… 언제일지 모르겠지만…… 선생님들과 함께 도쿄에 가자꾸나, 누군가 도와주겠지, 대학에 가는 거야. 그래, 조만간 괜찮은 신발을 징발해서 가져올까나.

---

*단축 졸업… 병력과 노동력 확보를 위해 1941년 10월 칙령으로 대학·구제 고교·전문학교 등의 수업 연한이 3개월 단축됐고, 이듬해인 1942년에는 6개월 단축해 졸업을 앞당겼다. 1943년에는 각종 학교령 자체가 개정돼 구제 고교(예과도 포함)의 수업 연한 3년이 2년제로, 중등학교 5년이 4년제로 단축됐다. 이하 약력에서 이 점에 대한 주는 생략한다.

다나베 도시히로田辺利宏

1915년 5월 19일생. 오카야마현 출신.

1934년 니혼대학 영문과 입학, 1938년 졸업.

1939년 12월 1일 마쓰에에서 입대.

1941년 8월 24일, 중국 장쑤성에서 전사. 육군 하사(伍長). 26세.

1939년 12월 11일 흐림

....

아침, 왼쪽에 모지(門司), 오른쪽 멀리 시모노세키가 바라보이는 곳에 정박해서 석탄, 식료품, 그 밖의 물품들을 실었다. 해는 비치고 있었으나 바람이 차가왔다. 어쩌면 이들 도시가 당분간 우리가 볼 수 있는 일본의 마지막 도시일지도 모르겠다.........

우리는 바다와 장소 때문에 고생하면서 비로소 중국에서 전사하기까지의 "과정", 이것이 얼마나 대단한 일인가 하는 것을 이번에 처음 알았다. 전사라는 것은 간단히 말하면, 아무것도 아니다. 그러나 병사들은 전사하기까지의 과정이야말로 중요하다는 것을 알았다.

12월 25일 맑음

………버드나무가 소박하게 겨울의 자태를 하늘에 드러내고 있다. 검고 흰 색깔의 긴 꼬리를 지닌 중국의 까마귀가 때때로 와서 그 가지에 앉아 귀에 익숙지 않은 소리로 울고는 성벽 쪽으로 날아가곤 한다. 성 바깥 길을 인력거를 타거나 짐을 짊어진 사람들, 수레를 밀거나 드문드문 남루한 옷을 입은 중국인들이 오간다. 그 배경에는 역사에 진력이 난 쑤저우(蘇州)의 성벽이 꾸불꾸불 이어져 있다. 우리가 지금 설령 이렇게 현해탄을 건너 비적을 토벌해서 일시적으로 승리를 한다 해도 이 성벽의 표정에 어떤 변화도 일으키지 못할 것이라고 생각한다. 끝없는 대륙의 푸른 하늘과 너무나 오랜 역사의 전면(前面)에서, 우리 또한 역사의 파편을 만들어 가고 있는 것이리라. 그런 유다른 거대한 표정 앞에서는 우리의 엄격한, 또 어느 때는 편협한 것으로 보이는 군기(軍紀)조차도 하나의 캐리커처[희화] 같은 것인지도 모르겠다.

그러나 역사의 장면이라는 것은 언제나 엄숙하지 않으면 안 된다. 우리는 마른 풀 위에서 따뜻한 햇볕을 쬐고 쉬면서 반장님의 흥미진진한 한커우 전투 이야기를 듣는다. 귀로에는 다른 반과 군가를 교환하면서 돌아간다. 도중에 오륙 명의 중국인을 만났다. 우리가 군가를 부르고 있으니 그들 중의 한 사람 정도는 웃는 얼굴로 우리를 바라보겠거니 생각했던 내 예상을 깨고, 그들은 떨떠름한 무표정으로 냇물 너머 마른 풀이 깔린 길로 대바구니를 안고 돌아갔다. 그것은 어쩐지 서글픈 한순간이었다. 그것은 또한 패전국의 옆얼굴이었는지도 모르겠다. 자베이(閘北)[상하이 공동조계의 북부]의 전적(戰跡)을 보고 또 중국인들을 볼 때마다 어쨌든 우리는 이기지 않으면 안 된다는 생각을 한다. 어떤 상황이 되더라도 우리는 져서는 안 되는 것이다.

오후에 주보(酒保)[군대 내 매점]에 가서 단팥죽을 사 먹었다. 피아노로 〈달맞이꽃〉을 치고 있는 자도 있다. 책상 위에 〈영화의 벗〉, 〈오사카 마이니치〉 등이 놓여 있다. 그것들은 우리 마음에 묘하게도 강한 회고적인 유혹을 불러일으켜 일순 탐하듯이 그것들을 펼쳐 본다. 우리는 거의 신문을 접하지 못하고 있다. 그것은 또한 일본에 대한 안도감일지도 모르겠다. 신문에는 1월호의 잡지 광고가 정말 크게 실려 있다. 그러나 어쩐지 어제와 같은 냄새를 풍길 뿐이다. 하긴, 우리가 입대하고 아직 25일밖에 안 지났으니………

12월 26일 맑음

………처음으로 야간연습을 한다. 낮에 봤던 주변 풍경도 거의 바뀌고 밤기운이 밀려오자 개 짖는 소리가 여기저기서 들려온다. 내지와 같은 달이 아름답다. 서리 같은 냉기를 띠고 하늘로 올라간다. 까마귀들도 어디선가 돌아왔다. 반들반들 윤이 나는 아름다운 큰 까마귀들.

낮 교련 휴식 시간에 입대한 뒤 처음으로 시를 썼다. 때때로 전쟁시를 잡지 등에서 볼 때가 있는데, 그것들이 얼마나 짧은 휴식 시간에 고생하며 지은 것인지 오늘에서야 비로소 알게 됐다는 생각이 든다. 밤의 작시를 생각했지만 익숙하지 못한 우리는 낮에 해야 하는 것으로 머리가 굳어져 있다. 또 너무 그렇게 했다가는 환영받지 못한다. 일로매진 훌륭한 전투병이 되는 것만이 요망사항이고 명령 받은 바다. 짬이 날 때 만인이 경험할 수 없는 전쟁이라는 것을 취재해서 작품을 만드는 건 아무나 할 수 없는 귀중한 결정(結晶)이다. 설사 그 작품이 졸렬한 것이라 하더라도 그런 단단한 시정신이 그런 와중에서 생겨난다는 것은 하나의 힘이리라. 어쨌든 Rimbaud[아르튀르 랭보. 프랑스의 시인. 1854~1891]의 이른바 "몸이 찢기는 듯한 불행"이라는 감각에 다가가기엔 아직 너무 먼 것 같다.

지난밤의 일을 조금 써 놓겠다. 우리는 왠지 매일 일석점호 뒤에는 질책 들을 것만 걱정되어 마음이 편안한 적이 없었다. 또 인간성 폭발이라는 것도 요즘에는 딱딱한 껍질에 싸여 있는 듯 찾아볼 수 없었다. 그런데 지난밤 다리가 다쳐 있던 고하타가 소등 뒤에 신음을 냈다. 그러자 지금까지 받들어총 자세로 막사 구석에 서 있다가 이제 겨우 침상에 앉게 된 시모하라가 바로 일어나 오더니 걱정해 주기 시작했다. 그때는 정말이지 기쁜 마음이었다. 얼어 있던 물이 급속히 녹아 흐르는 듯한 느낌이었다. 뒤이어 불침번, 반장님, 교관님까지 계속 찾아와 걱정해 주셨다. 나는 이불을 덮으며 입대 이후 처음으로 기쁜 마음이 들었다. 엄격하기만 해서는 우리는 움직이지 않는다. humanism만이 우리를 움직여 가게 한다. 병사도 한 사람의 인간이라는 것을 잊어선 안 된다고 생각한다.

12월 29일

오전에 학과가 끝난 뒤, 처음으로 영사관으로 갔다. 영사관은 갈색 기와지붕의 단아한 건물이다. 그 부근에서 밀집교련[중대 단위와 같은 다수 병사들의 백병전 훈련]을 한다. 그 부근에 일본인이 운영하는 제사(製絲) 공장이 있어, 오랜만에 일본 부인 두세 명을 봤다. 휴식 시간에 생각했는데, 그 주변 풍경은 무사시노(武蔵野)의 풍경과 비슷하다. 무사시노라는 글자를 떠올리면서 눈앞의 봄햇살을 보고 있자니 그리움에 젖어들었다.

오늘은 특히 따뜻한 날이어서 땀이 날 지경이다. 이 주변은 벚나무도 보여, 봄이 되면 아름답고 화려하게 꽃이 피리라는 생각이 들었다.

나는 정말 운동신경이 둔해서 매번 교련 중에 주의를 받아, 예전에 느꼈던 허공을 향한 분노가 순간 치솟았으나 곧 사라졌다. 그리운 분노였다. 그 분노 속에 내 마음의 고향이 있을 것 같다.

1940년 1월 5일 맑음

………생명도 몸도 늠름하게 자라다오.

무한에 대한 희구.

병사는 땅 끝의 인간이다.

군대란 영광스러운 수인(囚人)의 세계에 지나지 않는다.

눈 오는 밤

사람은 소망을 잃어도 살아갈 수 있다.
보이지 않는 지도 어딘가에
또는 아직 먼 세월 저편에 있을
어렴풋한 꽃봉오리를 꿈꾸며
얼어붙는 바람 속에 손을 뻗는다.
손은 흙투성이가 되고
두뇌는 그저 망각의 날이 이어지더라도
몸속을 흐르는 실낱같은 피의 온기에 의지해
겨울 풀처럼 살아 있는 것이다.

먼 잔설(殘雪) 같은 희망이여, 빛나라.
설사 그것이 무슨 빛이든
허무한 사람을 이끌어주는 힘이 될 것이다.
같은 곳에서 다른 별을 바라보는 자의
적요(寂廖)와 정신의 자유만이
내가 인간이었다는 것을 떠올리게 한다.

진창

차가운 진창이다.
진창은 끝없는 광야로 뻗어
언덕을 오르고 숲을 빠져 나가
그것은 우리들의 어두운 수심처럼 길다.
그것은 우리 신발을 빨아들이고

뱀처럼 피로에 휘감기게 한다.
미끄러져 흙투성이가 되고
더러워진 손으로 콧물을 훔치면서도
보라, 병사들은 짐승처럼
들판에서 언덕, 언덕에서 언덕으로 이어져 있다.
황혼이 내리는 초겨울 속을
고뇌에 찬 행렬이
묵묵히 전진한다.
적을 찾아서
미지의 지도 위를 나아간다.
사랑과 아름다운 것을 포기당하고
그저 오로지 땅 끝을 향해
대행군은 진창 속으로 사라진다.
긴 악몽과 같은 대행렬은
모든 사람한테서 잊힌 채 밤 속으로 사라진다.

봄밤의 천둥

요란한 봄밤의 천둥이다.
철판을 때리는 청백색의 번개 속에
나 홀로 석상처럼 서 있다.
긴 전투를 마치고
지금 우리는 3월의 장강(長江)을 내려가고 있다.
그러나 황량한 겨울 위난(豫南) 평야에
열 명 남짓 전우를 파묻었다.

그들은 모두 잘 싸웠고
천황 폐하 만세를 외치며 숨을 거두었다.
차가운 황진(黃塵) 휘몰아치는 속에
그들을 옮기는 우리도 지쳐 있었다.
새로 파헤쳐진 흙 위에
우리가 바치는 최후의 경례는 슬펐다.
함께 얼어붙은 밥을 먹고
얼음조각 흐르는 강을 건너
눈보라 치는 산맥을 넘어 완강한 적과 싸우고
오늘까지 전진해 온 벗을
지금 적진의 땅속에 묻었다.
요란한 봄밤의 천둥이다.
으르렁대는 천둥소리 속에서
지금 나는 그들의 소리를 듣는다.
황천의 나날
나는 자주 저 파헤쳐진 흙을 생각했다.
적진에 남겨두고 온 그들을 생각했다.
허공 중에 무슨 사람의 말이냐고 생각하겠지만
흐르는 피에 잠겨 헐떡이는 말을
나는 이미 몇 번이나 들었던가.
슬픈 호국의 넋들이여!
무시무시한 봄밤의 천둥 속에
그대들은 또 총검을 들고
멀리서 우리를 부르고 있는 것인가.

어떤 이는 총알에 뇌수가 깨지고

어떤 이는 총알에 가슴이 뚫려

비틀거리며 부르짖는 그대들의 소리는

우르르 쾅쾅 내 가슴을 치고

축축하고 차가운 것이 되어 이마에서 흘러내린다.

검은 밤의 화물선 위에

슬픈 역사는 허공에서 내려온다.

밝은 3월의 여명이 아직 오기 전에

봄밤의 천둥이여 멀리 가거라.

벗들을 데리고 멀리 가거라.

물 긷는 사람

내 소녀는

머리에 붉은 들장미를 꽂고

석양의 비탈길을 내려온다.

돌층계 위에 소녀의 발은 희고 부드럽다.

저녁밥 지을 물을 길으러

그녀는 성 바깥 시내까지 간다.

조용한 빛이 반짝이는 물을 길어올려

그녀는 잠시 지평선으로 지는 해를 넋을 잃고 바라본다.

끝없는 녹색 바다 저쪽으로

그녀의 행복이 사라져 가는 듯하다.

크고 붉은 대륙의 태양은

오늘도 5월의 아름다움을 그녀에게 가르쳤다.

버드나무 작은 가지에서 들비둘기가 운다.
해가 져도 그녀는 이제 슬프지 않다.
태양은 내일을 약속하고 헤어졌기 때문이다.
소녀는 굳건히 발을 딛고
황혼에 분주한 성 안의 마을로
아름다운 물을 가득 담아 돌아간다.

가타이 기요시片井澄

1915년 12월 7일생. 나가노현 출신.

1940년 도쿄고등사범학교 문과 졸업.

1940년 12월 15일 입대.

1945년 1월 17일, 미얀마 이라와디 하반에서 전사. 육군 상사(曹長).
29세.

[화중에서 남동생과 여동생인 조코, 야스히로, 다케히로, 시
게루에게 보낸 편지]

춘분(彼岸)을 지나며―큰 뇌우(雷雨)를 만났으니 봄도 갑니
다. 모두 춘분 때는 경건하게 어머니 영전에 예를 올렸을 것이
라 생각합니다. 모두 힘을 합해서 각자 제 몫을 하는 사람들이
되어 주기를 바랍니다. 비 내리는 대륙에서 느닷없이 어머니
생각이 나서 견디기 어렵습니다. 아버지도 건강하시고, 모두
잘 지내고, 걱정하지 말도록. 나는 더욱더 건강해졌습니다.

천둥소리를 듣고 춘분을 보내며

야마기시 히사오 山岸久雄

1913년 10월 26일생. 가나카와현 출신.

시즈오카고등학교를 거쳐, 1937년 도쿄제국대학 공학부 건축학과 입학, 1940년 졸업.

1941년 12월 아카바(赤羽) 공병대에 입대. '만주', 중국, 필리핀을 전전. 1944년 3월 병 때문에 일본으로 송환.

1946년 7월 28일, 도쿄 소시가야 제2육군병원에서 병사. 육군 소위. 32세.

[일기에서]

1942년 7월 11일 토요일 맑음

우리는 결코 개나 고양이가 아니다. 두들겨 맞고 움직이는 동물이 아니다. 나는 나를 믿는다.

7월 28일 화요일 맑음

낡은 질서, 새로운 질서.

나는 근본적으로 구질서의 인간인가, 그렇지 않다. 나는 완전히 새로운 세계를 살아가는 인간인가, 그렇지 않다. 나는 구질서와 신질서를 무대로 삼고 그 중간에서 살아가는 인간인가, 그렇지 않다. 잠들 수 없는 밤의 별은 사라지고 빛나는 아침 햇살 구석구석을 채운다. 내 마음 어쩐지 동요하고, 어떤 꿈 어딘가에서 방황한다. 지난밤 그렇게도 옛 추억을 그리워했다, 참으로. 그렇게도 책을 읽고 싶었고, 그렇게도 영화를 보고 싶었다, 참으로. 그렇게도 평화를 바랐다, 참으로. 내 충정 거짓이 아니다. 나, 진심으로 무엇보다도 평화를 바라노라.

북만*에서

따먹던 밤밥 그리운 고향의 누이가 속죄 같은 이 계절

야단맞고 땅 파는 병사는 슬퍼 세상에 있을 때의 모습 그린다

*북만(北滿)… 중화인민공화국의 헤이룽장성 및 지린성 북부.

야나기다 요이치柳田陽一

1919년 3월 5일생. 오카야마현 출신

타이베이(台北)고등학교를 거쳐, 1939년 교토제국대학 문학부 동양

사학과에 입학, 1941년 12월 졸업.

1942년 2월 1일 입대, 5월 지바 육군방공학교에 들어감.

1942년 10월 1일, 지바현 기사라즈에서 사고로 조난 순직. 23세.

1941년 7월 12일

응소[應召. 소집에 응하는 것. 특히 예비역 장병이나 보충병이 소집에 응하는 것. 주 '징병검사' 참조] 활발해지다.

마침내 비상시를 생각한다. 일각일각이 나락으로 전락하는 찰나에 있다. 몇 시인가, 지금이 그 순간일지도 모르겠다. 커다란, 눈에는 보이지 않는 폭풍이 다가온다. 다가온다. 다가온다. 까닭을 알 수 없는 것이 소용돌이처럼 몸을 에워싼다. 그것이 나를 미지의 세계로 날려 보낸다. 도대체 이 무슨 시대인가. 인간이란, 역사란, 세계란 도대체 무엇이란 말인가. 누가 역사를 움직이나. 격렬한 노도(怒濤)에 이리저리 밀리고 있는 듯한. 환상의 마차 바퀴소리가 들려온다. 눈에는 보이지 않는 바퀴소리가 들려온다. 역사란 무엇인가. 인간이란 무엇인가. 도대체 나를 어떻게 하려는 것일까.

7월 31일

7월도 끝난다. 위대한 선풍이 불어대는 와중에 일본군도 불인[佛印. 프랑스령 인도차이나]에 진주한 지 이미 사흘째다. 어떻게도 할 수 없다. 모든 것이 흘러가고 있다.

10월 16일

징병검사 12월, 입영 2월.

역시 다가오니 아무 말도 할 수 없다. 마음이 흔들린다.

내일 우메모토 씨 등과 토란을 캐러 가볼까. 어쩌면 기분전환이 될지 모르겠다. 생활을 향락하기 위한 것인 듯해서 싫지만, 나는 지고 싶지 않다. 모든 것에 어떻게든 지고 싶지 않다. 인생에 지고 싶지 않다. 눈에 보이지 않는 인생의 유혹에 지고 싶지 않다. 나는 정말 나라는 인간을 끝까지 지켜내고 싶다. 죽을 때까지도 나라는 인간만은 잃고 싶지 않다. 이런 때에 가는 것은 어쩐지 진다는 것을 보여주고 있는 듯해서 싫은 생각도 든다. 내가 주춤거리는 건 거기서다. 지고 싶지 않다. 지고 있다고 생각하고 싶지 않다. 나의 생활을, 힘이 있는 생활을, 나는 남에게 지고 싶지 않다. 나는 나의 삶을 살아가고 싶다. 무슨 일이 있어도—다만 내 속에 나를 배반하는 내가 있는 것이 분하다. 양보하고 싶지 않다. 나는 나를 극복해 가고 싶다. 나는 나에게 이기고 싶다. 나는 인생에 지고 싶지 않다. 죽음을 앞에 두고 나는 인생에 양보했다는 말을 듣고 싶지 않다. 나의 생활은 양보의 생활이 아니다. 나는 나의 생활을 나의 생활로서 승리해 가고 싶다. 뭐든 적에게 승리하고 싶다. 눈에 보이지 않는 적에게 졌다고 생각하고 싶지도, 생각되고 싶지도 않다. 이기는 것, 그것이 내가 지금 바라는 바다. 그리고 나는 지지 않을 작정이다. 토란 캐기도 결코 져서는 안 된다. 논문 첫머리의 휴식을 위해서다.

1942년 1월 29일

다이마루(大丸)에서 사진을 찍었다. 문방구, 봉공주머니[奉公袋. 인감, 군대수첩 등 군대 생활에서 중요한 것을 모아두는 주머니], 군대용품을 정리했다. 모자를 샀다.

밤, 미야기 선생 오시다. 부대 이야기로 꽃을 피웠다. 말레이 전선의 척후(斥候) 이야기. 운명이란 무엇인가. 죽음이란 무엇인가. 모든 것이 바짝 몸을 죄어온다. 아무 얘기도 하지 않겠다. 아무 얘기도 하지 않겠다. 살려고도 죽으려고도 하지 않겠다. 무엇이 의미가 있는지 나는 모른다. 운명의 흐름을 조용히 지켜보고 싶다. 그리고 역사의 흐름을. 최후에, 역사의, 그리고 운명의 본질을.

인간의 운명에 대한 취약성을 뼈저리게 느끼고 있다. 모든 감정이 불바다처럼 끓어오른다. 미망이, 슬픔이, 욕망이, 온갖 것들이 몸을 죄어 온다. 무엇이 내 모습인가. 어느 것이 그의 모습인가. 그렇지 않다. 모두가 내 모습이다. 눈에 보이지 않는 심연에서 솟아오르는 것, 그것이 내 모습이다. 표면밖에 보이지 않는다. 표면밖에 보이지 않는다. 그것이 나다. 그 속에 무엇이 있을까.

아무것도 쓸 게 없다. 붓은 모두 나 자신에게 되돌아가고, 감정은 자신 속에 틀어박혔다. 고요의 표면 아래 타오르는 애정이 집을 감싸고 있는데. 내 감정은 거기에 닿으려 하지 않는다. 일단 닿게 해보라. 내 마음이 흘러갈 것이다. 아무것도 느끼지 못한다. 느끼지 않는 게 낫다. 불에 기름을 부어서는 안 된다.

감정이란 무엇인가. 감정의 밑바닥에 무엇이 있을까. 무엇을 느끼려고 하는가. 무감정의 감정, 감정을 감싸는 것은 바깥에 있지 않다. 그러면 무감정이란 무엇인가. 모두가 자신에게로 되돌아간다.

오늘 밤은 최후의 밤이다. 아무 생각도 하지 않는다. 그것이 나의 의문이다. 기대하지 않고, 바라지 않는다. 이것이 나의 이상이다.

마지막 질문─ 역사란 무엇인가.

와타나베 다쓰오 渡辺辰夫

1916년 1월 4일생. 시즈오카현 출신.

시즈오카고등학교를 거쳐, 1935년 도쿄제국대학 법학부에 입학, 1939년 3월 졸업.

1940년 4월 10일 입대, 육군 경리학교에 들어감.

1945년 4월 5일, 미얀마의 칸두에서 전사. 육군 주계(主計. 경리, 피복, 취사 등을 담당하는 병과 – 옮긴이) 대위. 29세.

〈초년병 교육시대〉

군대 내의 제반 규칙, 법칙, 관습은 이른바 군사전범령*에 토대를 둔 것으로, 그 주요한 것들은 군대 내무서, 조전(操典), 군인칙유(勅諭),* 육군예식령, 작전요무령, 사격교범 등이다. 그 가운데 어느 때 어느 시대에도 따라다니는 것은 군인칙유와 군대 내무서, 육군예식령이다.

초년병의 제1보에서부터 간부후보생*의 말기에 가까운 시험에서도 반드시 이들에 대해서는 물어본다. 따라서 이들에 대한 상식은 입대자들이 일단 준비해 둬야 한다. 그러나 입대 전에는 그런 필요성을 통감하지 못하기 때문에 연구를 소홀히 하기 쉬운 것이어서, 유감스럽다. 이들을 미리 알고 있느냐 모르느냐는 일생의 운명을 좌우할 정도로 중대한 의미를 갖고 있다. 나도 이들 전범령의 존재는 마스다로부터 듣고 있었으나 그 필요성을 알고 있지는 못했기 때문에 입대 전에 연구하는 걸 게을리했다. 하지만 군인칙유만은 겨우 암송하고 있었기 때문에 그것이 운명의 기로가 된 사례를 다음과 같이 써 보겠다.

입영일 다음 날, 제1회 소양시험을 치렀다. 이 시험의 첫 질문은 "칙유 충절의 항을 삼가 쓰시오(謹記)"라는 것이었다. 칙유 시험이라는 것은 대단히 어려운데, 군인에게 하사하신 칙유라는 것은 매우 긴 글이어서 봉독(奉讀)하는 데에만 20분 정도 걸린다. 그 문장을 보자면, 가나(仮名)에 의지하지 않고서는 정확하게 읽어낼 수도 없을 정도인데, 특히 엄격하게 시험을 치를 경우 원문에 사용된 변체(變體) 가나도 그대로 쓰라고 요구하거나 '고토(こと, 것)'로 표기돼 있는 곳과 '事(고토)'로 표기된 곳, '모노(もの)'로 표기된 곳과 '者(모노)'로 표기된 것의 쓰임새 구분을 명료하게 하는 등, 완전하게 답하기 위해서는 상상 이상의 고심을 요한다.(예를 든 단어 표현들은 일상생활에서 같은 뜻으로 구분 없이 사용된다 – 옮긴이) 그러나 보통의 시험에서는 먼저 문구를 틀림없이 기억해 두는 것이 중요하다. 제1차 시험이라면 글자 오기 정도는 봐줄 것이라 생각한다.

그런데, 이 시험에서는 나는 물론 글자가 완전하지 않고 문구도 다소 틀렸지만 그럭저럭 써낼 수 있었기 때문에, 그 뒤 간부후보생 채용의 경우 합격 자격을 얻었으나, 소학교 이후 동창생으로 와세다대학을 나온 도미마사는 칙유를 전혀 쓸 수 없어서 애석하게도 그럴 자격이 있음에도 간부후보생 자격을 잃고 6월 말 다른 초년생과 함께 최전선으로 보내지고 말았다.

그때 시험의 두 번째 질문은 "군기란 무엇인가"라는 것이었고, 나는 이것을 완전 백지 문제로 상상하고 "군기는 군대의 기율로써, 이로써 군사 제반사항을 유지할 수 있게 하는 것이다"라고 답을 썼으나 이 답안은 빵점과 같은 것이었다. 정답은 포병(보병) 조전(操典)의 강령 제4 "군기는 군의 명맥이며, 전장마다 경우를 달리해서 각종 임무를 지닌 전군을 대장부터 일등병에 이르기까지 맥락 일관하게 일정한 방침에 따라 중심일치(衆心一致)의 행동을 취할 수 있도록 하는 것이다. 즉 군기가 느슨한가 긴장되어 있는가는 실로 군의 명운을 좌우하는 것이다"라고 써야 하는 것이었다.

그 뒤에 치러진 시험도 모두 이런 식이어서, 내 머리로 생각한 것(이를 군대 내에서는 '사물조전私物操典'이라고 한다)은 적용되지 않는 것이다. 조전의 문구를 한 글자 한 구절 암송할 것을 요구하고 사물조전의 개입을 허용치 않는 것은 종래의 사고방식 본위의 교육과는 몹시 동떨어진 것인데, 하지만 생각하기에 따라서는 조전의 문구가 어떤 사상의 가장 간명하고 확실한 표현이라는 것을 생각하면 이를 통째로 암기하는 것이 당연히 요구된다 할 것이다.

야포병과 말, 그것은 떼려야 뗄 수 없는 관계이고, 인간보다도 말이 훨씬 더 중요하다는 것은 반장까지도 단언할 정도다. 따라서 초년병을 울리는 것도 말 때문인 경우가 가장 많다. 야포 1문을 끌고 가는 데는 말 12필이 필요하고, 각 중대는 4문의 포를 가지고 있으므로 각 중대의 말은 항상 50두 아래로 내려가지 않으며, 내가 속한 반 등은 각각 10두씩을 담당했다.

마구간은 병마동(病馬棟), 혼합 마구간, 제1, 2, 3, 4의 각 중대 마구간을 합해 6동이 있고, 각각 100두 가까운 말을 수용하고 있었다. 마구간 내부는 통로를 사이에 두고 양쪽에 마방(馬房)이 있고 말들은 이 마방 안에 끈으로 매어 두었다.

마방 기둥에는 말 이름과 당번의 이름을 기록한 목찰(木札)을 걸어 놓았고, 기타 말에게 먹이를 줄 때의 구분인 '늘림(增)' 또는 '줄임(減)' 패찰도 걸려 있다. 초년병은 상등병이나 반장의 인솔로 마구간을 먼저 참관하고 자신이 돌볼 말을 기억한다. 기억력이 좋지 않은 자는 기합을 받거나 구타당하면서 말 이름을 기억한다. 자신의 말 이름을 기억하면, 그다음에는 그 반 전체 말의 이름을 기억해야 한다.

'신조(深情)', '도단(東彈)', '라이오(雷黃)', '히가키(日柿)', '하자쿠라(羽櫻)', '다이소(大霜)' 등등, 이것 또한 고심참담하며 기억한다. 다음에 말 한 필을 말 매어두는 곳(馬繫場)에 끌고 나가 말 가까이에 다가가는 법, 말의 발을 들어올리는 법, 말 몸통 손질하는 법 등을 배운다. 말은 매우 영리한 동물이기 때문에 말을 잘 아는 이가 다가갈 때는 유순하지만, 미경험자가 다가가려 하면 말을 듣지 않는다.

말에 다가갈 때는 "옳지, 옳지" 하면서 말 앞쪽에서부터 천천히 다가가서 머리를 쓰다듬고 목을 쓰다듬으면서 점차 몸통 쪽으로 다가가라고 배운다. 초년병은 말에 대한 두려움보다는 고참병의 호통이 더 두려워 용기를 내서 말에 다가간다.

말 손질할 때의 도구는 털빗, 쇠빗, 나무빗, 쇠주걱, 말굽 세척통, 말굽 기름통 등으로, 털빗, 쇠빗, 쇠주걱 등은 손질 자루라는 자루에 넣어 둔다. 손질하는 방법은 먼저 말의 다리를 손과 무릎으로 감싸 안고 말굽을 들어올려 위쪽으로 향하게 한 뒤 쇠주걱으로 말굽 바닥의 똥이나 흙을 긁어내고 말굽 세척통에 물을 넣어 천 조각으로 깨끗이 씻은 다음 얼마쯤 건조한 뒤 말굽기름을 바르고 말굽을 건조시켜 말굽이 갈라지는 것을 방지한다. 발굽의 발톱 부분도 오물을 씻어내고 적당히 기름칠을 하는데, 그 '적당히'라는 게 매우 어렵고, 칠하는 방법이 서툴면 몇 번이나 호통을 들을지 모른다. 말굽 씻기가 끝나면 다리를 털빗으로 마찰하고 얼굴을 닦고 어깨부터 허리까지는 쇠빗으로 때를 벗겨내고 여기에 털빗질을 하며, 엉덩이와 '갈기'는 나무빗으로 빗어준다.

"네놈들은 말 한 마리 말굽을 씻는 데 몇 시간이나 걸리는 거야"라거나 "네놈들이 문지르는 방법은 단지 말에게 붙잡혀 있는 것일 뿐이다"라고 고참병이 곁에서 끊임없이 잔소리를 해대므로 여기에도 극도로 신경을 써야 한다.

말 손질은 이런 식으로 하는 것이지만, 손질에 들어가기 전에 먼저 말을 마방에서 끌어내 물 마시는 곳으로 데려간다. 말은 물에 따라 건강이 좌우된다는 말을 들을 정도로 물은 중요한 역할을 한다. 간단히 얘기하면, 말이 물을 제대로 마시지 못하는 건 말에게 이상이 있을 때다. 말에게 충분히 물을 마시게 하지 않고 먹이를 줄 경우 산통(疝痛)이라는 소화불량을 일으켜 졸지에 폐사해버린다. 말을 물 마시는 곳에 데려가면 말 재갈의 가죽띠를 말 입에서 벗겨내 입을 자유롭게 해준다. 말은 몇 번 주저하다가 콧등을 물에 담그고 "쭈 쭈" 물을 마시기 시작한다. 이때 말 당번은 말의 목에 손을 대어 목을 넘어가는 물이 내는 "꿀걱 꿀걱"하는 소리 세는 걸 잊어서는 안 된다. 그 한 번의 "꿀걱"하는 소리는 물 약 한 홉이 목으로 넘어가는 소리다. 따라서 이 소리가 20번 이상 감촉되지 않으면 그 말은 어딘가 이상이 있는 것이므로 먹이도 조절해서 주어야 한다. 이 물을 마신 횟수는 '수사표(水飼表)'라는 곳에 기록을 해 두고 끊임없이 주의를 기울여야 한다.

말이 마시는 물의 양은 1회 2되 이상, 많으면 1말 이상도 마신다. 물을 마시면 마실수록 좋다. 내가 돌보는 말이 물을 잘 마셔 줄 때는 안심이 되지만 머리를 흔들면서 물을 마시려 하지 않을 때는 무슨 수단을 써서든지 물을 마시게 만들어야 한다. 말이 이처럼 물을 마시지 않을 때는 물 위에 밀기울[밀의 껍질 부스러기로, 말의 사료]을 띄워 준다. 밀기울은 말에게 기호식품 같은 것으로, 여기에 속아 물을 마시게 된다.

말에게 물을 마시게 한 다음에 마계장에 매어 놓고 앞서 얘기한 손질을 시작한다. 이 마계장에 말을 매어 놓으면 기다렸다는 듯 똥을 산처럼 싼다. 마계장에 똥을 그대로 두면 말이 전진 후진을 할 때마다 이를 밟아 기껏 물로 씻어 놓은 말굽에 똥이 잔뜩 달라붙어 버리기 때문에 똥을 누면 바로 이를 제거해야 한다. 한 사람이 마방에서 말을 끌어내면 다른 사람이 마방 안에 있는 말 깔짚을 건조장으로 갖고 나온다. '깔짚 멜빵(寢藁吊)'이라는 들것 같은 것도 한 개 있는데, 이것을 두 사람이 쓴다. 나머지 사람들은 그냥 보고만 있는 게 아니라 각자 새끼줄을 주워 모아 깔짚을 묶어 끌어낸다. 이 깔짚에는 말의 분뇨가 잔뜩 묻어 있어서 손을 대기도 던적스러운 기분이 들지

만 고참병의 주먹질이 두려워 흰 작업복이 분뇨로 황갈색이
되는 것도 마다하지 않고 이를 두 팔로 안고 나온다. 마방에 두
께 50센티미터 정도로 말굽에 밟혀 굳어진 분뇨가 발효해 꽤
따끈해진 깔짚을 통로에 내어놓는 작업도 이만저만한 일이 아
니다. 마방에서 통로로, 통로에서 건조장으로 운반한 깔짚은
밭이랑처럼 정연하게 늘어놓는데, 1개 반의 마방 깔짚을 늘어
놓으면 30제곱미터 정도의 면적이 된다. 이를 점심 식사 전의
손질 시간에 위아래를 뒤집어 놓는다.(이를 '깔짚 뒤집기'라고 한
다) 삼복의 한여름, 짚 부스러기와 분뇨가 건조돼 먼지처럼 변
하고 모래먼지처럼 날아다니기 때문에 눈도 코도 입도 작업복
도 금방 그 세례를 받아 새까맣게 된다. 폭포처럼 흘러내리는
땀이 먼지로 더러워진 얼굴에 몇 가닥 줄을 그린다. 몸은 쉴 틈
없는 노동에 젖은 솜처럼 지치고 입 안은 까칠까칠해져 구역
질이 난다. 깔짚 운반도 깔짚 뒤집기도 각 반끼리 경쟁해서 늦
는 반은 고참병의 주먹세례를 각오해야 한다.

말의 몸통 손질이 끝나면 주번 상등병이 "손질 그만"이라
는 호령을 한다. 이 호령이 병사들 귀에 들어갈까 말까 하는 사
이에 말은 일제히 "히힝"하고 울어대며 앞다리를 구르기 시작
한다. 확실히 말은 사람 말을 이해한다. 손질 그만 호령이 나
면 말을 마계장에서 풀어 마방 안으로 데려간다. 그 전에 마방
의 말 먹이를 담는 곳(이것을 '식조(食槽)'라고 한다)에 귀리, 자른
짚, 그리고 소금을 섞은 물을 넣고 맨 위에 건초를 얹어 둔다.
말은 마방 안에 들어가자마자 아직 재갈을 물린 상태로 할짝
할짝 머리를 식조에 박고 먹기 시작한다. 이를 말로 타이르면

서 재갈을 벗기고 끈을 묶은 뒤 말 곁을 잽싸게 빠져나와 마방 바깥으로 나온다. 말은 먹이를 먹고 있는 동안에는 사람이 가까이 가는 것을 싫어해 걷어차거나 물기 때문에 곁을 빠져나올 때는 지극히 조심하면서 재빨리 나와야 한다. 말을 마방에 넣고, 재갈과 손질 자루를 마방 기둥에 걸어 놓고, 통로를 청소하면 손질은 끝난다. 마구간 앞에 정렬해서 군가를 부르면서 중대로 돌아간다.

마구간 근무원은 마구간 주번 상등병과 마구간 낮근무, 마구간 야간 근무 등으로 구성되는데, 일반적으로 성질이 거친 자가 많고(마차부 반 상등병이 되는 경우가 많다), 초년병은 언제 채찍이나 대회초리(靑竹)가 날아올지 몰라 전전긍긍하는 형편이다. 따라서 마구간에 가지 않아도 된다면 무슨 일이든 반기고, 사역(심부름)은 바라는 바다. 마구간에 가지 않아도 되는 자는 반장실 당번, 견습사관 당번 및 식사당번으로, 이들 근무도 즐겁지는 않으나 마구간에 가지 않아도 되므로 감사히 여긴다. 이들 정규당번 외에 임시로 본부 사역, 보리 찧기 사역, 무기고 사역, 수의실 사역 등이 있는데 이들도 모두 마구간 일에 비해서는 고마운 일이다.

반장의 주의사항에도 있었지만, 우리의 교육은 아주 단기간인 2개월로 완성해야 하기 때문에 그에 맞춰 정신 똑바로 차리고 하라고들 했지만, 실로 눈 코 뜰 새 없이 정신이 없는 생활이어서, 기상부터 취침까지 잠시도 여유가 없었다.

입대 뒤 이삼일이 지나면 전우(戰友)라는 게 할당된다. 이는 고참병 한 사람에 초년병 한 사람 내지 두 사람이 붙어 뒷바라지를 하는 것인데, 이 초년병, 고참병 간의 관계를 전우라고 부르는 것이다. 전우 제도를 만든 취지는 초년병의 지도와 감독, 그리고 동시에 초년병은 고참병의 신변잡사를 거들어 준다는 것이 본래 의도로, 이상적으로 작동한다면 지도 능력을 지닌 자가 이해심 있게 지도를 하고 때로는 초년병의 일도 도와주는, 이른바 군대 가정의 열매를 거둘 수 있겠지만 실제로는 그다지 잘 이행되지 않는다. 개중에는 친절한 자도 있고 음으로 양으로 초년병을 비호하며 다른 고참병의 전우 초년병에게는 손가락 하나 대지 않는 이도 있었지만 그런 사람만 있는 건 아니고 오히려 자기 전우에게만 가혹행위를 하는 자도 있었다.

초년병은 전우가 될 고참병을 갖고 있는 게 매우 유리하고, 풋내기 일등병 등과 짝이 되면 생고생만 하고 득이 될 게 하나도 없다. 내가 처음 전우로 만난 이는 나카이즈미 출신의 이발사로, 미쓰오카 유타카라는 작은 몸집의 일등병이었다. 온순한 인물이었지만 일등병이라는 게 비극으로, 위급한 경우에는 도움이 되지 않았다.

저녁 식사가 끝나면 초년병의 일과는 무기와 피복을 손질하는 것이다. 먼저 자신의 총검과 전우의 총검을 구석구석까지 먼지를 후벼내고, 그다음에는 38식 기총(機銃)[1905년에 만들어진 육군의 단발총]에서 마찬가지로 먼지를 후벼낸 뒤 '스핀들유(油)'라는 기름을 바른다. 그것이 끝나면 다음은 장화, 편상화(編上靴) 손질, 박차 갈고 닦기, 재갈 사슬 닦기 등등을 하는데, 그것을 끝내는 데는 적어도 1시간 정도가 걸린다.

목욕할 시간을 쪼개어 부대 내 매점에 가는 것도 단념하고 손질한 이들 피복과 무기는 점호 뒤에 반드시 검사를 받아야 하는데, 그때마다 손질 방법이 엉터리라는 질책을 받고 매우 고통스러운 온갖 제재를 당한다.

....

4월 20일에는 말 검사를 처음으로 체험했다. 야포에서는 말 검사가 늘 행해져, 고참병도 반장도 초년병도 성적을 올리기 위해 쏟아 붓는 고생이 이만저만이 아니다. 말 검사 당일 일주일 정도 전부터 말 손질 시간이 길어지고, 정신을 매우 집중해서 하도록 강요당한다. 검사에서 가장 중시되는 것은 말굽이다. 특히 말굽 틈새가 불결해서 썩어 짓무르는 경우가 많다. 말굽 틈새 짓무름은 평소에 손질을 잘해서 예방하든지, 만일 그게 짓무른 말은 극력 치료에 열중해서 검사 때까지는 낫게 해놓아야 한다. 말굽 틈새 짓무름을 지적받은 반은 대단한 치욕이기 때문에 반장을 비롯해 고참병은 신경질을 부리고 병에 걸린 말의 당번을 질책한다. 검사의 요점 중에는 영양 항목도 있는데, 이것은 응급처치를 할 수도 없어서 누구도 불평을 늘어놓을 여지가 없는 것이다. 손질 성적은 '갈기'나 '꼬리'의 털을 뒤져봐서 때가 전혀 묻어 있지 않는 상태라야 합격인데, 이를 위해서는 불법이긴 하지만 말을 세탁비누로 씻는다. 영양, 손질, 말굽 양호의 삼박자를 갖춘 말이 많을수록 명예가 올라간다. 마필의 양호한 상태를 유지하기 위해 이런 고생을 해야 하는데, 이를 위해 초년병이 겪어야 할 육체적 고통은 상상 이상이다.

말 검사 요령은, 손질이 끝난 말을 등록부 번호순으로 세우고 가죽 재갈을 물려 검사관 앞에 석회(白灰)로 그려 놓은 사각형 틀 안으로 데려간 뒤 그 말 당번이 그 앞에서 말을 바라보면서 다리를 벌려 두 손으로 아래턱 양 끝에 나와 있는 재갈을 붙잡고 말 이름을 큰 소리로 외치고 그 습관을 얘기한다. 예컨대 "히가키, 무는 습관, 차는 습관, 뒷걸음질 습관"이라고 하는 식이다.

제1검사장에서는 말굽 검사를 하는데, 보조자가 다리를 들어올려 보인다. 제2검사장은 영양 및 손질 상태, 제3검사장에서는 성능 검사를 하는데, 당번은 말을 끌고 빠른 걸음(駘步)을 하게 한다. 빠른 걸음을 할 때 말을 급히 정지시키기 위해 조수가 나와 있는데, 이때 종종 말에 차여 부상을 당하기 때문에 조수 역할을 맡은 사람은 전전긍긍한다.

말의 털 색은 사슴 털, 밤색 털, 푸른 털, 상수리 밤색 털 등 여러 가지가 있는데, 순백은 적의 좋은 표적이 되므로 군대 말로는 환영받지 못한다는 걸 알게 됐다.

* 군사전범령… 육군에는 각 병과마다, 예컨대 '보병조전(操典)'이나 '기병조전'이라는 조전(전투원칙 및 방법, 군사교련 제식을 규정한 교칙서)이 있고 또 '검술교범' '체조교범' 등 술과(術科)마다 교범이 있다. 그 밖에 군대 전반에 걸쳐 '작전요무령(要務令)' 또는 내무에 대한 마음가짐을 쓴 '군대 내무령'이 있는데, 이들을 일괄해서 전범령이라고 불렀다.

* 군인칙유… 1882년(메이지 15년) 1월에 발포한 '군인칙유'는 일본 군대의 근간이 되는 최고전범이었다. "우리나라 군대는 세세(世世) 천황이 통솔하신다"로부터 시작해 대원수로서의 천황 '친솔(親率)' 하에 있는 제국 군대의 연혁과 현황을 얘기한다. 이 가운데 "하급자가 상관의 명을 받드는 것은 실은 바로 짐의 명을 받드는 것으로 알

라”와 같은 구절이 군대 내 절대복종의 근거가 되었다. “하나, 군인은 충절을 다하는 것을 본분으로 삼는다”로 시작되는 충절·예의·무용·신의·검소 등의 5개조는 일조(日朝), 일석(日夕) 점호 때 거듭 '봉창(奉唱)'하도록 돼 있었다. 또 “짐은 너희들 군인의 대원수다. 그러므로 짐은 너희들을 다리와 팔(股肱)로 믿고 너희들은 짐을 수령으로 우러러보라”고 천황과 군인을 직접적인 관계로 엮은 구절은 나중에 통수권 독립의 근거가 됐다. 게다가 군인칙유의 “의(義)는 산악(山嶽)보다 무겁고 죽음은 기러기 털(鴻毛)보다 가볍다고 각오하고 그 지조를 굽혀 낭패를 보는 오명을 쓰지 말지어다”라는 '충절'의 정신과, 1941년 1월에 공포된 '전진훈(戰陣訓)'의 “살아서 포로의 치욕을 당하지 말고, 죽음으로써 죄화(罪禍)의 오명을 남기지 말지어다”라는 교시는 포로가 될 상황이면 미련 없이 자살할 것을 강요한 것이었고, 그 때문에 오키나와 전투에서의 민간인 '집단자결', 사이판 섬의 만세 절벽 투신 등을 포함한 많은 비극을 낳았다.

＊간부후보생과 간부후보 기피… 육군에서는 중등학교 이상의 졸업생은 지원에 의해 간부후보생을 거쳐 장교(갑종) 또는 하사관(을종)이 될 수 있게 하는 특전이 있었는데, 전쟁 확대와 함께 지원제는 사실상 강제가 됐다. 소수의 학도병은 애써 이 '특전'을 (간부후보생 시험 거부 또는 의도적인 불합격 선택으로) 기피하고 하급 병사의 지위에 머물렀다. 전쟁에 의문을 품고 간부로서 그 전쟁을 적극적으로 수행하는 것을 기피한 경우와, '특전'으로 복무연한이 연장되거나 하급 장교의 전사율이 병사보다 높은 측면도 있었기에 명확한 전쟁 인식은 없었지만 국가의 당연한 부탁에 응하기보다 자신의 생명과 인생을 우선시한 경우가 있다. 또 해군에서는 고등학교·고등전문·대학 예과 이상의 졸업생이 지원해서 예비학생이 되고, 병사와 하사관을 거치지 않고 해군 예비소위로 임관되는 '특전'이 있었다.

후쿠나카 고로福中五郎

1916년 5월 20일생. 지바현 출신.

와세다대학 제2고등학원을 거쳐, 1939년 와세다대학 정치경제학부에 진학.

1941년 1월 10일 입대.

1945년 2월 10일, 솔로몬 열도의 부겐빌 섬에서 전사. 28세.

오칸다 큰형

종종 주신 편지 감격할 뿐입니다. 입대 이래 20일간, 처음으로 큰형에게 붓을 들어 쓸 기회를 얻었습니다.

군대 생활을 보낸 적 없는 큰형으로서는 알 수 없겠지만, 초년병에게는 밤 9시 반 소등과 동시에 침상에 들기까지 자신의 시간은 1초도 없습니다. 물론 공부할 여유도 전혀 없습니다.

겨우 일주일에 2시간이었던 교련을 그토록 혐오하던 나는 이젠 이대로 죽는 게 아닌가 생각될 정도의 맹훈련을 받을 때가 가장 인간다운 기분이 될 수 있게 변했습니다. 이게 무슨 얘기일까요. 군대, 그것은 예상했던 것보다 몇 배나 더 테리블한[끔찍한] 곳입니다. 1년간의 군대 생활은 마침내 모든 사람들로부터 인간성을 빼앗아가버립니다. 2년병은 다만 우리 초년병들을 노예처럼, 아니 기계처럼 다뤄 고통, 가혹행위 빼고는 아무엇도 없습니다. 소문으로 들었던 기차놀이, 중폭격기 놀이[주 '내무반' 참조] 등을 당했습니다. 매일 밤처럼 조카[上靴. 병영 내에서 신는 가죽제 슬리퍼]가 신음소리를 내고 있습니다. 칼집으로 두들겨맞아 네 바늘이나 꿰매고 입원한 적도 있습니다. 하사관 정도면 이미 우리에게는 하느님입니다.

내가 소속돼 있는 라대(ㅋ隊)는 이른바 말(馬) 중대로, 고사기관총을 다루고 있기 때문에 말 손질이 큰일입니다. 지금의 2년병은 지난해 2월 1일에 입대했는데, 1년간 외출하지 못했고, 우리가 입대한 첫 일요일에 1년만에야 사바[娑婆. 군대 바깥의 세계]의 공기를 호흡했을 정도입니다. 라대에는 초년병 53명 중 간부후보생 자격증을 가진 자가 21명이나 있습니다. 연대 전체 500명의 초년병 중에서 간부후보생 유자격자는 약 절반인 250명이나 됩니다. 정말이지 특과부대만 있습니다. 21명의 유자격자 중 약 10명 정도는 입대 전에 이미 공부를 하고 왔습니다. 끔찍하게도, 스즈키 부대에 입대하자마자 고사기관포 공부를 시작해 300개 정도의 명칭을 암기했습니다. 간부후보생만을 모아 종종 소양시험을 치는데, 나는 언제나 참패를 면치 못하고 있습니다.

입대 전에 형들과 책방에서 본 책은 21명 중 4명을 빼고는 모두 공부하고 왔습니다. 나머지 4명(나도 그중 한 사람입니다)도 단연 간부후보생이니까 책을 끌어당겨 맹렬히 공부했습니다. 나는 한밤중에 살며시 일어나 변소 안에서 공부했습니다. 하루 평균 4시간 정도밖에 잘 수 없습니다. 그러나 입대 전에 공부해 온 자들을 대적하기란 불가능하다는 생각이 듭니다. 다른 중대와 비교해서 라대는 말이 있기 때문에 말 돌보기에 시간이 걸립니다. 이처럼 철저히 핸디캡을 안고 있어서 지난해에는 중대에서 12명의 유자격자 중 겨우 2명밖에 통과하지 못했습니다.

오칸다 큰형, 지금 나는 변소 안에서 또 쓰기 시작했습니다. 10시 반에 강당에서 이제 자야 한다며 나를 쫓아냈습니다. 실은 오늘부터 10시 반까지 불 켜놓는 시간 연장이 허용돼 강당에서는 1시간 정도 공부할 수 있게 되었습니다. 그래서 큰형에게 붓을 들었습니다만, 도중에 10시 반이 돼 지금은 변소 안에서 계속 쓰고 있습니다. 간부후보생은 아무래도 절망적이라는 느낌이 듭니다. 저 문제집을 완전히 마스터한 사람에게 도저히 대적할 수 없을 것 같습니다. 간부후보생 시험은 4월 초쯤 실시된다고 합니다.

괜찮다고 생각한 전우도 마침내 본성을 드러내고 있습니다. 하루에 두 번 정도 비율로 두들겨맞고 있습니다. 병영 안에는 한 사람도 인간다운 자가 없습니다. 나도 인간에서 멀어진 듯한 느낌입니다. 편지는 입대한 날 밤에 쓴 숙부에게 보낸 3통 이외에는 시미즈 형과 어머니, 그리고 형에게 각각 한 통씩 썼습니다. 동생의 고등학교 일도 신경이 쓰입니다만 쓸 여가가 없습니다. 형에게는 면회를 와 달라고 썼습니다. 면회는 꽤 느슨하므로 일요일이라면 대개 3시간 정도 지껄일 수 있습니다. 나흘 전 일요일에 형이 찾아왔습니다. 지난주 일요일, 역시 변소 안에서 어머니에게 편지를 쓸 때는 눈물이 멎지 않았습니다. 어머니에게는 건강하고 기운이 넘친다고 썼습니다만 내 기분은 죽은 자와 다름없이 참담합니다.

이런 편지를 쓴 걸 2년병이 보기라도 한다면 아마도 나는 맞아죽을 겁니다.

타인이 보낸 편지는 그 발신인의 이름이 기입돼 있습니다.

내 얘기만 썼습니다만, 아무쪼록 오칸다 형도 힘내세요. 다이조 씨에게도 힘내라고 전해주세요.

이시이 군을 만나면 부디 안부 전해주세요. 그로부터도 편지 받았습니다.

그럼 실례하겠습니다.

끝으로 백부님, 백모님에게도 안부 전해주세요.

1941년 2월 1일

지로 형에게

가와시마 다다시川島正

1916년 1월 17일생. 사이타마현 출신.

도쿄농업대학 예과를 거쳐, 1937년 동 대학 농학과 진학. 1940년 졸업.

1940년 12월 1일 입대, 중국의 후베이 주둔 부대 편입.

1945년 1월 30일, 중국 장쑤성에서 부상, 2월 3일 전사. 육군 중위, 29세.

1943 1월 31일 맑음

한밤중인 1시 반 본부에서 온 전화를 받고, 5시 반 얼어붙는 추운 밤에 잔설을 밟으며 토벌하러 출동.

나카자와 부대의 한 병사가 중국인 한 사람을 돌로 구타해 두개골이 깨져 선혈 낭자하게 쓰러졌다. 그것을 시작으로 또 돌을 던진다. 참고 보기 어렵다. 그것을 나카자와 부대 장교도 냉담하게 보고 있다. 다카기 소위의 지도인 듯하다. 냉혈한. 죄 없는 민간인의 신상을 생각하고, 그때 왜 뒤늦게나마 그 농부를 도와주지 않았던가. 자책감이 든다. 피투성이 남자에 매달려 아내인 듯한 여자가 울고 있었다. 그러나 죽지 않았다. 군대가 떠난 뒤 일어나 여자의 부축을 받아 터벅터벅 걸어갔다.

내 아들은 절대 군인으로 만들지 않겠다. 군인만은…… 평화다. 평화의 세계가 최고다.

전쟁에 패한다면 일본인이 적국으로부터 이런 일을 겪을 것이다. 절대로 전쟁만큼은 져서는 안 된다.

2월 10일 맑음

"민심 파악에 대하여" 사단사령부에서 훈시가 내려왔다. 정말 그렇다. 위압과 공포 수단만으로는 통치가 불가능하다. 종래 주둔부대의 포학(暴虐)은 한바탕 소동이 일어나지 않으면 이상할 정도다.

지나사변(중일전쟁)은 육군이 무턱대고 공명심 때문에 일으킨 전쟁이었으니 어쩔 도리가 없다.

2연대의 장교 이하 20여 명이 부락민 손에 살해당하는 사건이 일어났는데, 닥칠 일이 마침내 닥쳐왔다는 느낌이다.

7월 19일 밝음

예비장교와 현역장교 간의 차이는 아쿠타가와 류노스케의 〈난쟁이의 말〉에 나오는 아이를 연상시킨다. 현역의 작업은 한마디로 극심한 무계획과 무준비에 있다.

단순한 천진성은 완전히 아이의 그것에 가깝다.

그런 대장을 위에 모신 부대 장교의 고충을 뼈저리게 느낀다.

시노자키 지로篠崎二郎

1910년 3월 2일생. 나라현 출신.

도시샤(同志社)대학 예과를 거쳐, 1931년 동 대학 문학부 영문학과 진학, 1935년 졸업.

1938년 4월 보충병으로 응소, 중국 화중에 종군. 1940년 5월 소집 해제, 1941년 8월 다시 응소.

1944년 1월 18일, 당시 영국령 동부 뉴기니에서 전사. 육군 보병 하사. 33세.

1938년 9월 25일

오늘까지 아내한테서 온 편지를 종합해서, 소생(小生)이 걱정하면서도 포근하게 기다리고 있던 사실의 결말을 본다. 아내의 몸에 이상이 없었던 것이다. 정벌에 나선 몸, 나의 둘도 없는 자기, 이 혼을 영구히 존속시켜 줄 우리 아이를 아직 얻지 못한 몸. 내지보다 한 발 빠르게 대륙의 추위는 찾아왔다. 가을이 완연해져 암페라[암페라 풀로 만든 멍석이나 돗자리]만으로는 조금 추울 정도의 이 밤에 홀로 그런 것을 생각하니 쓸쓸해서 잠이 오지 않는 감상의 밤을 보낸다.

[1939년 3월 15일 부인에게 보낸 편지]

부흥 도시 N시도 변함없이 잠입분자의 활동으로 전 시가 악화되고 있는 듯합니다. 상하이의 테러화와 상통합니다.

이 도시와 상응해서 근교의 수비지구도 대토벌을 벌이고 있습니다. 오늘은 불행한 뉴스를 써야겠습니다. 다케무라 부대(상륙 당시 속해 있던 중대)는 시에서 15리 동쪽에 있는 산속 부락에 있다가 돌연 적 주력과 충돌했습니다. 곧바로 토벌에 들어가 이틀간의 낮과 사흘 밤에 걸쳐 추격전을 벌인 끝에 다수의 행방불명과 전사자를 냈다고 들었으나, 본부에 보낸 확인 보고에 따르면 중대에서만 20명이나 되는 것으로 판명, 나도 모르게 묵도를 올렸습니다. 다른 중대에서도 상당한 손실을 입었고, 대대는 재기불능 상태에 빠졌다고 합니다. 아침저녁 불전에 모쪼록 영령들의 명복을 빌어주세요.

같은 군복(征衣)를 입은 몸, 만감이 교차하는 가운데 애도의 하루를 보내면서 나는 본부에서 이렇게 지내도 좋은가, 미안하다, 미안하다. 전우의 슬픔, 전쟁의 비극을 똑똑히 체험하면서 몹시 괴롭습니다. 그렇지만 다만 소생은 지금 조용히 생각하니 본부 요원으로서의 책무를 뼈저리게 느낍니다. 이를 악물고 정보 사무에 오로지 내달릴 생각입니다. 오늘 밤은 달이 고운 밤입니다. 정벌길에 나선 몸에 전우의 불행, 내가! 만일! 그럴 경우 아내는 어찌 될까…… 평생 내 아내로 있어 주기를 바랍니다, 영원히. 독선일까요— 달에게 말을 걸었네요, 실례.

[1939년 10월 1일에 아버지에게 보낸 편지]

혹서도 가고 다시 가을의 차가운 기운을 대륙에서 맞이합니다. 다행히 건강을 타고난 덕에 잘 지냅니다. 창 너머로 보이는 ○○산, ○○문 공략 당시의 격전의 흔적을 바라보면서 감상적인, 또한 감격적인 기분에 사로잡힙니다. 3천 년의 유구한 전통을 지닌 중국을 좀먹어가는 장제스(蔣介石) 정권 타도를 위한 성전에 참가, 지금은 지하에서 잠든 선배들도 뻗어가는 신일본을 보면서 웃고 있겠지요.

이 도시의 치안 회복은 눈부시며, 소생도 상륙 당시인 1년 전에 비해 천양지차가 있습니다. 완전히 감개무량입니다. 일본인 거주자들도 기세당당하게 전날은 반(反)영국 대규모 시위 운동에 나서 시가행진 등을 했습니다. 소생도 본부에서 경비, 토벌 외에 선전선무 활동을 하면서 적의 전의 상실을 틈타 민심 수습에 열심히 노력하고 있습니다. 소생은 특히 선전 업무에서 삐라 선전물, 선전 자료 수집, 발송 등을 바쁘지만 재미있게 하고 있습니다. 지금도 유격대 준동지구에 살포할 삐라의 교정을 마치고 배달을 위해 포장을 했습니다. 기타 신문 뉴스를 모두 맡아 미흡하나마 온몸을 바쳐 봉공(奉公)하고 있습니다.

보고에 따르면, 상당한 전과도 올렸습니다. 여기 강남 전선의 치안 유지도 곧 이뤄지겠지요. 치안 회복에 비해, 늘 생각하는 것입니다만, 중국 일반 양민들이야말로 불쌍합니다. 법폐(法幣. 민중 간에 유통되는 유대계 지폐)[1935년 장제스 정권이 영국의 협력과 지원을 받아 화폐 제도 개혁을 실시, 중국의 법정화폐로 발행한 지폐] 폭락으로 화폐 가치가 떨어져 생활고에 허덕이고 있습니다. 하지만 이것도 잘못된 장 정권의 은 수출과 나란히 영국이 중국을 식민지화하려는 잘못된 외교 정책과 화폐 제도의 결과이겠지요. 민중 입장에서는 자신들의 생명, 재산 보호를 위해 법폐 유지에 노력하는 장 정권을 신뢰하는 건 당연하 겠지요.

이 점 현명한 듯하면서도 한편으로는 잘못된 [장 정권의] 외 교 정책, 즉 용공 정책[공산주의 또는 그 정책을 용인하는 정책]을 취한 시안사변(西安事變)[1936년 12월, 시안에 주둔 중이던 장쉐 량(張學良)의 옛 동북군이 장제스를 감금, 국공합작을 통한 항일민족 통일전선 결성의 계기가 된 사건] 이래 코민테른[제3인터내셔널] 의 적화 공작을 지원했다는 점, 공산당을 이용하려고 하다 유 격대에 이용당하게 된 오늘의 대세가 움직이는 대로 자업자득 이 된 중국의 전장에 와서, 항일 사상이 뿌리 깊다는 것과 제 3국의 경제적 원조 및 야심에 지금 새삼 놀라고 있습니다. 일 본과 중국의 협동체를 향한 기본 지도야말로 중대 과제입니다. 독소 불가침협정에 맞춰 마침내 일본도 독자적 입장을 취하게 되겠지요.

[1942년 3월 31일에 부인에게 보낸 편지]

조선의 북쪽 지방에는 봄이 찾아왔습니다. 화중(華中)으로 첫 응소했을 때와는 달리, 아이라는 무엇보다도 아름다운 사 랑의 결정물을 얻은 지금 우리는 바다 건너 산 넘어 서로 떨어 져 있어도 이전보다 더 따뜻한 마음을 느낍니다. 이 천지 창조 물을 어떻게 키워줄 것인가, 일생의 사업과 수양으로 삼도록 늘 당신에게 얘기하면서 나는 총후[銃後. 총동원 태세 속에서 직 접 전투원이 아닌 일반국민]에서 각별히 아름다움과 기쁨을 느낄 수 있는 행복을 진심으로 기뻐합니다.

최근 문부성이 중등학교 영어를 폐지한다는 기사를 봤는데, 위정자에 대해 뭐라 말할 수 없는 반감을 느낍니다. 미국에서는 일본과의 전쟁이 일어난 뒤 일본 연구 열기가 필시 거세게 일어나고 있을 게 분명합니다. 적에게 이기려고 하는 자, 적을 잘 알아야만 하는 것 아닌가요. 지금이야말로 영어를 더욱 보급하고 한층 더 적국을 국민 일반에게 알려야 할 때라고 목소리를 높이고 싶습니다.

예전에 화중에서 신문반으로 활약하고 있을 때, 매일 영자 신문에서 특히 중요하다고 생각되는 기사에 밑줄을 그어 번역을 한 뒤 참모에게 제출했는데, 그때도 전쟁 책임자에게 부디 이 방면의 지식을 내가 얻을 수 있게 해달라고 염원했지만, 지금 그런 일에 대해 다시금 그런 느낌을 강하게 갖지 않을 수 없습니다. 아쉬운 마음 그지없습니다.

[1942년 섣달 부인에게 보낸 편지]

전황이 날로 격렬해지는 남부 전선으로 가게 됐습니다. 원래 대기하고 있던 나에게는 당연한 것인지도 모르겠으나, 막상 닥치고 보니 역시 나는 군복 차림의 아주 평범한 병사입니다. 아니 범인 이하의 인간입니다. 눈을 감아 봅니다. 머리에 떠오르는 것은 사랑스러운 아이, 아내, 아버지, 어머니, 누이 등등. 출발 전야 "나를 미망인으로 만드는 건 싫어요"라고 했던 당신의 얼굴을, 눈을 잊을 수 없습니다. 인간 지로(二郎)로서 시노자키 지로 가(家)를 건설해 소기의 목적을 달성할 수 있는 열과 결의를 갖고 있지만, 지금은 군복을 입은 몸입니다. 그러나 언제나 당신의 전부를 마음에 새기고 있습니다. 뭔가 기회 있을 때마다 늘 머리에 떠오르는 것이 그대의 전부입니다. 그것도 하고 싶고 그것도 하지 않으면 안 돼. 그것만은 하고 싶어, 그런 것은 더욱 하고 싶다고 어지간히도 희망이 많고, 이상이 높아, 당신 이상으로 생에 대해, 인생에 대해 욕심꾸러기일지도 모르겠습니다. 얕지만 오래 쌓아 온 이 학식과 인격을 가지고, 내 힘에 걸맞게 사회적으로 마음껏 행동해서 어떤 형태로든 도움이 되지 않는다면 태어난 보람이 없는 데서 오는 고통을 뼈저리게 느낄 수밖에 없겠지요.

그러나 지금 혹독한 싸움에서 국가에 대한 순수한 생각을 담은 군복에 맡기겠습니다. 생사의 운명과 함께.

범인의 감정과 싸우고 애국심으로 맑아진 내 마음은 여기까지 고양돼 왔습니다. 여러 가지 고충과 싸우고 결국 마음을 기만한 것일까요, 아니 그렇게 생각하고 싶지는 않습니다. 모든 마음의 갈등을 물리치고 꾸밈없이 애국하는 정성이라고 생각하려 합니다.

다만 당신에게 바라고 싶은 것은, 생사의 문제를 초월해서 늘 그대가 결혼 당초의 감격으로 살고, 심신 모두 이지미(理智美)와 건강미로 살아가 주기만을 바랍니다. 여러 추억을 마음속에 키움으로써 살아서 돌아가는 날이 온다면 그때 찾아올 새로운 감격이야말로 내 평생의 정점일 것이라 생각합니다. 예전 지나사변 때보다 더더욱 깊이가 있는 것이라고 생각합니다. 집 지키는 이의 안태(安泰)를 비는 것은 결국 당신과 사랑하는 아이의 무사를 비는 일이며, 당신과 가쓰코에 대한 애착입니다. 물론 나를 이렇게 있게 해준 부모님에 대한 무한한 감사는 별도로.

넓은 이 세계에서 당신이라는 좋은 반려자를 만나고 가쓰코라는 사랑스러운 아이를 얻은 것은 내게 가장 행복한 일입니다. 당신은 언제나 얘기하듯 상식가요, 건강하며, 미인이니까, 라는 간단한 얘기는 아닙니다. 내 이상의 일단을 받아준 당신의 성질은, 아내를 내 이상을 향해 생각하도록 교육시키겠다는 내 뜻에 동화되어준 귀중한 내 마음의 태양입니다. 즉 그렇게 해서 완성되어 가는 그대의 용모, 성격, 기질 등 모두가 무엇보다도 아름답게 느껴지고 좋습니다. 전 세계에서 비교할 데 없이 좋아 보여도 어쩔 수 없습니다. 소집에 응한 생활 때문에 거의 별거할 수밖에 없지만 그대 곁에는 가쓰코가 있고, 그 성장을 지켜보는 한편으로 괴로운 일, 쓰라린 일, 난처한 일도 있겠지만 흔들리지 말아주기를.

생명에 대한 자신감을 갖고 남쪽으로 출정할 작정입니다. 왠지 지금의 당신 그대로가 좋습니다. 그대로의 정신과 건강을 지켜내기 바랍니다. 조용한 가운데 정열에 살고, 정열 가운데 조용한 성질의 지주가 되기를 바랍니다. 당신의 얼굴이 떠오릅니다. 정열적인 검은 눈망울이 큰 눈, 야무지면서도 귀엽도록 꼭 다문 입, 푸근한 가슴 언저리, 그대의 환영이 떠올라 지워지지 않습니다.

아아! 연약한 마음을 버려야 하는데.

뒷걱정은 조금도 없습니다. 몸 상태도 지극히 양호하고, 오직 대기 임무를 마치고 명에 따라 야자나무 무성한 곳으로 출정하게 된 것, 전적으로 남자의 숙원. 부름을 받아 황군의 한 사람으로서 결코 부끄럽지 않게 행동하자는 각오에 차 있습니다. 고통스러운 각오에.

모든 걸 시간의 흐름에, 운명에 맡기고 출정하겠습니다.

임운무작[任運無作. 인위적인 것에 의지하지 않고 운명에 맡긴다]! 아버지가 자주 하신 말씀입니다.

국력을 의심하지 않고 오로지, 이 커다란 전쟁에서 승리를 굳혀가는 한 사람으로서의 임무에 힘차게 나서고자 합니다.

02

아시아태평양전쟁 시기

　수렁에 빠진 중국 전선에서 허덕이던 일본은, 유럽 전선에서 독일, 이탈리아가 우세한 상황을 보고 승리에 대한 전망도 없이 1941년 12월 8일 말레이 반도 코타 바루에 기습 상륙했고, 그 한 시간 뒤 진주만 기습공격에 나섬으로써 아시아태평양전쟁에 돌입했다. '대동아공영권' 건설을 내걸고 '대동아전쟁'이라 불렀다. 전선의 확대와 함께 전황은 악화됐고, 말기에는 '학도(學徒) 출진'과 특공 공격으로 많은 젊은이들이 무의미하게 목숨을 버려야 했다.

히라이 세쓰조平井摂三

1918년 1월 2일생. 미에현 출신.

히메지(姬路)고등학교를 거쳐, 도쿄제국대학 법학부 입학, 1941년 3월 졸업, 사법관 시보로 임관.

1941년 4월 15일, 해군 경리학교에 입학.

1942년 9월 5일, 뉴기니 섬 부나 근처에서 전사. 해군 주계 중위. 24세.

[군함 '유라(由良)' 승무원 시절의 일기에서]

1942년 2월 28일

2월도 벌써 오늘 하루 남았다. 따분한 하루를 보내는 오늘 이때. 매일 바다와 하늘과 선도(船図)를 응시한다.

요즘은 구름을 보며 시간을 보내고 바다를 바라보며 날을 보내는 방법을 익힌 듯하다. 심플한 사람들과 얘기를 나눠도 결국은 평이한 얘기 외엔 화제가 없는 듯하다. 지난밤 기관장과 장래의 동아시아에 대해 얘기를 나눴다. 그들은 결국 정복감 외에는 없는 것 같다. 모든 걸 빨갛게 칠해버리는[일본 영토로 만듦] 것밖에 생각할 줄 모른다. 이래서야 과연 성전(聖戰)이라 할 수 있을까.

오늘은 두통이 난다. 감기일지도 모르겠다. 모든 걸 부정하는 허무의 생활사상을 가질 수 있다면 얼마나 유쾌할까. 국가란 과연 인류에게 필연적으로 생겨날 수밖에 없는 사회단체일까. 단지 역사적으로 존재해 있었기 때문에 지금도 유지되고 있는 것에 지나지 않는 게 아닐까.

3월 1일

오전 1시 30분 정박지에 입항 완료했으나 전날 밤보다 적기의 내습이 심해졌다. 지난밤은 1시간 정도 노천갑판에서 잤을 뿐. 오늘도 아침부터 오전 내내 적기의 내습이 빈번했다. 상륙부대도 상당한 피해를 입지 않았을까. 소중한 동포의 피가 여기서도 흐른다. 국가 생존이라는, 아니 수백만 일본인 생존 앞의 개인적 희생, 의외로 냉정한 눈으로 볼 수 있다. 그러나 그중에는 아버지, 형의 출정으로 이미 길거리에서 헤매고 있는 처자들이 있을 것이다. 국가는 이런 개인적 희생에 대해 완전히 눈감고 있어도 좋은 것인가? 지금의 사회정책, 그것으로 충분할까?

저녁에 잠수함의 어뢰 공격을 받았다. 2월 11일과 오늘로 두 번째. 다행히 함대 바로 앞을 통과해 피해가 없었다. 우리 폭뢰[잠수함 공격을 위해 일정한 깊이에서 폭발시키는 일종의 폭탄]를 투하하고 나가쓰키(長月), 미나즈키(水無月)[모두 구축함의 이름]도 이에 협력………

다자카 도쿠타로田坂德太郎

1917년 4월 29일생. 히로시마현 출신.

1937년 니혼대학 전문부 의과 입학, 1941년 12월 졸업.

1942년 1월 26일 입대.

1945년 6월 8일, 수마트라 섬 동남 방카 해협에서 침몰 전사. 육군 군의 중위. 28세.

[동부 제67부대에서 오카모토 치즈코 씨에게 보낸 편지]

전날은 연속된 엽서로 실례했습니다만, 이렇게 편지를 보내는 일은 외출을 하지 않는 한 영내 거주자에겐 고역입니다.

잘 때도 깨어 있을 때도 늘 당신 생각이 머리를 떠나지 않습니다. 이런 기분은 입대 이후 더욱 뚜렷해졌습니다. 보고 싶고 얘기하고 싶은 소망은 그대 못지않게 절실하리라 생각합니다. 당신의 몸이 내 몸 같은 생각이 들고, 이렇게 떨어져 있으니 그만큼 더 걱정이 됩니다.

남자에게는 자신이 부담하는 가정 때문에, 또 일부는 남자의 의지랄까 야심이라는 것이 맞물려 사회적인 면에서 대두됩니다. 거기서 치열한, 불꽃 없는 전투가 늘 벌어집니다.

이제부터 이런 인간 세상에 몸을 두지 않으면 안 된다고 생각하니 당신에 대해 내가 져야 할 책임을 한층 더 강하게 느끼게 됩니다.

줍고 작은 데서 당신과 나, 그리고 거기에 직접 피를 이은 아이가 있는 가정을 지키면서 거리의 한구석에서 마을 의사가 돼 가난하고 불행한 환자의 벗이 돼 올바르고 수수하게 생활할 수 있다면 그 이상의 행복은 없을 겁니다……

국가가 총력을 기울여 대동아전쟁을 벌이는 와중에 이런 것을 쓰고 생각하는 간부는 어쩌면 나 한 사람일지도 모르겠으나, 격류였을 혈류(血潮)를 완류(緩流)로 바꾼 것도 이런 두 사람의 관계일 것입니다. 그것은 나를 강하게도 약하게도 합니다. 하지만 당신을 잊지 않고도 직무는 충분히 수행할 수 있다고 확신합니다. 전혀 당신을 몰랐다고 가정한 나와 현상의 나를 비교하면 현상의 내가 안정성이 높은 것으로 생각됩니다. 그런 만큼 감사와 동시에 먼 장래의 일을 기대하게 됩니다. 따라서 자중자애하기를 간절히 바랍니다.

당신의 이름, 당신의 몸은 나와도 가장 밀접하게 연결돼 있다고 믿으며, 당신을 존중하는 것은 나를 존중하는 것과 하등 다를 바 없다고, 그렇게 해서 나를 세우고 있습니다. 알았지요………

1942년 4월 9일

오시마 긴지大島欣二

1917년 2월 12일생. 효고현 출신.

제1고등학교를 거쳐, 1938년 도쿄제국대학 의학부 입학, 1941년 12월 졸업.

1942년 1월, 해군 단기 현역 군의관으로 입대.

1944년 7월 29일, 마리아나 제도의 티니안 섬에서 전사. 해군 군의 대위. 27세.

[1942년 9월 6일 오가타 도미오[도쿄대 의학부 교수] 선생에게, 군함 야마시로에서 보낸 편지]

선생님 오랜만입니다. 배를 타니 편지 따위 전혀 쓸 마음이 생기지 않습니다. 라디오에서 흔히 들으셨을 저 '함대 근무'의 노래["월월화수목금금"이라는 가사가 있고, 해군에서는 토요일도 일요일도 반납해서 연일 훈련에 매진하고 있다는 노래]처럼 월월금금만큼 군의관의 생활은 바쁘지는 않지만 요일도 날짜도 없이 날짜는 지나갈 뿐입니다. 특히 함정을 탄 초기에는 어쩐지 멍해서, 그것을 걱정했습니다. 바쁜 것 같고 무엇을 할 기력도 없는 것은 전두엽 탈락증상일지도 모르겠습니다. 누군가 중뇌(中腦)동물에 비유했으나, 그럴 정도도 못 됩니다만.

드물게 편지를 올리겠다는 마음을 먹게 된 것은 어느 기항지의 가까운 역 앞에 있는 작은 책방에서 선생님의 저서 『조국애와 과학애』를 발견했기 때문입니다. 요즘 팸플릿과 같은 볼품없는 표지의 그 책도 추레한 헌책들 속에 있었기 때문에 금방 눈에 띄었습니다.

대체로 항구에서는 책이라고 해도 야담류가 고작입니다. 함정 안에도 문화적으로는 그 연장에 지나지 않습니다. 타진(打診)도 청진(聽診)도 소리를 제대로 듣기 어려운 철 상자 속에서 들을 수 있는 레코드는 재즈와 유행가 정도입니다. 원기왕성한 같은 방 청년 사관들 사이에서는 요시카와 에이지의 『미야모토 무사시』가 제 세상을 만났습니다. 누군가가 트집을 잡아 화를 냈다는 얘기를 들었습니다. 나는 그 책을 읽은 적이 없습니다만, 물론 미야모토 무사시는 위인이기는 하지만 요시카와 에이지의 소설에 감격해야만 하는 것인가 하는 얘기였을 겁니다.

이 젊디젊고 성실한 사관들과 정이 들지 않을 수 없습니다. 고등학교와는 완전히 대극을 이루는 교육을 받아온 그들은 책임이 어디 있는지를 알고 있습니다. 그들 나름으로 예의를 알고 있습니다. 그러나 자진해서 '아래를' 향해 적응하고 싶지는 않습니다.

해군의 출세 비결이라는 것을 알았습니다. 아래의 5개 조항입니다.

1마크, 2경례, 3서류, 4바보, 5평계

마크라는 건 해군대학(교)나 포술선수과(砲術選修科) 졸업 등을 가리키는 말입니다. 실로 정곡을 찔렀다고 생각합니다만, 세상은 그런 것인가요? 평계도 출세의 길이지만 바보에게는 당할 수 없다는 겁니다.

여기에 와서 벌써 긴 서류를 두세 개 썼습니다. 우리 주변의 서류는 '극비(極祕)'가 아니면 '비(祕)'입니다. 그리고 모두 문어체입니다. 극비니 뭐니 해도 결코 내용이 뛰어나서가 아니라는 것은 아직 학생이었던 시절 M교관의 이야기라며 선생님께서 들려주신 대로입니다. 문어체 논문 읽기의 어려움은 제쳐두고라도 쓰는 것의 어려움 또한 보통이 아닙니다. 문어체로 쓰면 자연히 내용이 명확해지는 것은 뉘앙스 등을 표현할 수 없기 때문입니다. 생각하고 있는 것과 조금만 달라도 형태를 조절해야 합니다. 파스퇴르[프랑스의 화학자·미생물학자. 1822~95]의 여러 논문이 만인이 이해할 수 있는 구어로 돼 있는지, 그렇지 않으면 위압감을 주는 삼엄한 엄포풍의 문어로 돼 있는지는 모르겠으나 한없이 늘어지는 고시의 어투(枕詞)는 쓰지 않았음이 분명합니다.

너무 서류가 많아 "휴지 조각 해군"이라는 말이 있을 정도입니다. 읽고 싶을 때 읽고 싶은 책이 없는 안타까움은, 도쿄에서는 이와나미(岩波)문고 정도의 사치였습니다만, 여기서는 온몸에 뼈저리게 느껴질 정도로 아픕니다.

나는 함정에 올랐을 때에는 아직 미래의 문화에 초석이 되는 일을 하겠다, 장래의 해군 위생 개혁을 위한 일을 해야겠다는 생각을 하고 있었습니다. 그러나 지금은 배에 오른 이상 현재를 위해 최대한의 노력을 바쳐야만 하겠다는 각오를 하고 있습니다. 종래의 방법을 활용하여 전투력을 유지 향상시키는 것입니다. 환자가 생기지 않게 하는 것입니다. 마치 아이와 같이 천진하고 사랑스러운 수병을 흉막염 등으로 되돌려 보내는 일은 참으로 유감스러운 일입니다. 그러나 어쨌든 연구심만은 잃어버리지 않을 결심입니다. 하다못해 군의학원 같은 곳에서 마음껏 공부해보고 싶다는 기분은 변함이 없습니다. 한편으로는 이런 큰 배에서 내려 곧바로 수병의 얼굴도 알아볼 수 있는 작은 구축함을 타고 황파를 헤치며 달려가고 싶은 충동에 사로잡힙니다.

지금까지 없는 것을 한탄했던 책도 최근 상당히 입수해 갖춰 놓았습니다.『의학과 생물학』같은 것도 밀쳐두었으나 이젠 읽을 수 있게 됐습니다. 지금 주어진 환경에서 할 수 있는 만큼의 일을 하지 않으면 안 됩니다. 장차 연구실로 돌아갈 수 있게 될 때, 이제 너는 소용없다는 말을 듣고 떠나야 할지, 그렇지 않으면 아직 생산력이 있을지는 오로지 내 마음가짐에 달려 있다고 생각합니다.『조국애와 과학애』는 아직 읽지 못했는데, 이제부터 읽을 작정입니다.

오시마 긴지 올림

아사미 유이치浅見有一

1918년 1월 1일생. 사이타마현 출신.

지바고등원예학교를 거쳐, 1939년 규슈제국대학 농학부 농예화학과 입학, 1941년 12월 졸업.

1942년 2월 1일, 동부 제77부대에 방공병으로 입대.

1945년 7월 7일, 지바시 공습 때 고나카다이의 지바 육군 고사(高射)학교에서 전사. 육군 소위. 27세.

[일기에서]

1942년 9월 27일

면회를 와 주었다. 이제서야 만나고 싶은 듯, 만나고 싶지 않은 듯.

*

여동생을 만나 아이처럼 위로를 받는 스물다섯 살의 병사.

대학까지 나왔는데, 걸신들린 듯 먹을 때 반성도 해봤다.

*

지난밤 어둑어둑한 등불 아래서 삶은 밤, 할머니 냄새가 났다.

누이여, 어머니 냄새가 난다.

*

식욕은 본능의 형이하(形而下), 풀섶에 싼 보퉁이의 본능적인 비축.

*

누이를 돌려보냈다. 누이와 30보를 걸었다. 드문 일이다.

*

돌아보니 또 한 번 보고 싶은 애정. 하지만 돌아가버렸다.

*

달은 아직 뜨지 않고, 별들만 있는 밤은 누군가를 기다리는 정을 닮았다.

9월 28일

"안녕"……이여.

내 옷의 기름얼룩이 신경 쓰여 못 참겠다.

*

아직 얼굴을 붉히는 감정이 있다.

9월 30일

군대 생활에서 편지가 지닌 의의, 광기라고 할 수밖에 없는 표현을 한다.

*

어머니 오늘 밤의 분주함이란 정말이지, 아무튼 인간이란 제멋대로네요.

*

상식 밖의 지식을 지닌 인간이 횡행하는 세상에서 그 지식을 지식으로 생각하고 싶지 않다고 생각하는 건 패러독스[역설]일까.

10월 7일
비애에 휩싸인 선(善), 검은색은.
*
나의 위치— 공간을 차지하는 그것이 아니라—를 잊을 때가 있다.
*
"이런 때야. 이런 생활이야" 하고 나는 비판한다. 혼돈의 군집 속에 둘러싸여 있으면서.
*
르나르[프랑스의 소설가·극작가. 1864~1910]의 말은 아니지만, 있잖아, 그레테, 그렇게 생각하지 않는 게 즐겁지 않을까?

10월 11일(일요일)
대거리할 가치도 없는 행동을 하는 사람도 있다.
*
담장 너머의 공기에는 분 냄새가 난다.
*
개는 배가 고픈 모양이다.

10월 13일
상처받은 사람들의 무리—도스토옙스키 작.
*

사슴 소리 들려올 듯한 한낮.

*

묵직한 발, 큰 신발, 웃음 없는 철학.

10월 19일

지난밤에 온 아버지의 편지. 갑자기 아버지는 나를 한 사람 몫을 하는 인간으로 대접하신다는 걸 느꼈다.

*

오늘은 고향의 수호신에 제사 지내는 날, 아버지가 말했다. 너의 기억에도 먼 옛날 일이 됐을 거라고.

*

팥 넣은 찰밥을 먹는 가을 찬 기운에 생각하는 따사로움. 고기조림이 혀끝에 닿는 맛, 단벌의 나들이옷을 입은 작은 누이 동생들, 그리고 노점의 피리 소리.

*

> 피리와 북 소리에 이끌려
> 산신제에 와 봤지만
> 산은 싫고 고향 그리워
> 바람 불어 나뭇잎 소리만
> —기타하라 하쿠슈(北原白秋, 시인. 1885~1942)

*

소년은 자신을 비판하지 않는다. 나의 유년 시대도 또한 눈물이 가득 고일 정도로 그립다.

1943년 1월 13일

문밖 비바람.

아버지여, 구슬픈 비.

—우박 내리는 저녁 아버지는 집에 계시지 않고—

[그해 겨울, 아버지 별세]

1월 28일

한 줄기 적요(寂寥)가 군중 속에 있는 나를 스쳐갔다.

홍수다, 홍수다. 아, 하나의 거점은 흘러가버렸다.

*

아버지라는 글자를 지긋이 바라볼 때,

어머니라는 글자를 발견했을 때.

2월 18일

—그렇게 부르고 싶다. 달을 향해 부는 휘파람, 살금살금 봄
이 다가오는 밤에는.

*

잘 자, 잠만 잔 하루의 끝.

4월 13일

나이 탓이라고 말하고 싶지 않다. 환경이 그렇게 만든다고
말하고 싶지 않다.

단 하나의 바람.

*

역시 나한테서 시는 떠나갔다.

5월 30일

집에 돌아간다. 나는 효도한 적이 있는가.

*

죽지 않으면 안 된다. 모두가 죽음으로 끝난다.

*

노인이란 존재는 결심을 무디게 한다.

*

눈물이 나는, 전차 속에서. 나를 비극의 관객 가운데 한 사람으로 만들고 있다.

*

어찌하면 좋을까. 나를 버려서는 안 된다.

8월 6일

내게는 쉴 방도 없다. 모자를 걸어놓을 곳조차 없다……

맨스필드[영국의 여성 소설가, 1888~1923]

8월 22일

가엾고 딱한 나다. 머리털 같은 나다. 소중한 머리를 지키기 위해 태어난 그것(머리털)이 보기 싫다며 잘려나간다. 제기랄, 비료도 되지 않네.

*

저당잡힌 나의 생명,

자나 깨나 축축한 창고 안에서 초췌하다.

*

마치 이 세상은 끝나지 않는 음악을 연주하고 있는 듯하다. 죽음이 찾아올 곳에서 춤추고, 악장은 피투성이가 돼 있다.

휴지부—휴 숨을 내쉬어 보면 아직도 울리고 있는 북 소리.

부조화음—난잡한 인간들이 생각해낸 선율이 우둔한 도취 속에 퍼져 간다.

죽음이 또 악보 위에서 춤추기 시작한다.

어디 나도 지휘봉이 꺾이지 않은 동안에 춤출까.

11월 18일

시바우라(芝浦)에 선박 수송 견학을 갔다.

*

하루 종일 찬 비가 안벽(岸壁)을 적신다. 차가워진 몸에서 시가 샘솟는다.

*

남쪽 결전장에서 닻을 올리고 섰다는 배 한 척, 온통 바다의 맑은 색으로 물든 그 이름 '시바조노마루(芝園丸)'.

크레인이 군수품을 회색 하늘에 달아 올린다.

"빌어먹을, 우리처럼 떨떠름한 표정 짓지 마."

부려놓은 짐 옆에서 하사관이 씨부렁거린다.

찬 비 속에 하복차림의 병사들.

향수와 이별의 슬픈 준비겠지.

우에무라 겐타上村元太

1921년 1월 1일생. 미에현 출신.

1942년 주오(中央)대학 전문부 법과 졸업, 10월 동 대학 경제학부 입학.

1943년 1월 10일, 중부 제38부대 입대.

1945년 4월 21일, 오키나와 본도 기노완 방면 전투에서 전사. 24세.

1943년 6월 19일 토요일

체중 17관[약 64킬로그램]을 돌파하다.

간부후보생, 구두시험.

오랜만에 생각한 것을 대담하게 펼쳐 속이 후련하다.

미국에 대해 들은 바로는 철저히 민주정치를 구가하고 있고, 그것은 쓰치야 주계[회계관. 경리전문의 기술장교]에게 쓴웃음을 짓게 했다. 그들도 일본인과 마찬가지로 강한 애국심을 갖고 있어서, 이 전쟁을 절대로 철저히 이기는 건 어려울 거라고 나는 단언했다. 결국 소령으로부터 그들에게는 결점이 없는가라는 날카로운 질문을 받고, 역사가 없다는 것, 하지만 그만한 이유로 승부를 판단할 수는 없다고 얘기했으며, 또 생활을 엔조이하는 것을 인생의 목적으로 삼는다는 얘기까지 했더니, 잠깐 기다려, 자네는 아무렇지 않게 enjoy 따위 적성국 말을 사용하는데, 라고 추궁하기에 뉴스 보도[라고 말을 바꾸는 등], 그 밖에 무익한 영어 폐지에 대해 다 얘기했다.

그러고 나서 적개심의 문제, 끝내 자네는 모든 걸 물질적으로 해결하려 한다는 말까지 듣는 등 상당한 논의를 했다.

또 국가총동원*에 대해서도 논의했다. 실로 가슴이 후련했다.

군인을 앞에 두고 이런 통쾌한 논의를 한 것도.

21일 월요일

필기시험.

대략 0점이나 마찬가지다. 어쨌든 떨어져서는 안 된다. 정원 내 을종 간부후보생에라도 걸렸으면 좋겠다. 나머지 일은 소집 해제 꿈이나 쫓을 뿐.

수많은 딜레마를 겪었지만, 어쨌든 한 번 자유로운 공기를 쐬고 싶다.

다음 야전행 소집까지 설사 1개월간 만이라도 사바[군대 바깥의 세상]에 가봤으면.

친효행(親孝行)을, 글자 그대로 친효행을 하고, 여행을 하고, 조용히 이 불행한 세상에 태어난 몸을 쓸쓸해하며…… 맑은 눈물을 흘리고…… 그러고 나서 죽는 것이다.

우리 시대에 생을 향유하는 삶의 방식을, 반년간의 모진 군대 생활을 하고 나니 확실히 알 것 같은 기분이 든다. 전쟁이라는 현실은 호오를 초월해서 우리를 일종의 허무감에 빠지게 만든다.

군부·정계·사상·법률·정치·경제·사회·문화 등등, 모두 과거의 안락했던 평화로운 생활 속에서 꽃피었던 작은 꽃잎이었던 것이다.

죽음, 즉 전사에 대한 마음가짐, 서서히 갖춰가고 있다. 하지만 돌아가지 못하는 것에는, 한 번 어머니와 집의 공기를 호흡하지 못하는 것에는.

그 점에서 시즈오카의 초년병은 딱하다. 솔로몬제도에 가는 일. 군장도 갖추고 그러고는 출발을 기다릴 뿐인 그들. 어제 오락회에서는 노래자랑에 나온 이들이 모두 슬픈 곡을 열심히 차례차례 불렀다. 그들의 심정을 헤아리고도 남음이 있다. 현역병은 보충병*에 비해.

7월 1일 목요일

무좀 때문에 고생이다. 오늘 아침부터 취사, 교대해 달라야겠다.

지쿠사[미에현에 있는 군사훈련장]에 갈 때까지 무좀이 나을지 어떨지.

그래도 꿈은. 소집해제는 결국 꿈으로 끝나버리고, 또 눈물을 흘려야 하나. 정말일까 거짓말일까.

인간, 이토록 자유가 그리울 줄은.

자유주의[앞의 주 참조]가 사회사상으로서 세상에 존재하는 해독을 과거로 흘려버린 게 사실일까. 인간 본성이 freedom을 그리워하는 게 진실임을 병영에 와서 처음으로 뼈저리게 느꼈다. 잃어버리지 말라, 언제까지라도 이 아름다운 마음의 뿌리를.

7월 2일 금요일 흐림

올해의 서늘함은 어찌된 것인가. 어제부터 반나체 차림을 허용했다고 하는데, 상의를 입으니 딱 좋다.

오늘은 진단을 받으려고 주번 하사에게 얘기해서 무기고 사역 4반의 나카니시 상등병과 교대했다.

그 일로 상등병에게 구타당했다. 실로 멋진 어퍼컷을 한 방 먹었다. 두들겨맞은 적이 수없이 많지만 그렇게 멋진 팔뚝을 가진 사람은 처음 봤다. 몸이 스윽 부드럽게 흘러간다고 생각한 것과 침대 위에 나부라져 있는 나를 발견한 게 마치 꿈을 꾸는 듯. 하지만 잠시 뒤 귀가 찡하고 저려왔지만. 뒤이어 야스다 이치로한테서도 구타를 당했다. 야스다의 주먹은 내 뺨이 이미 익숙해져 있었으므로 별것 아니었다.

사회에서 사회인으로서의 pride를 갖고 있는 자가 두들겨맞았다면 심리적 영향이 분명 있었을 것이다. 그러나 군대에서 헤아릴 수 없을 정도로 멋진 어퍼컷을 계속 당해 온 자는 마치 기상나팔 소리에 일어나지 않으면 안 되는 절대적인 고통과 같은 것이라고만 여기고 더는 생각하지 않게 된다.

"구타하는 철학"

"구타당하는 철학"

한번 곰곰이 생각해 보고 싶다.

7월 3일 토요일 비

지난밤부터 내린 폭우가 전혀 그치지 않는다.

지난밤에 꿈을 꾸었다. 아무리 생각해도 이상하다. 입대했을 당시 열흘간은 실로 매일 꾸준히 꿈을 꾸었으나, 그 꿈은 늘 탈주하려 안달하거나, 집으로 도망쳐 떨고 있는 꿈 등 대체로 터무니없고 어린애 같은 것들이었는데, 지난밤의 꿈은 처음으로 여자가 나왔다. 하야시 야스코다. 왜 그녀가 나온 걸까. 꿈에서 볼 때까지 잊고 있었고, 특별히 사귄 적도 없던 여자고 함께 놀아 본 적도 없었다…… 그러고 나서 안경을 낀 희고 동그란 얼굴의 남자가 전통 평상복 차림을 하고 나왔다. 그리고 혼자서 정론(政論)을 마구 지껄이고 있었고 그 옆에 내가 왜소한 모습으로 그의 매우 불쾌한 논조에 열심히 귀를 기울이고 있었다. 지금 그 얘기는 꿈속에 녹아들었다. 그의 얘기에 벌컥 화가 치밀면서도 그의 풍모에는 왠지 모르게 끌렸다.

그리고 오미야의 할머니와 극장에 갔다. 왜 지금. 바로 2600년 축전*의 날이었다. 할머니가 돌아가신 것은. 그 무렵엔 아직, 그 무렵엔 아직.

세 개의 꿈이 하나로 연결돼 있었다.

이상한 꿈, 정말 꿈에서 보리라고는 생각지도 못했을 사람들의 꿈을 꾸다니.

꿈. 군대에서는 지쳐서 곯아떨어져야 하는데 곧잘 꿈을 꾼다.

"군대와 꿈"

7월 5일 월요일 흐린 뒤 비

연일 비, 비다.

보름가량 속옷, 속바지 세탁을 하지 못했다.

....

아아, 그리고 매일매일 이토록 소집해제 꿈에 마음이 산산조각이 나다니. 너무나 돌아가고 싶다 돌아가고 싶다고 생각하면 역시 답답한 것이 눈앞에 어른거리지만.

이제 꿈 자신에게 차분하게 얘기하도록 해볼까. 전사하든지, 병사하든지, 살아서 돌아가든지. 이 세 가지 중 하나.

죽음의 안락은 한 번 경험하면 그것으로 끝이다. 그 죽음의 안락에 들어가는 건 생각해 본 적도 없지만.

"살고 싶다"고 이토록 염원하면서, 죽음에 직면했을 때의 고통은 생각조차 하고 싶지 않을 정도로 오싹한 것이리라 생각한다.

"살아서 돌아간다." 내게는 아직도 산만큼 많은 인생이 남아있다. 아니 나만 그런 게 아니다. 살아 있고 살 수 있는 것은 모두 그렇다. 그런데 모두가 죽음 속에서 자라고 진짜 죽음 속으로 들어가야만 하다니.

"살 수 있는 송장." 같잖은 말이지만, 대저 미래와 희망의 빛을 던질 수 있는 이 말에 진실성이 있을 것이다.

아카가미[赤紙. 징병제에 따른 소집영장. 종이 색깔에서 생긴 속칭]를 받아든 뒤의 내가 아직도 죽음을 두려워하고 생활을 부과하는(키우는) 것은 정말 바보 같은 얘기인가.

무덤 아래 묻힌 남자가 한 번 더 따뜻한 밥을 먹고 싶다고 생각하는 것과 같은 것인가, 오호라, 그렇게 생각해야만 하다니.

"전쟁!" 괴테의 파우스트는 "아아, 또 전쟁인가. 이는 지자(智者)가 듣기 좋아하지 않는 말이다"라고 했는데, 우리는 듣는 것을 좋아하지 않으면 그만인 것으로 끝나는 게 아니라 육체만 무료로 제공하는 데 그치지 않고 가장 소중한 인간 그 자체를 박탈당했다. 게다가 우리의 생명이 붙어 있는 동안에는 이 전쟁이 끝날 것으로 생각되지 않는다.

옛날이라면 산으로 들어가거나 중이 되어버릴 수도 있었을 것이다. 아니, 지금 그것이 허용된다면 일본 모든 산속의 절들은 초만원으로 바뀌어 있을지도 모르겠다.

생과 사

인간과 생활

우리와 전쟁

이 상반되는 것이 지금은 거의 뒤섞여 하나가 되어버린 것이다. 그럼에도 여전히 나는 살아보고 싶어하는 것이고.

7월 7일

새벽 4시 반 기상. 지금 열차 안.

푸른 밭에 마음과 눈이 위로받는다.

지쿠사(千種)를 향해. 돌아오는 길은 행군으로만 할지, 걱정된다. 그렇다 오늘은 지나사변(중일전쟁) 6주년 기념일.

분명히 아무리 시간이 지나도, 이제 빨리 전쟁이 끝났으면 좋겠다고 생각하는 이는 한 사람도 없을 게 분명하다. 끝날 리가 없으니까.

언젠가는 어느 날엔가는 한(漢)민족의 복수로 우리 자손들은 울게 될 것이다.

내가 만일 중국 청년이었다면.

그렇지만 나는 현실에서는 미워해야 할 일본 군부 중의 가장 미약한 구성분자가 돼 있는 일개 병사이다.

7월 14일 맑음

지쿠사에서 어제 돌아오니 마침내.

어제 하루와 지금 계속해서 차라리 자살이라도 해버릴까 생각했다. 그러나 어머니가 계신다. 그 어머니가 한마음으로 애타게 기다리고 있는데, 돌아갈 수 있는데, 운명의 장난, 인생의 아이러니. 간부후보생에 합격했을 줄은. 울었다, 마음껏. 지금도 혼자가 되면 울음이 나온다. 앞으로 4년, 어릴 적부터 너무나 싫어했던 군대에, 무엇이 좋아 4년간이나 5년간이나.

에이, 죽어나 볼까. 어머니만 계시지 않았다면 어제 죽을 결심을 했을지도 모르겠다.

살 수 있는 송장의 생활을 앞으로 4, 5년. 사회에 나갈 수 있는 건 나이 서른이 가까워서인가. 아이러니, 얄궂음. 게다가 꼴찌로 합격하다니. 앞으로 얼마 뒤 겨우 1점의 차이로 운명은 크게 뒤틀릴 것이다.

7월 15일

지난밤 미도리 씨가 보낸 편지를 받았다. 학교를 나왔다고 한다. 그래도 어머니에게 엽서는 보냈다고 쓰여 있지만.

제기랄 살아 있는 한, 훈련을 더 열심히 몸이 부서져라 해보자. 자포자기.

7월 16일

지난밤부터 마구간 당번. 모리 시게히코와 같이. 상륙 훈련에 가는 자들 니시키하마[기이 반도의 돌출부]로 출발.

죽음의 생활, 앞으로 4, 5년.

나는 6월 12일로 이 세상을 버리겠다고 결심했어야 한다.

아름다운 마음과 이상주의에 산 어머니를 그리워하는 청년은 1943년 6월 12일 사망.

울었다, 오늘은 마음껏 울었다.

예전 법률철학 저서를 찾아 지치도록 돌아다닌 그 청년은 창백하고 야윈 장신의……

행복했던 때도 있었다.

죽음은 어디까지나 아름답지 않으면 안 된다.

언젠가 오자와와 함께 쓰키지 소극장에서 본 문학좌의 〈우리 동네〉, 저 죽음과 같아야 한다.

남은 것은 외박해서 하루라도 어머니와 함께 울며 지새고 싶은 희망뿐.

어머니, 제가 찾아뵙지 못한 불효를 용서하세요.

"사람은 태어나서, 사람은 고생하고, 사람은 죽는다."

7월 26일 일요일

어제 3박4일의 외박에서 돌아왔다. 이것이 어쩌면 마지막이 될지도. 어머니는 말했다, 3년 정도라고. 나는 말했다, 4년이나 5년. 사실은 돌아가는 건 포기해야 하는 상태가 아닐까.

과거에 빠져 갈피를 잡지 못하면 아무 이득도 없는데, 왜 간부후보생 따위에 합격해버렸을까.

구술시험에서 남자임을 인정받았다고 딱히 생각되지는 않는다. 사상과 대담성은 내가 군소(群小)의 소인배들과는 달랐다고. 그 일시적인 기쁨이 이렇게 바뀌는 결과가 될 줄은.

아아, 앞으로 몇 년간일까. 그 기간 동안, 목숨을 지켜야 한다는 것은. 철이 들어 정치, 경제, 법률과 어설프게나마 씨름하던 중에 군부를 사상적으로 가장 열악한 적으로 의식했다. "시간은 지나간다"는 말은 헛되이 보낸 과거를 뉘우치는 양심적인 내면의 울림과, 운명의 흐름을 노래한 말처럼 생각되지만, 지금의 나는 "시간은 지나가라"며 슬픈 눈물을 흘린다. 청춘도, 연애도, 정열도 모든 걸 희생해서라도.

번민도 고통도 사상적으로 높은 선 위에 있으면 그만큼 내심적(內心的)이라는 이유만으로, 그 속에 일종의 자기위안이 있다. 하지만 이와 같은 최저선(最低線)에서는.

9월 27일 월요일 흐림

오늘 갑을 구분 시험의 필기시험.

어차피 을종 간부후보생으로 족하다고 생각하지만, 역시 공부가 부족한 결과, 잘 안 된다.

시간이 너무 많아 곤란한 게 군대 시험. 일손도 너무 많고 시간도 너무 많다. 한번 지방인*에게 군대의 이런 낭비를 보여주고 싶다.

문과 계통의 학업 정지['학도 출진' 주 참조] 소식을 들었다. 시국은 마침내 여기까지 왔다. 이제 한 걸음이다. 학생 동원까지는.

그래도 형은 좋은 시기에 죽은 것이다. 그 뒤 만 6년에 가까운 세월이 지났다. 골수까지 자유주의자였던 수재는 지금 설사 살아 있다 하더라도 자살의 비극을 낳았을 것이다.

그렇지만 6년 전에도 그의 죽음은 거의 자살이었다고 생각되지만. "사상과 현실의 이반" 그의 죽음은 역시 자살이라는 게 타당하다. 자살이었을지도 모르겠다는 매우 멋진 카무플라주를 했다.

둔재인 나는 지금까지 살아 있다. 어머니 때문에 살아 있다. 이 The end of world라고나 해야 할 혼란기에 어머니는 내가 돌아올 날까지는, 하고 이를 악 물고, 필시 옛날의 즐거웠던 추억에 매달리면서 생활하고 있을 것이다.

어머니, 힘내세요. 불효자였을지도 모르겠으나 언제 어느 때고 한시라도 지금은 어머니를 잊은 적은 없다.

---

* 국가총동원… 중일 전면전쟁 뒤인 1938년 '국가총동원법' 등에 따라 국가가 모든 인적 물적 자원을 통제·운용하도록 한 체제.

* 현역병과 보충병… 징병검사에서는 주로 체격에 따라 갑종, 을종(나중에 제1, 제2, 제3으로 구분), 병종 등으로 분류해 합격시켰는데, 그 징병 연도에 필요한 인원을 현역병으로 입영(갑종 합격이 많을 때는

추첨)시켰고, 그 밖에는 보충병(예비·후비後備·국민병역 등)으로 돌렸다. 15년 전쟁 말기에는 본토 결전에 대비해 통상적으로는 현역병에 불합격한 자들까지 입대시켰다.

* 기원 2600년 제전… 1940년이 '황기(皇紀) 기원 2600년'에 해당한다고 해서 전국적으로 전의 고양, 국민정신 총동원 축하행사가 전개됐다. 가무음곡 제한이 풀리고, 쇼와 천황 즉위 기념일에는 궁성 앞에 5만 4천명이 모인 식전으로 그 절정에 달했다.

* 지방인·사바(娑婆)… 군대 바깥의 세상을 사바(해군) 또는 지방(육군)이라고 했다. 일본군은 군인·군속(군에 소속된 문관·무관 대우자) 이외의 모든 사람을 '지방인'으로 불렀다. 군에 들어가면 '지방복'을 군복으로 갈아입고, '지방어' 사용도 금지하고 군대어를 익히도록 했다.

마나다 다이호 真田大法

1917년 3월 19일생. 후쿠오카현 출신.

야마구치고등학교를 거쳐, 1939년 도쿄제국대학 중국철학과 입학,

1941년 12월 졸업.

1942년 2월 1일 입대.

1943년 9월 30일, 필리핀 앞바다에서 전사. 육군 소위. 26세.

어머니께서 편지에 쓰신 말씀대로 저는 더 할 말이 없습니다. 다만 눈물이, 오랜 세월 맛본 적 없는 눈물이 쉴 새 없이 두 눈에서 흘러넘쳤습니다. 오늘만큼 죄악을 뼈저리게 느낀 적이 없습니다. 왜 그렇게 울었던지요. 태어나서부터 오늘까지 저에게 쏟아진 눈물은 얼마나 될까요. 저로서는 도무지 제대로 헤아릴 길이 없습니다. 제 어릴 적부터의 어머니 생각을 들춰봅니다. 저는 자주 의사에게 데려가야 하는 아이였습니다. 아버지가 돌아가신 뒤 살림이 가난해졌는데, 너희들은 나 한 사람의 아들이 아니고 부처님의 아들이요 나라의 보물이라며 우리 몸에 특히 신경을 써 주셨습니다. 아버지 돌아가신 뒤 비뚤게 자라서는 안 된다며 어머니는 몹시 무리하셨습니다. 특히 제가 중학교에 입학했을 때였습니다. 양복을 새로 맞춰 주겠다고 하셨고, 어느 날 밤 어머니를 따라 거리로 나섰던 저는 번화가

로 간다고 생각했습니다. 거리의 아름다운 등불들이 보이고 마침내 중심가 입구에 다다랐을 때, 어찌된 일인지 어머니는 거리의 어두컴컴한 뒷골목으로 들어가셨습니다. 미심쩍어하면서 저도 따라갔습니다. 지금도 분명히 기억하고 있습니다. 어머니는 새옷과 헌옷을 파는 양복점에 들어가 제게 맞는 색색의 상의를 입혀 보시고는 약간 헐렁한 고쿠라복(小倉服)을 사셨습니다. 그리고 돈은 나중에 지불하겠다고 가게 주인에게 몇 번이나 말씀하시고 가게를 나왔습니다. 돌아오는 도중에 어머니는 웃으며 "이 양복의 안감은 플란넬(flannel. 보풀보풀한 모직물 - 옮긴이)이야. 조금 크겠지만 금방 자라니까"라고 말씀하셨습니다. 지금 생각하면 실로 가슴 먹먹합니다.

또 제가 중학교 3년생 무렵이었을 겁니다. 형은 5년생. 그해 섣달그믐, 돈이 떨어져 친구들처럼 새해 선물도 없었고 연말연시의 즐거움도 없었습니다. 어쩐지 매우 추웠습니다. 형은 그 불만을 어머니에게 쏟아 부었습니다. 아버지는 평생을 종교 운동에 바치고 자식 여섯을 남겼는데, 게다가 아무런 유산도 남기지 않았습니다. 재산을 남기지 않고 죽을 때 형제를 불러 "위대한 사람이 되지 않아도 좋다. 부자가 되지 않아도 좋다. 학자가 되지 않아도 좋다. 염불을 욀 수 있는 사람이 되어다오. 돈이 필요하면 정토에서 보내겠다"고 하시고 빙긋 웃으며 돌아가셨는데, 독선적인 난센스였습니다. 아버지가 이런 고통을 어머니와 우리에게 준 것은 오로지 아버지가 나빠서다, 라고 책망을 했습니다. 어머니는 슬픈 듯 "엄마를 아무리 책망해도 좋으니, 죽은 아버지를 책망하지는 말아다오"라며 눈물을 비치며 형에게 말씀하셨습니다. 섣달그믐이었으니 그렇지 않아도 나가야 할 돈이 많이 필요할 때였다고 생각합니다. 어머니는 몹시 괴로웠을 겁니다.

장롱 앞에서 오른손을 호주머니에 넣고 눈물 가득한 눈으로 말없이 한곳을 응시하며 서 있었습니다. 그러고는 뭔가 결심을 한 듯 급히 외출 준비를 하고 나가셨습니다. 우리 여섯 명은 모두 가련한 얼굴을 하고 고개를 숙이고 있었습니다. 저는 형에게 큰 분노를 느끼며 고다쓰(전기나 숯불 각로 위에 이불을 덮어 씌운 일본의 난방기구 - 옮긴이)에 들어가 기다렸습니다. 그날 밤 우리 여섯 아이들은 도시토리 소바(나이 한 살 더 먹은 것을 축하하며 먹는 메밀국수 - 옮긴이)나 과일, 과자 등을 배불리 먹었습니다. 어머니는 거의 먹지 않고 우리가 즐거워하는 모습을 보고 기쁜 듯 웃었습니다. 설에는 새해 선물, 용돈을 많이 받았습니다. 어머니는 얼마나 우셨을까. 괴로웠을 겁니다. 이는 제게 참혹한 기억입니다.

아버지가 돌아가신 뒤 인간적인, 이른바 세속적인 즐거움으로부터 완전히 분리된 어머니. 아버지가 돌아가셨을 때 가장 어린 세이코는 아직 한 살이었습니다. 우리 학비를 벌기 위해 17, 18세의 처녀들 사이에 섞여 바느질을 배운 적도 있었습니다. 생각하면 한이 없습니다. 쓰고 단 눈물이 치밀어 오릅니다. 고생에 고생으로 세월을 보내며 사신 어머니. 그러지 않아도 좁은 어깨는 더 움츠러들었고, 그러지 않아도 소심한 가슴은 더 작아졌던 저. 이번에 남자의 의지라며 모자란 짓을 해버렸습니다.

어머니는 제게 "다이호, 공부하려고 돈을 다른 사람한테서 받는 것은 고마운 일이라 생각하지만, 이번과 같은 부정한 일로 돈을 받은 것은 엄마 마음이 허락지 않아. 이 돈을 반드시 엄마가 돌려드리겠다"라고 하셨습니다. 아아, 이 무슨 큰 죄인가. 그저 오직 울 뿐입니다. 다시 "다이호, 어떻게든 이 잘못을 좋은 기회로 삼아 전진 전진, 오히려 그 일이 나중에 감사할 수 있는 일이 되도록 해주렴. 엄마는 믿는다. 다이호, 너는 해낼 거야. 또 할 수 있는 사람이야. 엄마는 너를 믿는다"라는 말도. 아아, 이 얼마나 한없이 깊은 자애인가. 얼마나 과분한 배려인가. 제게 쏟은 어머니의 자애와 신뢰. 제가 무엇으로 좀 더 잘 살아갈 수 있을까요. 자식들의 기쁨을 모두 자신의 기쁨으로 삼으신 어머니. 이런 어버이 마음에 등을 돌린 대불효. 이번에야말로 천박하고 경솔한 생활을 청산하고 힘찬 생활로 갱생하겠습니다. 온 세상에 단 한 사람뿐인 어머니. 부디 몸조심하세요.

어머니께

쓰쓰이 아쓰시简井厚

1918년 8월 21일생. 지바현 출신.

시즈오카고등학교를 거쳐, 1939년 도쿄제국대학 법학부 입학.

1941년 12월 졸업.

1942년 2월 1일 입대. 육군경리학교에 입학.

1943년 2월, 당시 영국령인 동부 뉴기니에서 행방불명. 육군 주계 중위. 25세.

[1943년 아내에게 보낸 편지]

누추한 숙소의 어두컴컴한 전등 아래서 이 편지를 쓰고 있습니다. 5일에 출발한다고 한 게 늦춰져 내일 6일 정오에 출발하기로 했습니다. 드디어 확실해졌습니다. 체류 사흘간, 히로시마의 거리도 흥미가 없습니다. 모두 어딘가 이상한 심리 상태가 돼 외박하고 아침에 돌아오는 놈도 나오는 판입니다. 거리를 걸으면 곳곳에서 경례를 받습니다. 『여수(旅愁)』[요코미쓰 리이치의 소설] 제2편을 입수했습니다. 사치코 씨가 추천한 이 소설, 함(艦) 속에서 어떤 기분으로 읽게 될지. 그리고 『엄마는 울부짖는다』를 다 읽었습니다. 이 소설이 걸작인지 아닌지 나는 모르겠으나, 어쨌든 나로서는 매우 흥미로웠습니다. 아이를 키워가는 어머니의 기쁨과 슬픔을 잘 알 것 같은 기분이 듭니다. 결국 나는 "부탁해요"라고 마음속으로 당신에게 외치고 싶어집니다.

………여기는 아직 춥습니다. 특히 이 센베이불[煎餅ぶとん. 솜이 적고 얇은 싸구려 이불]은 춥습니다. 사치스러운 생각일지 모르나, 따뜻한 이불은 참 좋겠다는 생각을 합니다.

게이코는 역시 지금쯤이면 잠자리에 들었겠지요. 사진을 꺼내 봅니다. 정말 귀엽습니다. 나를 보고 지금이라도 말이 돼 나올 것 같은 더듬거리는 소리를 하고 있는 얼굴이 눈에 선합니다. 빨리 자라다오. 감기 걸리지 않도록 해 주고, 당신도, 되풀이하지만 의외로 감기 걸리기 쉬운 듯하니 충분히 조심하고요. 이건 잊어먹었던 건데, 잘 때 어깻바대를 하는 게 어떨지요? 요카이치바[지바현]의 누이는 자신과 아기 사이에 수건을 대서 바람이 들지 않도록 했다고 들었습니다. 이제부터 또 뭔가 소설이라도 읽으며 잠자리에 들어야겠습니다. 그럼 편안히.

2월 5일 10시 반 아쓰시 배(拜)

다이코 님께

여기서 엽서를 써보냈지만, 도착할 수나 있을지 모르겠네요. 다행히 내지에 비행기로 돌아가는 사람을 발견해 이 편지를 부탁했습니다.

3월 23일, 첫 목적지 라바울에 도착했나 싶었는데 이제부터 뉴기니로 가야 한답니다. 목하 가장 중요하고 가장 고전 중인 곳입니다. 게다가 거기까지 가는 도중에 엄청난 적의 잠수함, 공습으로 전사하는 경우도 수를 헤아릴 수 없습니다. 여기서도 줄곧 폭격을 가해 옵니다.

우리는 조만간 출발할 것입니다. 이미 목숨은 없는 것이라 각오했습니다. 당신도 그런 생각으로 당황하지 말고 만일의 사태에 대비한 마음가짐을 가져 주세요. 모두 비장한 기분으로 멀리 영국 미국의 하늘을 응시하고 있습니다. 이런 결말은 이미 각오하고 있었지만, 지금 생각하면 더 단단히 해둘 필요가 있지 않았을까 하는 기분. 이것이 불완전한 인간의 최후의 허튼소리임이 분명합니다.

모두들 괜찮겠지. 나도 지금은 건강. 하지만 이미 두 사람이 뎅기열에 걸렸습니다. 남중국의 형, 만주의 사나에 씨에게 아무런 통지도 할 수 없는 게 유감입니다. 게이코도 지금쯤 필시 사랑스럽게 크고 있겠지요. 눈에 선한 게이코에게도 안녕. 요카이치바의 형을 비롯한 여러분, 도가네의 여러분에게도 멀리서 안녕을. 엽서에도 써놨는데, 가끔 만든 졸작, 웃어주시기를.

기쁨도, 어쩌면 슬픔도 다 무엇하랴
이 한 순간이야말로 행복임을 알라

안녕히
3월 31일 아쓰시 배(拜)
다이코 님께

이치이 주지市井柔治

1919년 12월 13일생. 니가타현 출신.

1939년 아자부 수의전문학교 입학, 1941년 12월 졸업.

1942년 2월 1일 입대.

1944년 8월 24일, 니가타 요양소에서 병사. 24세.

1942년 4월 1일

………

입원에 이른 대략적인 병상(病狀) 경과

3월 10일 육군기념일 점심에 나온 팥찰밥을 과식했고, 또 그날도 여전히 맹훈련이 있어서 설사를 했다. 그 뒤 충분히 주의했지만 군대의 팥찰밥이 내 몸에는 맞지 않았고, 또 며칠에 걸쳐 간부후보 시험 때문에 피로가 누적돼 계속 설사를 하고 있다.

10월 9일

요전의 그대 편지, 그대가 진정한 그대의 마음에 닿은 듯해 대단히 기뻤습니다. 누워 있는 자가 부탁하는 것은 단지 따뜻한 마음뿐입니다. 그리고 모든 것에 의지하고 싶어지고, 의지해서 받아주는 것은 모두 따뜻한 마음으로 느껴집니다.

내가 강할 때는 그다지 관심을 갖지 않을 일들도, 지금 내게는 모든 것이 호의와 악의로 구별돼 느껴집니다. 그리고 그 중간, 즉 무관심하게 있을 수가 없어진 듯합니다.

나보다 약한 것에 대해서는 호의, 강한 것에 대해서는 악의를 갖고 환자인 자신에 대적하는 것으로 느낍니다. 내가 약하기 때문에 생기는 왜곡이긴 하지만⋯⋯⋯

지금 내게는 나를 알고 있는 모든 사람들을 만나는 것이 두렵습니다. 그들은 나를 짓밟고 앞으로 앞으로 나아갑니다. 반년 전까지는 나와 같은 선상에 있던 자도 지금은 멀리 손이 닿지 않는 곳까지 갔습니다.

이 핸디캡은 일평생 내내, 어쩌면 이 몸으로는 쫓아갈 수 없는 게 아닐까요.

과연 치유될 수 있을까.

나아서 다른 사람들과 함께 일할 수 있는 몸이 될까. 낫더라도 집에서 빈둥거리고 있을 정도로밖에 치유되지 않아, 일할 정도로는 될 수 없는 게 아닐까. 자기 자신에 대해서조차 의심하고 싶어집니다. 동시에 의학의 진보가 어느 정도인지에 대해서도. 또한 무엇 때문에 전쟁을 해야만 했던가, 전쟁을 해서라도 살아야만 하는 것인가. 내가 2개월 군대에서 근무한 것이 얼마나 국군을 위해 도움이 됐을까. 원래 병약했던 나까지 병사로 끌어내지 않으면 안 될 정도의 제국인 걸까. 그리고 병에 걸린 나에게 과연 얼마만큼의 방책을 가르쳐주었던가.

병사만 되지 않았다면, 설마 이런 병에 걸리진 않았을 게 아닌가. 그리고 지금쯤 농림성의 회전의자에 늘어져 있지 않을까. 그것이 어버이를 위한 것이고 나라를 위한 것이며 나를 위한 것이다. 이 요양소에 있는 자 중에서 이런 마음을 지닌 자가 얼마나 있을까요. 나뿐일지도 모르겠습니다.

다른 사람들은 이런 마음을 갖지 않아서 다행입니다. 그들은 어쩌면 무의식적일지라도 이런 마음을 가져서는 안 됩니다. 그래서 조용히 요양할 수 있을 겁니다.

1943년 7월 31일

체온 37.5도. 맥박 90 정도. 체중 38.5킬로그램. 극도의 쇠약.

죽는 건 간단하다. 그러나 죽을 수 없는 이유가 있다. 생을 받은 이상 최후의 막다른 곳까지 살아내야만 한다. 내 생명도 앞으로 1개월일까 아니면 2개월일까? 도저히 이 더위를 이겨낼 수 없다.

7월 20일께부터 가슴에서 구린내 나는 입김이 나온다. 식은 땀이 심하다. 몸이 나른하고, 가만히 다리를 펴서 누워 있는 것조차 할 수 없다. 5, 6간(間. 약 1,818m) 거리에 있는 변소에 가는데 돌아올 때는 벽을 붙잡고 온다.

농과 같은 담이 나온다. 하지만 내게는 연로한 부모가 있다. 나의 쾌유를 기다리고 계시다. 약한 나를 남보다 갑절이나 사랑해주신다.

형이 전장에서 돌아올 때까지는 부모님에 관한 것은 모두 내 책임이다.

군대 유행가 [이치이 주지의 노트에 적혀 있던 것]

사계의 노래

봄은 즐거워 홀로 쓸쓸히 보초를 서다가

꽃놀이 갔다 오는 여학생, 거기에 눈이 팔려 결례하면

이봐요 10일간 중영창(重営倉)* 히야히야

여름은 즐거워 연대 모두가 수마(水馬)* 훈련

오후는 오수(吾睡)로 잠자는 중, 짧은 나팔소리에 깨어나

이봐요 갑시다 말 손질, 히야히야

가을은 즐거워 사단 모두 추계 훈련

그중에 눈에 띄는 병참병(輜重兵),* 사랑스러운 저 아가씨에

반해서

살며시 내놓은 고구마, 히야히야

겨울은 즐거워 2년병 모두 페치카 앞에서

떡을 구우며 야한 이야기, 주번사관* 구둣발 소리

이봐요 경례 떡 감추고, 히야히야

숫자풀이 노래(数え歌)

1

나라를 위해서라 말을 하면서

사람이 싫어하는 군대에

불려나온 이내 몸 불쌍하구나
사랑스러운 아가씨와 울며 헤어져

2
이제부터 복무하는 3년 동안
취침도 기상도 모두 나팔
보기 싫은 2년병에 두들겨맞고
울며 울며 보내는 날 길기도 해라

3
7월 7일 일요일도
즐거워야 할 축제날도
보기 싫은 2년병의 세탁 때문에
울며 눈물로 날을 보낸다

4
해는 일찍 지고 달이 뜬다
2년병이 신은 흙투성이 군화
달빛에 비춰가며
닦는 이내 몸 불쌍하구나

5
해산(海山) 멀리 떨어져
면회 따위 도무지 없네

도착한 편지 기쁘구나
사랑스러운 미짱이 쓴 글씨

6
점호 끝나고 난 뒤
철권제재* 빗발치네
울며 울며 기어드는 잠자리
꿈은 고향의 어머니 얼굴

7
단팥빵 베어먹을 짬도 없이
소등 나팔소리 울리네
5척 침대에 짚 이불
이것이 우리들의 꿈나라

8
한창 졸릴 때 기립당해
하기 싫은 근무 불침번
만일 졸기라도 했다가는
피할 수 없는 중영창

9
1기*의 검열 2기 3기
추계 훈련도 너무 빨라서

보기 싫은 2년병이 제대를 하면
나도 드디어 됩니다 하느님(神様)이

10
하루만 지나면 2년병
꽃피는 봄은 이제야 오네
정근장(精勤章)이야 셀 수 없이 많아
빨리 미짱에게 알려야지

숫자풀이 노래
하나(히토쓰)라면 사람들(히토) 싫어하는 군대에
지원해서 오는 바보도 있지
나라를 위해서라 말은 하지만

둘(후타쓰)이라면 양친(双親. 후타오야) 버리고 온 뒤엔
목숨은 폐하에게 바치고
천황을 위해서라 말은 하지만

셋(미쓰)이라면 모두들(미나) 알고 있는 부대는
술과 여자는 금지요
군규풍규(軍規風規)를 지키기 위해

넷(요쓰)이라면 밤(요루)은 위병 불침번
날 밝으면 하루 종일 서서

더위 추위 마다 않네

다섯(이쓰쓰)이면 언제(이쓰)일지 모르는 불시 점호
한창 졸릴 때 기립당해
인원수 조사 보고

여섯(무쓰)이면 무리한 일 상관이
명령을 하면………
복종하라지만 그건 무리요

일곱(나나쓰)이면 7일(나노카) 7일 토요일은
청결 검사에다 무기 검사
검사 검사로 고생한다

여덟(야쓰)이면 자포자기(야케)로 영문(營門) 나간 뒤
놀고 지낸 5분간
돌아오면 곧바로 중영창

아홉(고코노쓰)이면 이것 이것(고레 고노) 규칙은 잘 지켰다
잘 때나 일어날 때나 모두 나팔
훈련은 물론 세끼 식사까지

열(도)이면 10일(도오카) 10일 봉급날
겨우 1엔 50전

건빵 사먹기에도 부족해

열하나(주이치)면 가장(이치방) 좋은 건 부대장
갈 때도 올 때도 말 타고
위병 정렬 받들어총*

* 중영창重營倉… 육군징벌령에 따라 병영 내의 규칙 위반자를 구치(拘置)하는 시설·벌. 중영창과 경(輕)영창이 있었다.

* 수마水馬… 승마 상태로 물을 건너는 법.

* 치중병(輜重兵. 병참병)… 군의 양식·무기탄약 등의 운송·보급을 담당하는 병종으로, 가장 경시당했다.

* 사관·주번사관·주번하사관… 일주일마다 근무하는 사관(士官 장교·장교 상당관)과 하사관(下士官 육군에서는 조장(曹長. 상사)·군조(軍曹. 중사)·오장(伍長. 하사), 해군에서는 상등병조(兵曹)·일등병조·이등병조). 주번이 되면 영외 거주 사관도 병영 내에 머물며, 주번하사관을 따라 점호(인원 등의 점검)나 순찰을 맡는다. 이때 사관은 붉고 흰 어깨띠를 두른다.
    사관의 계급은 장관(將官. 대장·중장·소장), 좌관(佐官. 대좌·중좌·소좌), 위관(尉官. 대위·중위·소위), 준사관(準士官. 육군은 준위(准尉), 해군은 병조장兵曹長)으로 돼 있다.

* 철권제재… 주먹으로 때리는 제재.

* 1기… 입대 뒤 6개월간의 초년병 교육 기간.

* 받들어총… 경례의 일종으로, 양손으로 총을 몸 정면에 수직으로 세우고 경례의 대상에게 시선을 집중한다.

나카무라 이사무中村勇

1922년 9월 2일생. 도쿄 출신.

도쿄물리학교 예과를 거쳐, 1941년 동 대학 본과 수학부에 진학.

1942년 12월, 항공병으로 입대.

1944년 4월 22일, 당시 네덜란드령 서부 뉴기니의 올란디아(지금의 자야푸라)에서 전사. 육군 병장. 21세.

1943년 4월 16일

군대 생활 중인 나에게 주어진 것

1, 개인과 전체―한 방향으로 철저

1, 무상(無常)으로서의 생사

1. 무아(無我)로서 다수의 살인

○지금까지 아주 작은 싹을 내더라도 잘라낸 내 마음의 욕성(欲性)이 얼마나 철저하게 뿌리 깊은 것인지에 대해 나는 지금은 신란(親鸞. 가마쿠라 시대 초기 승려로 정토진종의 개조―옮긴이)과 함께 얘기하려 한다.

1, 진정한 무상도 방편의 무상도 없다

1, 진정한 아가페[신의 사랑]도 에로스도 없다 } !? 이 둘의 격렬한 교류!!

○이들 욕성을 드러내게 하는 군대 생활이란

하나의 전체주의적 전제!(국가) ┐ 모두 진정한 인간존재의
　　　　　　　　　　　　　　│ 한 방향으로 편중!!
　　　　　　　　　　　　　　│
여기에서　　　　　　　　　├ 절대 비합리의 ┐
　　　　　　　　　　　　　　│ 단순한 합리　├ 화!!
　　　　　　　　　　　　　　│ 비합리　　　 ┘
개인주의적 전제도 알고(사회) ┘

문화도 없고, 아니, 고통도 없는 프롤레타리아 계급의 생활을 생각한다.
여기에 거의 모든 인간이 있는 것이라고!

5월 29일
○보라
화창한 오전의 푸른 하늘을
비행기가 한 대
천천히 날아갈 것이다
(햇빛은 따뜻하게 영정營庭[병영 내의 광장]에 비스듬히)
이것이 쇼와(昭和) 시대의 그림책이다
쭈글쭈글한 이런 시대에도 역시
동화(童話)가 있다니
그럼에도 말이지─

8월 11일

□아직도 경직된 내 마음은 아니었다!?

구름 하나 없는 푸른 하늘을 향해서도 내 마음은 굳게 닫혀 있다. 아니, 이 망막한 푸름이 그렇게 만드는 건지도 모른다.

무엇을 향해서도 무엇에 대해서도 언제 어느 때도 방긋 웃는 인간이 되어야 한다. 동화 속의 천사와 같은 아이들처럼, 방긋하고 웃으며 하나의 이야기의 막을 내리고 싶다.

9월 26일

□광인이여!

당신에게만 진리가 있다

바보라고 부르고 백치라고 조롱하는 사람들이야말로

일개 광인에 지나지 않는다

10월 8일

나는 한없이 조국을 사랑한다

하지만

사랑해야 할 조국을 나는 갖고 있지 않다

심연을 들여다보는 혼에게는……

11월 5일

□다마루(田丸)여! 나는 내가 희망에 불탔던 일개 풋내기라는 걸 인정하지 않을 수 없다.

수학에 대한 애착!

다마루여!

내게 수학책을 펴서 읽게 할 때 나는 귀엽고 타산적인 아이가 돼버린다.

지난밤 불침번 근무를 마친 뒤 지친 몸을 이끌고 자습실에 가서 11시 넘도록 공부한 것은 뭐였던가. 사흘간 외출 때 다카사고야[부대 근처에 있는 식당. 이곳 2층을 이른바 '아지트'처럼 쓰고 있었다]에서 가지고 온 집합론!!

(수학에 대한 두뇌의 쇠퇴를 자각하면서도)

다마루여! 나는 아이처럼 기뻤다.

오늘부터 혼의 위안이 있다. 자신을 해변에서 조개껍질을 줍는 아이라고 한 뉴턴의 말을 떠올린다!!

11월 7일

□센티멘탈적 광세[사상. 사고]로는 역시 나는 만족할 수 없을지도 모르겠다.

체계성을 향한 욕망―

11월 11일

□수학책을 펴서 읽기 시작한 뒤 내 생활의 뭔가 조용한 기쁨.

(내 가슴의 고동은 늘 물결치고 있었다. 밤마다 나는 성철[聖哲], 시성[詩聖]과 함께 이야기를 나눴다.)

하지만 요즘 나는 파스칼이나 니시다 선생[철학자 니시다 기타로西田幾多郎. 1870~1945]의 은둔처에는 찾아가지 않는다. 보들레르나 미야자와 겐지(宮沢賢治)와 카페에서 논쟁을 벌이지도 않는다……

다만 멀리 칸트나 아벨[노르웨이의 대수(代數)학자. 1802~1829]의 눈동자를 갖고 싶다. 그들의 위대하면서도 아이들 같은 탐구에, 진심으로 몰입하면서 애착을 갖고 있는 것이다.

12월 5일

□외출, 누나 가쓰코, 동생 유타카와 면회했다. 여러 얘기들을 하면서 온갖 정감이 가슴에 차올랐다.

열흘 이상이나 심신의 고통과 싸웠으나 어찌할 도리가 없었다. 이 2주간여의 내 생활을 쐐기를 박듯이 깊이깊이 되돌린다.

□생활문제
　문화문제 } 그리고 이 군대 생활에서
　　　　　 나는 어떤 태도를 취해야 할까.

철학에 대한— 아니, 온갖 인생에 대한 문제에 대해 뛰어 들어가고 싶은 충동을, 이를 악물고 참아야만 하는 지금의 내 생활……

이와나미전서(岩波全書)의 광고란을 바라보며 내 혼의 위안으로 삼아야 하는 것일까.* (밤 9시)

12월 8일

□도피하고 있다

이 군대 생활 속에서 내 마음은 도망치고 있다. 괜찮은가!
속이지 말고 현실을 직시하라! (밤)

[다마루 요시오 씨에게 보낸 편지]

근계(謹啓)

오늘(29일) 또 예상외의 연장(밤 8시까지) 외출을 허락받고,
또 여기[다카사고야 식당]서 느긋하게 잠을 잤다. 지금 5시 지난
흐린 저녁나절의 서재에서 나는 생각할 필요도 없는 온갖 생
각에 잠겨 있다.

신앙—자연, 수학, —프롤레타리아와 군대— 포에지(시), 팡
세, 이들에 대해 이 군대 생활이 내게 무엇을 가져다주었는가!

생각할 필요도 없는 명상이란 결국 이 모든 것들이 이 군대
생활에 짓눌려 찌부러졌다는 얘기가 아닐까. 단지 편언편구(片
言片句)의 포엠(시)이 떠오르거나, 수학에의 정열이 가슴속을
스쳐 날아가 버린다—모든 것을 잃어버렸다는 것일까!?

(늘 약하디 약한 편지라고 그대는 눈살을 찌푸리고 있는 게 아닐
까. 하지만 나는 정직하게 말하고 싶다. 결코 지지 않았다고. 모두가
내 가슴속에 거센 폭발을 일으키려 하고 있다. 하지만 유감스럽게
도—정말 시간의 자유가 없다고. 그렇지만 이것도 변명일지 모르겠
다. 그만두자. 그것은 그렇다 치고, 나는 글을 계속 써야만 한다!!)

군대 생활은 내게 무엇을 가져다주었을까.

그저 밤중의 짧은 생각에서 나는 무엇을 얻은 걸까.

그것은 불교의 4법인[四法印. 이어지는 4가지 명제에 제시돼 있는 불법의 진리]! 일체의 행(行)은 고(苦)이고, 제행(諸行)은 무상(無常)이며, 제법(諸法)은 무아(無我)요, 열반(涅槃)은 적정(寂靜)이라고. (여기에 너무 빠져 있다고 그대는 생각할 것이다. 하지만 이들 4법인의 단순한 방편적인 의미를 나는 생각하고 있는 게 아니다.)

생사를 과제로 살아가는 군대 생활.

하나의 단체생활로서의 아가페로 가는 길.

하지만 이들은 나의 가장 깊은 내면의 넋두리다. 나 자신 생각하지 않으려 해도 자꾸 생각나는―그렇다, 지금까지의 내 한 없는 길의 하나에 지나지 않는다!……

그러면 직접 나는 무엇을 얻었는가!?

어금니를 꽉 물고―군대 생활 속에 있는 비애를 거세게 짓밟고, 그 이면의 추악성을 볼 때 내 마음은 자연으로 향한다. 심한 냉기 속에 뚜벅뚜벅 나아가는, 수학에 대한 정열로 향한다. 그것은 내가 여기에 오기 전부터 지니고 있던 하나의 성격이었다. 짧지만 맑게! 이것이 더 뜨겁게 떠올라 왔다. 밤마다 생각한다. 제대하면 파스칼과 같은 생활을 하고 싶다고. 묵묵히 냉철하게 수학과 염불로 살아가는 나날의 생활을!……

하지만 또한 내 속의 다른 또 하나의 성격이 무럭무럭 자라나 미소와 함께, 그렇다, 튼튼한 몸을 잠깐 멈춰 세우고 도시의 한구석에서 마음껏 가슴을 펴고 사람들을 보러 돌아다니는 한 사람의 남자―이 군대 생활이라는 하나의 극한에서 나는 계급사회의 모순을 생각하지 않을 수 없다. 가난하게 그날 그날을 살아가는 사람들의 몸을 마음깊이 생각하지 않을 수 없다. 그리하여 도시의 탐람(貪婪) 속에서 램[영국의 수필가. 1775~1834]과 함께 한 묶음 꽃다발을 뿌리고 싶다. 밤마다 파스칼적 동경을 밟고 넘어서 나는 미소 지으며 잠자리에 든다 (거짓말이 아니니 안심하시라)……

어쨌든 이들 두 가지 상호 교류하는 감정이 이 생활을 시작하기 이전보다 더 내 가슴을 찌르는 것은 무엇 때문일까.

여러 제한적인 생활에 따른 내 속 자아의 더 큰 자각 때문이다—나는 나의 추악성을 전보다 더 잘 볼 수밖에 없다.

이것이 지금의 내 모든 것이라고……

그리하여 결국 나는 변하지 않았다고!!

그렇지만 이런 편지를 그대는 믿지 않을지도 모르겠다. 이런 개념적인 편지보다도 한마디의 포에지를 쓰고 싶다고, 수학적 연구 성과를 보내고 싶다고. 이에 대해 나는 무슨 말도 할 수 없다. 하지만 믿고 싶다. 곧 한없는 미소로써 그대에게 건넬 테니까.

(벌써 6시가 지났다. 1시간 남짓 또박또박 써 왔는데 결국 공허하고 쓸데없는 잡담이었을까. 다만 그대가 안심해주기를 바랐기 때문이고, 그대의 우정에 대한 한없는 친밀감에서 붓을 들었을 뿐이다.)

점차 편지도 충실해지고 있으니 기다려 주게. 그럼 안녕.

함께 무상도(無上道)[더는 그 위에 아무것도 없는 최상의 불도]로 가는 길을 걸어갈 것을 맹세하면서.

이사무 씀

1943년 4월 29일

다마루에게!

근계. 오래 답장을 보내지 못해 미안하다. 이것도 내가 붓을 들어 편지 쓰기를 싫어하는 탓일지도 모르겠다. 하지만 내가 사심 없이 조금도 변하지 않고 늘 그대로의 나로서 살아가고 있다는 것을 믿어주기 바란다.

내일 동원명령이 내린다는데, 오늘 나는 변함없이 수학책을 펼쳐 읽고 있다. 전우들은 거의 모두 오히려 미친 듯 떠들어댄다고 해도 좋을 만큼 감정에 들떠 있다. 이런 현실에 직면할 때 나는 자신의 강한 고집을─나의 내향성 기질, 그 자체의 강인함을 찾아낼 수밖에 없다. 다만 지금은 그대로부터 받을 책의 도착을 고대하고 있다. 그래서 유감스럽게 생각하는 것은 a표현체[수학의 군론에서 말하는 아벨군의 표현 가운데 하나]에 관한 것을 그대에게 보낼 수 없는 것이다. 하지만 지금 무엇을 얘기할 수 있겠는가.

그럼에도 이것을 나의 오만 불손한 반역이라고 생각하지 말아주게. 최근의 나는 절대자에 대한 생각을 하지 않고 인생의 존재가 어디에 있을지 맨 밑바닥부터 생각하지 않을 수 없다. 몇 번이나 그대에게 편지를 쓰고는 찢어버린 것도, 단지 절대자의 묵시에 귀를 기울였기 때문이다. 우리가 아무리 진지하게 이야기를 주고받아도 그것이 인생에 대하여, 아니 신앙이나 신에 대하여 얘기한 말일지라도 절대자를 뒤따르지 않는 말이라면, 그것은 하나의 헛소리에 지나지 않는다. 우리가 아무리 순수하게 철학을 하고 시를 짓고 수학을 하더라도 신의 묵시에 무릎 꿇지 않을 때 그것은 한 조각 쓰레기에 지나지 않는다. 근세 문화의 몰락은 이미 시작됐다. 알겠나, 나부터 앞으로 소식 불통이 되더라도 무상도(無上道)로의 길을 추구할 것이다. 거기서 나는 미소 지으며 홀로 얘기할 것이니까. 근세 문화의 몰락은 이미 시작됐다.

하지만 우리는 단지 중세 시대의 은둔처에 틀어박혀 하룻밤 신하고만 얘기해야 할까— 아니, 우리의 길은 단 하나, 창조적 세계의 창조적 요소로서 하나하나의 포이에시스[시작(詩作)]에서 신의 말을 찾아내는 것이다. 역사적 현실은 꿈과 편견과 아집으로 충만한 세계다. 이것이 그 본질이다. 다만 역사적 세계의 일 그 자체가 되어 생각하고, 일 그 자체가 되어 행한다—수(數) 그 자체가 되어 생각한다. 이것이 최근 나의 모든 것이다. 갈루아[프랑스의 수학자, 1811~1831]처럼 수학 사회의 반역아가 되겠다는 것도 아니고, 가우스[독일의 수학자, 1777~1855]처럼 수학 사회의 처세가가 되겠다는 것도 아니며, 저 수 그 자체 속에 무릎을 꿇은 아벨, 나는 아벨을 한없이 사랑한다.

벗이여! 앞으로 어떤 거친 현실에 처하더라도 나는 변함없이 걸어갈 것이다. 뚜벅뚜벅 자신의 길을 밟아나갈 것이다. 내 뜻이 단지 뜻으로만 끝난다 한들 무슨 부끄러울 일이 있으리오.

모든 것은 이것, 평상저(平常底)[평상심으로 받아들인다], 어찌 입에 올려 말할 게 있으리. 그대도 그대 자신의 길로 거짓 없이 걸어 나가기를 바란다.

12월 19일 밤

밤마다 책을 펼쳐 읽을 때, 인생의 비애도 밤기차와 함께 멀리 어딘가로 사라져 간다.

수학 옆에서—

이사무 씀

＊학생병과 독서… 학생병에게 힘들었던 일 중의 하나는 군대 내에서 자유롭게 독서를 할 수 없다는 것이었다. 육군에서는 책을 일절 갖고 있지 못하도록 한 경우가 많고, 해군에서도 특정 종류의 책(무사도를 얘기한 『하가쿠레(葉隱)』)만 휴대할 수 있는 상황이었다.

이 책에서도 나카무라 요시오처럼 입대 뒤에도 독서에 힘쓴 사례는, 일요일 외출할 때 자택으로 돌아가서 독서를 할 수 있는 예외적인 조건 아래에 있던 경우다. 이런 환경 속에서도 이 책의 필자는 아니지만 하야시 다다오(『내 생명 달빛 속에 타오르다』)처럼 국가 금서인 레닌의 『국가와 혁명』(독일어판)을 패전 2개월 전에 군대 내에서 "한 장씩 떼어내 변소 안에서 읽고 잘게 찢어서 버리고 경우에 따라서는 삼켜버리기"까지 하면서 자기 사상 형성의 노력을 죽기 직전까지 계속했던 학생병도 존재했다.

다케이 오사무武井脩

1917년 6월 9일생. 도쿠시마현 출신.

와카야마고등상업학교를 거쳐, 1939년 규슈제국대학 법문학부 경제학과에 입학.

1941년 12월 졸업.

1942년 2월 입대.

1945년 5월 26일, 미얀마의 미요장 부근에서 행방불명. 육군 중위. 27세.

[입대 전의 메모에서]

생에의 집착은 생에의 강력한 긍정으로까지 고양되지는 않습니다만, 더구나 긍정은 그대로 형장(刑場)으로 통하는 "지금"의 길이었습니다.

[입대 뒤의 메모에서]

이미 주사위는 던져졌다.

새로운 생활이, 내 본질의 좋은 양식이 되기만을 기도하자. 관념으로는 아무것도 되지 않습니다.

*

끊임없이 겨울이었는데, 올해는 몇 번이나 봄이 찾아왔다. 그리움만 사무친다.

*

이른바 상관이라 칭하는 자의 공허함이여. '광태(狂態)', 이 말을 해주고 싶다.

*

도조(東条英機, 1884~1948) 총리라는 남자는 수염을 기른 바지락조개 같은 얼굴을 하고 있습니다. 이 조가비 속에서 역사의 무지개가 직조되는 것입니다. 도조는 시인이 되는 셈인가요. 큭큭(呵呵)

*

거미처럼 팔을 뻗어…… 병사여.

*

우리의 선조가 땅거미로 불렸듯이, 그들은 이상한 발음으로 땅거미라고 부를 것이다.

*

병영에는 역사는 없고 신화만 있다.

신화의 주인공은 우리에게 생장의 집을 말하고, 만유에 통하는 큰 정신을 설파한다.

*

보들레르가 말했듯이, 혼의 상실 즉 죽음은 역시 있는 그대로의 죽음은 아닌 것일까. 방울방울 떨어져가는 죽음과, 쥐어짜는 듯한 죽음이 있는 듯하다.

*

기차가 지나간다. 어둠 속에 한 줄로 줄을 선 기억과 같은 등불을 켜고. 내 잘려나간 머리카락이 흘러가네.

*

머리카락이여, 고향이여, 타향의 냄새여—

나는 머리카락을 기르고 싶다. 꿈에서만이라도.

*

옷도 하늘도 새파랗다.

온갖 바람이 불며 지나간다.

마치 귀신들과 같은 소리가.

*

인간 중심이란 무엇일까. 도대체 어디에 있을까. 오시마 히로미쓰[시인] 씨는 도쿄에서 방황할 것이고, 다구치는 대학 강의를 빼먹고 병원에 다닐 것이며, 니누마는 커다란 술통 그늘에서 마누라와 프랑스 얘기 따위 하고 있을 것이다.

나카오는 토치카 안이다. 니시다 철학[니시다 기타로의 철학]은 이젠 읽지 않을 것이다.

그리고 나는, 나는 입을 벌리고 말의 신체검사를 하고 있다.

대단한 말 다리(馬脚)다!

*

말 먹이는 줘보고 싶은데, 말 먹이를 주면 말이 힘이 넘쳐서 불편을 끼친다.

*

빨간 말굽으로 춤추는 말이여.

말에 끌려가는 인간이여.

아아, 마음대로 움직이는 것조차 안 된다. 의식의 무능과, 번쩍이는 본능과. 그럼에도 사실이 진실은 아니다.

가치로서의 진실은, 역시 인간이 말을 마음대로 다루는 것이다.

*

아아 군집(群集)이여. 싸우는 술통이여.

술통 속의 구정물이여. 만들어진 허구여.(만드는 것은 하나도 없다)

기복은 있을 것이다. 만들어지기 위해. 모두.

*

오늘 밤 별이 조용하다.

나는 수도원 여승의 상처 입은 마음으로 창에 다가가고 또 물러나는 마음으로 살고 죽어간 생애의, 저 별처럼, 세계의 임의의 한 점에 엉겨 있는 그것을 생각한다.

(5월 25일 밤)

*

설사 가면을 쓰더라도 우리는 살아가야 한다.

*

일하면서 일하지 않는 것이, 가락에 맞춰 호이노 호이노 호이.

*

나의 시간은 울고 있는데 나의 시계는 웃고 있다.

*

나는 생각하지 않는다. 생각할 수 있기 때문에.

*

이것을 쓰는 사이에도 보병○○ 강령의 해석이 이어지고 있다.

"믿음은 힘이 된다"고. 두 개의 시간이 기묘하게 겹쳐져 있다.

이와 같은 시간 속에서 나는 까마득히 잊고 있었던 "개죽음" 등의 말을 들었다.

*

창문에서 고민해도 이중창에서 고민하지 않고 행복하게 계시는 사람들이여. 고민은 계시는 가운데에 있고 또 고민은 고민하는 대로 창문에 녹아든다.

*

〈자유를 우리에게〉 르네 클레르[프랑스의 영화감독]. 우리나라 최후의 공개. ××회관.

아아 모든 것은 소멸해 간다.

*

아직 살아 있는 것이다.

이토록 바보 취급 당하면서.

업신여기는 자를 경멸하는 것조차도, 스스로를 업신여기면서. 그러나 어떻게 해서든 우리가 바보가 되면 좋을 것이다. 바보가 될 수 있을 것이다.

그대여 저 크리미아의 출구에서 취한 다리들과 함께 그릇에서 떨어지는 조가비와 같은 얼굴을 하고, 그 오른쪽이야! 저 왼쪽이야! 입술을 깨물고, 표범처럼.

쇄도하는 거야! 해치우는 거야!

끌고 가기보다 끌려가는 것에, 강요하기보다 강요당하는 것에, 보기보다 보이는 것에 정치의 본질이 있다.

—이것은 정신의 정치학임과 동시에 또한 기구의 정치학이기도 하다. 결정자는 결정자일 수 없고, 규정은 피규정의 정신에서 출발한다.

모든 존재하는 것은 바바리즘[야만스러운 사회체제]이고, 데모크라시지만 존재할 수 있는 것은 단순한 절대주의이고 귀족주의이며 뒤얽힌 기구다. 끈이다.

군주주의에 대해서는 말하지 않겠다.

이 말할 수 없는 것—정치의 신.

—나는 변소 안에서 이것을 쓰고 있다.

아아, 그러나 나도 또한 남쪽 여행을 기다리고 있다. 화물선은 천장이 나지막해서 계속 머리를 때린다고 한다. 야등(夜燈)은 없고 더위만 있단다. 내가 걸려 있는 극락의 경계에서 전력을 기울여 시를 쓴다. 그것도 짧은 시는 그만두고 긴긴 시를 쓴다. 떨치는 힘, 찌르는 못. 바람 없는 곳에 바람을 부르고, 스스로 펼쳐지는 검은 페이지에 붉은 노래를 쓴다. 불의 나라의 노래. 불의 항구의 노래. 대륙의 시체, 쇠퇴해 죽어버린 자연인가.

아아 모든 뱀, 모든 밀랍, 모든 주름, 모든 과일도 익으리라.

*

자신의 손으로 건설하고, 자신의 피로 지키고, 자신의 손으로 파괴하는 민족이여. 이름이여.

이타오 고이치 板尾興市

1923년 10월 2일생. 도쿄 출신.

도쿄상과대학 예과를 거쳐, 1943년 10월 본과 진학.

1943년 12월 10일, 요코스카의 다케야마 해병단에 입단.

1945년 2월 18일, 감시정대(監視艇隊)로 혼슈 동쪽 해상에서 전사.

해군 중위. 21세.

1943년 9월 22일

도쿄상대 예과 수료식…… 본과 가네마쓰 강당에서 거행. 이날은 영원히 우리가 기억에 새겨야 할 날일 것이다. 오전 9시 본과에 모임. 오늘은 9월 들어 처음으로 맑은 가을 하늘을 보여준 좋은 날씨. 우리가 예과[구제 고등학교에 상당하는 과정으로, 도쿄 상대, 홋카이도 제국대, 사립대학 일부 등에 부설됐다]를 떠나 본과로 진학하는 것을 축하하는 것 같았다………식은 형식적이고 인습적이었으며, 또한 시시했다. 다카세 총장의 축사—졸린 십여 분—가볍게 끝났다. 나에게는 백지, 따라서 그는 인형과 같은 자.

7시 반부터 시작되는 도조 총리의 강연에 늦지 않았다. 이거야말로 와야 할 것. 우리 운명의 전망에 결정적인 영향을 주는 것이다. 학도의 징병 유예 정지, 법경문(法経文)의 학교 교육 정지['학도출진' 주 참조], 그 정리 통합.

그리하여 어느 날 가까운 장래에 우리의 운명은 대전환을 맞게 될 것이다. 지금은 비관도 낙관도 할 수 없다. 오히려 감정적인 면에서 흥분하기보다는, 우리는 있는 그대로의 이 현실 인식에 토대를 두고 주어진 행동 형식 속에서 충분히 주체성을 살려가야 한다. 학문을 하는 자가 휩쓸려들어 그 냉정한 판단과 엄정한 행동에 차질을 빚어서는 안 된다………

[1944년 9월 5일 벗에게 보낸 편지]

배복(拜復. 삼가 답장을 드립니다, 라는 뜻 – 옮긴이), 보내준 엽서 잘 봤다. 총후(銃後)도 무엇도 지금은 없다. 그대들도 전선에서 싸우는 군인과 마찬가지로 국가의 지상명령에 따라 일을 하고 있다. 문부성은 이전부터 얼간이였지만 최근에는 특히 그 정도가 심해진 듯하다. 일본의 교육은 이제 혼란에 휘말려들려 하고 있다. 근로 즉 교육*이 단순한 관념의 유희에 지나지 않는다는 것을 결코 그들은 이해하지 못할 것이다. 나가이 국장의 방송도 하자마자 신문지상에서 학도의 투서로 두들겨맞는 판이다. 현실을 모르는 자들은 필시 어떤 고민도 없이 죽을 것이다.

나의 벗인 사토 기쿠오를 자네는 알고 있을지 모르겠다. 그도 졸업식도 하지 못한 채 입대한다. 그는 피히테의 『독일 국민에게 고함』을 읽고 있었다. 불철저한 교육 이념이 오늘 일본의 혼란을 불러일으키고 있다. 그대들 남겨진 사람들이야말로 일본의 새로운 교육을 수립해주기 바란다. 그리고 지도자들의 머리에 박혀 있는 관념의 허망을 깨부숴다오.

………

*근로 즉 교육·근로 즉 학문…1938년부터 시작된 학생·생도의 근로
봉사는 1944년의 파멸적인 통년(通年. 1년 내내－옮긴이) 근로동원
으로까지 확대됐는데, 문부성은 스스로 그것을 합리화하기 위해 '근
로 즉 교육'이라 주장했다.

사토 다카시佐藤孝

1923년 10월 29일생. 시즈오카현 출신.

1943년 도쿄미술학교 유화과 입학.

1943년 12월 1일 입대, 통신병.

1045년 7월 25일, 필리핀 루손섬에서 전사. 육군 소위. 21세.

비, 그리고 비. 어제부터 계속 내리고 있는 이 비, 지친 몸도 낫고, 뭔가 또 상념에 잠기는 오늘이다. 아아, 비! 나는 이렇게 흐린 창밖을 향해 크게 숨을 쉬었다. 근로봉사[주 '근로 즉 교육' 참조]는 쉼. 학교에 가서 식사를 하고 혼자 박물관에 간다. 오래된 서화를 하나도 남김없이 천천히 본다. 그런데 조용한 전시실 안에 홀로 있는 내가 얼마나 힘들어하는지도, 뭔가를 필사적으로 찾고 있는 것도 누구 한 사람 아는 이 없다. 나는 지쿠덴[다노무라 지쿠덴田能村竹田. 에도 후기의 문인화가. 1777~1835]의 웅대한 선에서 나의 빛을 발견했다. 마침내 구원받았다고 생각했다. 나는 그 전에 몇 시간 있었는지 모르겠지만 다른 그림들은 어느 것이든 상관없다는 생각으로 빠져나가듯 박물관을 나왔다. 부슬부슬 내리는 비, 비 내리는 포장길을 걷는 두세 명의 사람들, 나는 단지 지금의 감격을 가능한 한

극명하게 표시하고 싶다는 생각으로 아무것도 보이지 않는 듯 그저 내 눈 앞 3미터의 길바닥만 바라보며 학교로 돌아갔다.

……어머니의 이마와 눈을, 나는 어머니를 생각하는 한 자신을 무(無)로 돌릴 수 있다고 생각했다. 이번에 돌아갈 수 있다면 초상을 그리겠다는 구상에 빠졌다.

밤, 나는 또다시 어머니를 생각했다. 나는 어머니라는 소리가 어쩐지 귀에 거슬려 견딜 수가 없다.

─나는 꿈을 쫓아 잠자리에 든다.

내게는 그림 제작도, 기타 내가 하고 싶다고 생각하는 것도 언제나 하고 싶은 기분이긴 하지만 도무지 잘 되지를 않아 정말 난처하다. 오늘 하루를 뒤돌아봐도 그랬다. 밤에 모처럼 그토록 열심히 했던 25호도 결국 오늘 망쳐버렸다. 보기가 불쾌하고, 이대로 잠자리에 들기에는 괴롭지만 그렇다고 해도 더는 그릴 수 없다. 뭐 내일, 기름이 좀 마르기를 기다려 다시 새로운 신선한 색을 칠해야겠다. 그래도 어쩐지 분하다. 이 일기를 쓰고 있는 사이에도 그 그림이 방 한구석에 기대어 서 있는 게 눈에 띄어 괴롭다. 마치 그림 속의 인물은 나를 비웃고 있는 듯이 보인다. 내가 내 힘을 믿을 수 있다면─그래서 내 힘이 어느 정도인지 안다면, 아무 고통도 없을 것이다. 하지만 내게는 내가 과연 어느 정도의 그림을 오늘 그릴 수 있을지 모르는 어리석은 불행한 인간이다. 어쨌든 이렇게 하면 이렇게 되고, 저렇게 하면 저렇게 된다는 식으로 얘기할 수 없는 게 그림이다. 이(理)보다는 실(實), 이치는 빼놓고 어쨌든 끈질기게 몇 백 시간이라도 달라붙는 것보다 좋은 방법은 있을 수 없다.

벽에 붙은 오래고 깨끗한 데생을 보니 정말 싫어졌다. 오전 1시라는데 조금도 잠이 오지 않는다. 나는 내게 있는 힘과 내게 가능한 일을 충분히 활용하는 노력을 한눈팔지 말고 계속해야 한다.

문득 1개월 뒤에는 입대할 것이라는 생각을 했으나 그때까지의 기간을 나는 내게 주어진 무한한 환희의 세월이라 생각하고 싶다. 나는 조금도 포기하지 않겠다. 조금도, 뻔히 보이는 1개월 뒤의 내 운명에 대비해 특별한 준비도 하지 않고 있다. 나는 내 매일의 생활을 충실하게 해나가면 되는 것이다.

나는 다카무라 고타로[高村光太郎. 시인·조각가. 1883~1956]의 시집 『지에코초(智惠子抄)』를 다시 펴서 읽는다. 나는 이 시인의 '마음'을 조금이라도 맛보고 싶다고 평생 생각해왔지만, 그리고 시 속의 부분 부분은 알겠지만, 도무지 충실하지 못한 산문적인 내 생활은 그러한 시심에서 까마득히 멀어져 있는 듯한 생각이 든다.

어머니는 어떻게 하고 계실까? 요전에 아버지에게 오실 수 없다면 무리해서 오시지 않아도 된다고 썼는데, 후회하고 있다. 실은 무슨 일이 있어도 꼭 와주세요 하는 마음뿐이다. 나는 지금도 내 기분이 어떠한지 따위는 쓰지 않는다. 나는 다만 어머니를 만나고 싶다. 빨리, 빨리.

고향에 돌아가도 재미없을 것 같다. 나는 지금 특히 인간의 사랑을 바라고 있다. 시골의 자연도 좋을지 모르겠으나 지금 나는 오로지 어머니를 만날 수만 있다면 좋겠다. 머나먼 만주의 하늘은 보이지 않는다. 다롄[大連, 동북 3성으로 가는 현관에 해당하는 항만도시]의 밤 불빛도 지금은 얼마 없을 것이고 항구의 기선들의 기적소리가 쓸쓸하게 울려 퍼지고 있을 것이다.

조만간 우리도 그런 몸이 될 것이다. 그런데 어느 방면으로 가게 될까. 어쨌든 아마도 군무의 여가에 옛 일들을 떠올리는 것도 정말 기쁜 일이 아닐까. 나는 많은 과거의 꿈과 많은 과거 생활상의 전변(轉變)을 뒤돌아봄으로써 어디서 어떤 상황에 처하더라도 나의 예술적 감각은 잃지 않을 것이라 생각하고 있다.

내가 떠나 있는 동안 나의 벗들은 어떻게 하고 있을까. 조금이라도 진보할 것이다. 많은 그림을 그릴 것이다.

내가 좋아했던 여자아이들은 시집을 갈 것이다. 본 적도 없는 사람에게.

의외의 사람이 죽어 이 세상을 떠나갈 것이다.

그중에 내 생명도 소멸해갈지도 모른다. 하지만 어떤 일이 있어도 언제나 변함없는 것, 그것은 내가 지금까지 괴로워하고 고민해온 나의 그림일 것이다. 그림은 영원히 남아줄 것이다. 이거다 할 정도로 좋은 작품은 없다. 좀 괜찮다 싶은 것은 10점 안팎. 나머지는 몽땅 어딘가로 치워버리고 싶다⋯⋯⋯⋯

12월 1일 입대는 결정적이다. 지금까지의 내 수많은 추억도 모두 꿈일 뿐. 앞으로는 모두 현실에 직면하는 것뿐. 나는 지금까지의 사생활을 이러쿵저러쿵 반성하며 떠올리는 것은 피하고 싶다. ―그러나 내 몸에는 무수한 상처의 흔적이 남아 있다. 나의 고통받은 마음과 희망은 내일 어떤 웅대한 직무가 기다리고 있든 역시 내 과거일 뿐이다. 하지만 나는 내 학생 시절의 생활과 군인 생활의 수년간을 반성하고 비교함으로써 자신의 길을 찾아내는 것이 아니라 멸망해 가는 것이 아닐까 하는 생각이 든다. 아아, 이 무슨 인간성에 대한 악덕일까. 이 무슨 자아에 대한 배신일까. 하지만 모든 것은 운명이다.

가토 신이치加藤晨一

1923년 2월 21일생. 도쿄 출신.

히로사키(弘前)고등학교를 거쳐, 1942년 교토제국대학 경제학부 입학.

1943년 12월 1일, 조선 서울(경성)에서 입대.

1945년 3월 19일, 미얀마 북부 미토키나에서 전사. 육군 상등병. 22세.

1943년 11월 10일

도착한 날은 아침부터 이슬비가 촉촉하게 내려 산도 마을도 모두가 깨끗해진 느낌. 오랜만에 돌아온 교토가 깨끗해졌다는 것은 신의 뜻이 분명하다고 보아 고맙게 여겼습니다. 도쿄에 있을 때는 교토에 가면, 이젠 마지막일 것이니 저기도 가 보고 여기도 가 보겠다고 생각하며 왔으나 막상 와 보니 여러 잡무도 있고 입대 준비도 해야 하고, 무엇보다 먼저 벗이 한발 앞서 입대한 뒤의 공허에 사로잡혀 아무것도 손에 잡히지 않습니다. 그래도 오늘은 온종일 학생으로 있고 싶어서 교실에도 가보고, 읽고 싶었지만 읽을 수 없었던 책을 읽거나, 해오던 일을 정리하거나 하며 열심히 일을 하고 있습니다만, 어쨌든 중요한 것은 학문의 정신을 잃지 않는 것이라고 생각하고 책상 앞에서 멍하니 생각할 때가 많습니다. 저널리즘이나 세간에서는 이러쿵저러쿵 요란하지만 우리는 남의 호의가 오히려 난처해지는 걸 넘어 남몰래 울분을 느끼고 있습니다. 학도출진 따위를 얘기하는 사람들이 몇 년 전 학생사냥*에 찬성한 일을 생각하면, 새삼 세상 사람들이 우리가 각자 마음속으로 진지하게 여겨온 일은 문제로 삼지 않고 도중에 입대하는 것, 말하자면 신분 변화라는 점밖에 보지 못하고 있다는 것을 통감합니다.

저널리즘의 장단에 춤추고 있는 학생들도 일부 있긴 하지만, 뭐라 해도 학생사냥 무렵의 우리들과 이번의 우리들이 같은 인간이라는 사실을 조금도 직시하지 않고 있다는 점이 문제지요. 학생이라는 신분, 병사라는 신분을 통해서만 볼 뿐 그 속에 일관되게 흐르고 있는 인간성을 조금도 인식해주지 않는 것은 참으로 슬픈 일. 그것은 어쨌거나, 이제 좀 조용히 해 주기를 바라고 있을 뿐입니다. 최근 2개월은 일생에서 가장 진지해질 수 있는 시기였고, 또한 그럴 수밖에 없었던 시기였기 때문에. 속내를 털어놓자면 우리는 이제부터의 생활에 다소의 불안도 느끼고 있고 자신이 해온 일—공부뿐만 아니라—에도 충분했다는 자신을 갖지 못하고 있습니다. 어쨌든 언제라도 어제까지의 생활의 결론을 논리적으로 머리에 집어넣지 않고는 아침에 일어나 다음 일을 생각할 수 없는 인종입니다.

그렇게 말은 하지만, 하숙집 사람이나 이웃 사람들의 친절은 온몸에 절절히 느낍니다.

*학생 사냥… 1938년 2월, 경시청은 번화가에서 '사보(땡땡이) 학생 사냥'을 실시해 사흘간 3,486명의 학생을 검거하고, 개전(改悛) 서약

서를 제출하도록 한 다음 궁성요배를 하게 한 뒤 석방했다. 1940년 8월에는 '학생 자숙 통첩'을 통보해 학생·생도들의 평일 영화관 입장 금지, 카페·바·오락실의 학생 출입 금지·제한 등을 지시했다. 근로 청소년을 대상으로 '불량 청소년 사냥'도 실시돼 1942년 8월 말부터 약 보름간 경시청은 2만 명 이상의 청소년들을 검거했다.

히라이 기요시平井聖

1924년 4월 20일생. 미야기현 출신.

제2고등학교를 거쳐, 1944년 10월 1일 도호쿠제국대학 법문학부 입학.

1944년 10월 10일, 도요하시 육군예비사관학교에 입교.

1945년 7월 9일, 센다이 공습 때 폭사. 육군 소위. 20세.

1943년 9월 25일

후쿠시마 시의 시부우타 댁에서 훌륭한 대접을 받고 일요일 아침에 귀가—어머니로부터 이과 방면으로의 전향*을 권유받았다. 지금까지 훈련을 쌓아온 학생으로서 최선의 길을 밟아가라는 고마운 부모 마음이긴 하나, 권유받은 것처럼 의과에, 또 농과에 가는 것도 마음에 들지 않았고 급기야 분개했다. 문과학생으로 살아가는 방안을 찾아서 애써 고생하며 투신해 온 길이다.

11월 30일

또다시 어머니의 전과(轉科) 권장은 전점 심해졌다. 단 하나의 자식—그 성장만을 바라온 어머니는 그 아들을 뻔히 알면서도 전장에 죽으러 내보내는 것은 생각건대 "털끝만큼도 바라지 않는" 것이리라! 그 근심, 그 걱정은 마치 광기와 같아, 어머니는 거의 울 것만 같은 진지한 태도로 내게 애원했다. 설왕설래 어르고 달래며 필사적으로 설득했다. 처음 이과 방면으로 전향하라는 종용은 "장차 대학을 나오라"는 타산적인 생각에 지나지 않았던 듯하지만, 이제 어머니의 본능은 예민하게도 자기 자식의 피냄새를 맡고 있다! 적확하게 "죽음"을 예상하고 있는 듯했다. 물론 비행기를 타면 당연히 생명은 없어지고 '센다이 아오바 사단'의 전투 간부라도 되면 이 또한 당연히 생환 가능성이 없다. 불안한 어머니는 몹시 슬퍼하며 "……너의 성격을 보더라도 저돌맹진해서 결국 생명을 잃게 될 것"이라고 말한다. 내 성격이 재앙을 부르지 않을까, 나 자신도 그렇게 생각하고 있었는데 그것을 정확하게 찔러 얘기하는 바람에 깜짝 놀랐다. 나의 완고한 성격을 뼈저리게 한탄한다!

게다가 이 젊은 나이에 지는 것이야말로 내가 가장 소망하는 바—하지만 부모님 생각으로는 그것은 일개 자유주의 사상의 잔재적인 감정일 뿐이다.

속으로 울며 합장하면서도 겉으로는 다만 미소를 띠며, 인정 많은 어머니의 애소 탄원에 반대하지 않으면 안 된다. 이 모순, 그리고 이 딜레마, 나는 두 개의 상반된 혼의 갈등에 너무 괴로워 울고 결국 통곡했다! ……오 어머니, 그 마음은 잘 알고 있습니다. 그러나 시대와 우리의 교양이 말씀에 따르도록 허락하지 않습니다. 부디 먼저 가는 불효를 용서해 주세요……

* 이과 방면으로의 전과… 1943년 12월, 징병 유예 정지로 출정한 것

은 법과, 문과계와 농과의 일부 학생이었고, 이공, 의과, 국립교원 양성 계통의 학생들은 학업을 이어나가는 게 허용됐다. 그 때문에 이과계로 전학·전과하려는 학생들이 적지 않았다. 예컨대 '미쓰비시 재벌계'의 세이케이(成蹊)고교의 문과계 '반전반군' 동아리 6명이 공멸을 피해 3개의 의대에 분산 응시해 5명이 '학도출진'을 면한 사례가 있다.

기쿠야마 히로오菊山裕生

1921년 9월 5일생. 미에현 출신.

제3고등학교를 거쳐, 1942년 10월 도쿄제국대학 법학부 입학.

1943년 12월 1일, 히사이 보병부대에 입대.

1945년 4월 29일, 필리핀 루손섬 이필 부락에서 전사. 육군 소위.

23세.

1943년 10월 11일

도대체 나는 폐하를 위해 총을 드는 것인가, 아니면 조국을 위해(관념상의), 그것도 아니면 나의 의심 많은 육친의 사랑을 위해, 나아가 늘 내 고향이었던 일본의 자연을 위해, 또 이들 전부 또는 일부를 위해서인가. 그러나 지금의 내게는 이들을 위해 내 목숨을 거는 일은 아직 해결되지 않고 있는 문제다. 2년 전의 지금처럼 죽음의 공포에 사로잡혀 한밤중에 일어나 거울에 비친 내게서 죽음의 그림자를 봤던 무렵이라면, 그리고 그 유일한 구원의 길로 내가 선택한 순교자의 길을 동경하고 있던 무렵이라면, 단지 목숨을 던지기 위해서만이라도 기쁘게 비행기를 타고 잠수함도 탔을 것이라 생각하지만, 얼마 전에 세상을 떠난 노작가[시마자키 도손島崎藤村]처럼 "나 같은 자라도 어떻게든 살고 싶다"는 느낌을 갖고 있는 지금의 나에게 어떻게 총을 들고 전선으로 향하는 일이 가능하겠는가. 불을 끄고 방 창문에서 점점 맑아지는 십삼야(十三夜, 음력 13일의 밤-옮긴이)의 달을 바라보며 얼어붙은 눈과 같은 밤의 흰 구름을 보고 있노라면 비행기를 타려던 나의 각오가 정말 꿈처럼 생각된다.

내 마음을 속이지 않는다는 것은 내가 확고히 믿는 도덕률의 근본이다. 그때 어떻게 해서든 살고 싶어하는 자가 사망률이 높을 것으로 생각되는 비행기를 타는 것은 위선이 아니라면 위악일 수밖에 없다. 전선으로 향한다는 것은 운명이므로, 일단 문제에서 제외되는 것으로 쳐도(물론 이 운명이야말로 문제이고 또 중요한 것이지만) 내가 선택할 수 있는 육군이냐 해군이냐, 비행기를 탈 것인가 말 것인가는 어디까지나 자신의 결의를 요하는 것으로, 타인으로부터 강요당할 일도 아니며, 일시적 흥분으로 결정할 일도 아니다.

인간의 우매함, 비열함을 많은 친구나 지인들 가운데서 보아 온 내가, 그리고 그것을 나 자신 속에서도 봤던 내가 어떻게 겨우 남아 있는 존경할 만한 벗과 한 사람의 은사를 위해 생을 내던져버릴 수 있겠는가. 하물며 그 사람들도 나의 죽음을 바라고 있는 것은 결코 아니다. 가장 납득할 만한 이유는 자신을 위해서다. 이렇게 펜을 들고 생각하고 있을 때 이것이 분명히 생각되기도 하지만, 그렇게 되면 '죽음' 그것이 확실한 모습으로 다가오지 않는다. 그래서 이것은 운명이라 여겨지기도 한다.

....

아아, 그러나 나는 현실적으로 자신을 알지 않으면 안 될 때를 마주하고 있다. 깊이 생각하는 것을 연기해왔는데 마침내 그때가 왔다. 초조하다. 그러나 침착하게 생각해 보려 한다.

10월 20일

어제의 일을 쓴다. 낮에 다마 묘지로 다구치의 묘를 찾아갔다. 다마 묘지에 도착한 게 4시 반. 하지만 그의 묘를 아무리 찾아봐도 알 수가 없었다. 하나하나 보며 다니다가 종내에는 내 위치를 알 수 없게 돼 큰 길로 나가보기도 했다. 소리쳐 다구치를 불러보기도 했다. 그러나 알 수 없었다. 내일 도쿄를 떠나는데 그의 묘에 참배도 하지 못하면 미안하다는 생각에 찾았으나 날이 점점 어둑해지는데 사람도 없었다. 우물에 놓아둔 책과 꽃을 들고 어쨌든 되돌아 나오기라도 한 번 해보려고 생각하면서 또 미련을 갖고 걸어 다녀 봤으나 역시 찾지 못해서 체념하고 문득 뒤에 있는 묘를 봤는데, 그게 바로 다구치의 묘였다. 기뻤다. 소리를 내서 얘기해 봤다. 다구치의 묘가 움직인 듯한 착각에 빠졌다. 물을 새로 길어서 꽃을 꽂고 향을 피우자 이미 묘석의 글자가 보이지 않을 정도로 저물어 있었다. 행운이라기보다 다구치가 불렀다고 해야 할 것이다. 영혼의 존재를 어느 정도까지 나는 믿는다. 다구치에게, 나는 전쟁에 나가 전사하지는 않겠다고 말하고 왔다. 물론 생명을 거는 것은 당연하지만 너의 죽음을 넘어서 나는 살 것이라고 말하고 왔다. 좀 과장된 느낌이 없지 않았으나, 딱히 실감이 나지는 않은 것 같다. 죽고 싶지 않다는 기분, 그것만이 참인지 모르겠다. 릴케가 말했듯이 그 사람을 알고 있다는 기억 속에 살아 있는 것이니, 다구치는 내 가슴에, 마사히사 씨의 가슴에, 그리고 필경 이와미야의 가슴에 살아 있는 것이다. 내가 죽었을 때 육친을 제외하고, 하는 생각을 하니, 누가 있을까. 조금 슬프다. 그러나 여기에 진지한 하나의 삶이 있었다고 믿어줄 사람이 있다면 그만큼 소중한 건 없다. 진지하게 살아간다, 이것 외에 아무것도 없다.

1944년 4월 25일[입대 뒤]

12월 1일, 자네와 장소는 다르지만 때를 같이해서 군복을 입은 날부터 써 보겠다. 자네는 어떠했는지 모르겠으나 나는 최근에 겨우 생각해냈지만, 그때 무엇 때문에 그토록 마음 가볍게 여기로 온 것인지 참으로 불가사의할 정도다. 물론 담담한 심경으로 들어왔다고 정리해버리면 그만이지만 이 정도로 내 운명에 결정적인 것이 주어진 그 첫날에 뭔가 중대한 결심을 해도 좋았을 것이라 생각하는 것이다. 그러나 실은 이것이 진짜인데, 예컨대 우리가 또다시 중대한 시기에 직면할 수밖에 없는 경우에도 우리에게 방향만 주어진다면 알지도 못한 사이에, 자각조차 거의 하지 못한 채 그 중대한 것을 향해 나아갈 수 있겠는가.

초년병으로서는 우리 외에는 없었기 때문에 움직일 수밖에 없었던 것도 당연했지만 정말 엄격한 내무(內務)*가 시작됐다. '기상' 소리에 자리에서 벌떡 일어나서부터 소등 때까지 고되고 차가운 훈련 시간 외에는 꾸지람을 당하는 재료가 되지 않는 경우가 없었다. 때로는 소등 뒤에도 내무반 내의 어두운 구석에 서 있어야 했던 적도 있다. 따라서 우리는 구타당하는 일이 적고, 담배를 당당하게 피울 수 있는 훈련은 설사 어느 정도 춥고 고되더라도 오히려 기쁘기까지 했다.

실제로 12월 말, 1월 초 무렵에는 슬리퍼로 두들겨맞고, 혁대로 두들겨맞았다. 식사 정리가 늦다며 2시간이나 서 있게 한 뒤 마구 걷어차거나 두들겨 팬 적도 있다. 자네도 알고 있듯이, 동작이 서툴고 요령이 없는 나도 또한 거기서 예외일 수 없었다. 소등 나팔소리는 "신병님은 가련하네요, 또 누워서 우나요"라며 울리는데, 몇 번이나 두들겨맞고 침상 위에 나가떨어질 때는 아프기보다 분해서, 실제로 침상 속에서 울 수밖에 없었다. 기가 죽었다. 5개월 교육이라지만 그 5개월 교육이 끝날 때까지 며칠 남았는지 매일같이 헤아렸다. 밤에 변소에 가는 도중 차가운 달을 보고는 저 보름달을 몇 번이나 여기서 봐야 할까 하는 생각도 했다. 빨리 전선으로 가고 싶다는 것도 오히려 한낱 우는소리일 뿐이었다. 그때의 이런 푸념을 자네가 있는 곳으로 써서 보낸 일을 기억한다. 확실히 자네로부터 강력한 답장을 받았는데, 그중에 "시간의 고마운 힘을 믿고 씩씩하게 지내"라는 게 있었고, 나 자신에게 "씩씩하게"라고 스스로 말한 적도 있지만, 푸념밖에 나올 수 없는 상태였다.

마킨, 타라와의 옥쇄[1943년 11월 두 섬의 수비대가 전멸했다]를 알았지만, 차례차례 전선으로 출발하는 병사들을 보내면서도 아무 생각도 못했다. 따라서 무엇을 위해 이런 생활을 하고 있는 것인지, 그것을 알고 있어도 어쩐지 납득할 수 없었다. 이

런 생활을 규범으로 삼아 전쟁이나 국가 등 중대한 것을 무의
식적으로 비판하고 있었다. 아마도 자네의 편지에도 그것이 드
러나 있었던 것으로 생각한다………

* 내무반·내무… 병영 내의 일상생활을 내무라고 하고, 중대가 내무
  반으로 나뉘어 침실·식당·무기 손질실·휴양실을 겸하는 큰 방에서
  유사가족집단적 생활을 한다. 원칙적으로 장교는 병영 바깥 거주이
  고, 하사관실은 별도로 있었기 때문에, 반 내에서는 입대 연차가 오
  랜 병장, 상등병이 하느님과 같은 존재가 되고, 초년병들은 연습 훈
  련 외에 그들의 세탁·식사 시중에서부터 무기·신발 손질에 이르기
  까지 모든 수발을 해야 했다. 저녁 식사 뒤의 점호가 끝나면 고참병
  들의 신병 가혹행위 지옥이 시작돼 '기차 놀이, 중폭격기 놀이' 등의
  변태적인 사적 제재가 횡행해 견디지 못하고 자살하는 병사도 있었
  다. 그 그로테스크하고 숨이 막힐 듯한 인간관계와 일상생활의 정경
  은 노마 히로시(野間宏, 1915~1991)의 『진공지대』에 잘 묘사돼 있
  다.

사사키 하치로佐々木八郎

1922년 7월 7일생. 도쿄 출신.

제1고등학교를 거쳐, 1942년 4월 도쿄제국대학 경제학부에 입학.

1943년 12월 9일, 요코스카의 다케야마 해병단에 입단.

1945년 4월 14일, 오키나와 해상에서 쇼와특공대원으로 전사. 22세.

1941년 2월 18일 화요일

오늘 아베[아베 요시시게安部能成, 1883~1966] 씨의 도덕, 우정 이야기에서 조직과 인간의 관계에 대해 언급했다. 아베 씨의 이야기에는 언제나 테마가 있는데, 일일이 기억할 수는 없으나 우오즈미 가게오와의 우정에 관한 추억 이야기가 인상에 남았다.

존 모리스[제1고등학교 강사]의 강연을 들으러 갔다. 히말라야의 기후, 티베트 고원의 고기압에서 불어오는 바람, 산소 기사, 기상학, 티베트족, 또는 고원지대의 인간 노동 등 흥미진진. 그들의 산에 대한 정열이 쓸데없이 형이상학적으로 달리지 않고 지극히 과학적인 점, 배워야 할 대목이 많았다.

1943년 2월 9일 화요일

『자본론』 제2권에 들어가고 난 뒤 지지부진 진척이 없다. 잘 정리돼 있지 않고 난해하다. 거기에 방해도 들어온다. 내가 안 달하는 탓도 있다.

『열강 현세사 러시아』[오루이 노부루(大類伸) 지음]를 읽었다. 레닌, 스탈린의 강인함에 경탄. 일본에도 그런 사람이 나왔으면 좋겠다. 오늘의 뉴스에서는 남태평양의 일본군이 철퇴한 모양이다. 스탈린그라드는 소련군 손에 함락, 로스토프[러시아공화국 남부]도 위험하다고 한다. 우리도 마음을 모질게 먹어야 할 때가 다가오고 있는 듯하다. 내 성격을 생각할 때 뭔가 어쩐지 무서운 듯한 감이 든다. 다만 안전하게 물러나려면 우리는 자연과학이라도 해서 절대 안전한 '자연과학적 진리'를 물고 늘어져 열심히 정진하는 게 성격에 맞는다고 본다. 하지만 이미 주사위는 던져졌다. 다만 한결같이 성의를 갖고 대처해 갈 뿐이다. 길은 반드시 열릴 것이다. 내 앞에 길은 없다. 내 뒤에 길은 만들어진다.

2월 11일 목요일

미야자와 겐지의 여러 단편들을 다시 읽는다. "전체가 행복하지 못한 가운데 개인의 행복은 있을 수 없다" "기성 종교나 도덕의 허식, 허위가 아니라 올바르고 아름다운 것의 싹을 드러낸다" 등의 대목에 새삼 감명을 느꼈다.

「구스코 부도리의 전기」[미야자와 겐지 저] 등에 묘사돼 있는 유토피아, 확실히 그대로라고 생각한다. 사적 생산의 모순, 전쟁의 모순, 뭐든 분명히 알 수 있다. 중요한 것은 그 유토피아를 어떻게 실현할까 하는 것이다. 문제는 그것뿐이다. 러시아의 모습은 또 하나의 암시다. 세계는 올바른 길을 가고 있다. 진정으로 멸사봉공을 실현할 수 있는 사회가 실현돼, 각자의 재능에 따라 최선의 노력을 다하는 자가 그만큼 보상받는 것이 보장되는 세계로 만드는 것이다. 그런 세계라야 사람은 자신의 길을 똑바로 걸어갈 수 있다. 사소한 걸 물어서는 안 된다. 이제부터의 사회를 이끌어갈 이념은 일과 사랑을 통한 환희다.

5월 14일 금요일

지금까지 자본주의는 각종 모순을 폭로하면서 전진해 왔다. 그리고 그때마다 경제학이 발전하고 서서히 인식이 제고돼 마르크스에 이르러 자본주의 기구는 거의 완전히 과학적으로 해명됐다. 다만 마르크스가 본 사회는 자본주의의 모순 가운데 하나인 노자(勞資) 대립이 격심한 시대였다. 그 이후 마르크시즘이 고창돼 온 것은 경기 변동에 따른 노자 대립이 격화된 시대였다. 그러나 자본주의는 몇 번인가 경기 변동의 파도를 거쳐 고도화하고 마침내 지금 전면적인 붕괴 위기에 직면해 있다. 제국주의로부터 국가자본주의로 옮겨간 상황에서 이미 자본주의는 양적으로만이 아니라 질적으로 변화했다고 봐야 한다. 국가자본주의는 자본주의의 고차 단계가 아니다. 이미 자본주의의 부정이라고 생각한다. 그리고 지금은 이 전환기의 한가운데에 있다. 경제학 그 자체가 혼란을 노정하고 난세를 살아가는 사람들은 좋든 싫든 그 에토스의 전환을 요구받고 있다. 우리는 이 전환기를 맞아 자본주의를 이끌어온 에토스에 이별을 고하고, 새로운 에토스에 이끌려 이제부터 건설해야 할 사회상을 그려낼 의무가 있다………

개인주의는 자본주의의 에토스다. 새로운 에토스는 전체주의여야 한다. 국가라도 좋다. 세계라도 좋다. 사회 전체를 위해 일하는 자의 안전을 사회 전체가 보장해 주는 곳에 새로운 시대의 에토스가 있다. 지금은 과도기이므로 어쩔 수 없지만, 전체주의, 전체주의를 외쳐도 관련된 의식이 생겨날 객관적 존재가 있어야 한다. 이런 의미에서 보험 등은 국영화해야 할 제일 첫 번째 항목이라고 나는 생각한다. 모든 사상(事象)이 그렇게 될 때 온 세상은 얼마나 아름다울까. 자기 것만 쩨쩨하게 챙기는 자들은 한 사람도 없을 것이다. 모든 사람들의 모든 행위가 사람이여 잘되라, 세상이여 잘되라고 비는 것이라면…… 그것이야말로 새로운 시대를 이끄는 에토스다. 그것을 예전부터 나는 어렴풋이 느끼고 있었다. 사람에 대한 사랑이다. 사랑의 세계가 실현되는 날은 언제일까. 누구나 자기 것을 걱정할 필요가 없는 사회를 만들어내는 것이 우리의 임무인 것이다………

일단 새로운 시대의 에토스에 가까운 것이 보이고, 물적 기초도 갖춰지고 있는 지금, 여전히 구자본주의 체제의 유물이 곳곳에 남아 있는 것을 간과해서는 안 된다. 급속히 불식시킬 수 없을 만큼 뿌리 깊은 그 힘이 패전을 거치면서 분쇄되는 것도 있을 것이고, 오히려 어쩌면 화를 복으로 바꾸는 것일지도 모르겠다. 피닉스처럼 재 속에서 다시 태어나는 새로운 것, 우리는 지금 그것을 추구하고 있다.

한 번, 두 번 패한다고 해도 일본인이 살아남는 한 일본은 멸망하지 않는다.

이미 우리는 '도마 위의 잉어' 신세인 듯하다. 비관할 일은 아니지만 사실은 인정할 수밖에 없다. 고난의 시대를 넘어 나아가지 않으면 안 된다.

6월 11일 금요일

요전에 오우치 쓰토무(大内力, 일본의 마르크스주의 경제학자, 도쿄대 명예교수. 1918~2009) 군한테서 편지가 왔다. 농민들 속에서 새로운 생활을 쌓아올리는 고충, 참으로 대단한 노력을 하고 있는 것 같다. 그러나 역사관에 대해서는 아무래도 찬성할 수 없다. 만일 '생산력'에 의해 역사가 개인과는 분리돼 따로 진행한다 하더라도, 개인은 오우치 군이 말하듯이 전차 속의 개인이고 아톰(원자)이라 하더라도, 우리 그 아톰의 한 알들은 아톰으로서 살아갈 방도를 연구해서 아톰으로서의 의무를 다하지 않으면 거짓이다. 사회주의 세계가 몇 가지 형태로 형성될 것이라고 예언하는 것이 경제학의 역할인 것은 아니다. 그것을 건설하는 것이 사명인 것이다. 지금 서서히 새로운 에토스가 형성되고 있는 것을 간과해서는 안 된다고 생각한다. 올바른 것만 키워낸다면 그것으로 족한 것이다.

그리고 오우치 군은 내가 전사하는 것 따위 생각해선 안 된다고 한다. 내 임무가 아닌 곳에서 죽는 것은 영웅주의거나 일시적인 감격이다. 그런 건 어리석은 것이라고 한다. 또 반동적인 임무로 죽는 것은 싫고 그런 죽음을 당하는 자에게 감탄할 수도 없다고 한다. 백호대(白虎隊)[1868년 보신(戊辰)전쟁 때의 아이즈번(会津藩) 소년결사대]나 신센구미(新撰組)[도쿠가와 막부가 1863년에 곤도 이사무(近藤勇) 등의 낭사(浪士)를 소집해 편성한 암살부대]에는 감탄하지 않겠다는 것이다. 그러나 나는 싸움터에 나가는 것도 나에게 주어진 영광스러운 임무라고 생각한다. 지금 일본에서 살아가는 청년으로서 이 세계사 창조의 기회에 참여할 수 있다는 건 영광스럽기 그지없다고 생각한다. 우리는 결사적으로 몸부림치며 주어진 임무로서의 경제학을 연구해 왔다. 이 길을 스스로 선택한 데에 따른 의무이기 때문이다. 게다가 체력을 타고나 활동 능력을 다른 사람 이상으로 부여받은 사람으로서 몸을 나라를 위해 바칠 수 있는 행복한 의무도 갖고 있는 것이다. 둘 다 숭고한 임무라고 생각한다. 전쟁의 성격이 반동인지 아닌지는 모르겠다. 다만 의무나 책임은 부여받은 것이고 그것을 수행하는 것만이 우리의 목표다. 전력을 다하고 싶다. 백호대는 반동적인 것이었을지도 모르겠다. 그러나 그들의 죽음은 숭고했다. 미(美)의 극치였다. 형식에 사로잡히는 걸 나는 바라지 않는다. 후세 사가들로부터 훌륭했다는 얘길 듣는 것도 바라지 않는다. 이름도 없는 민(民)으로서 자신의 의무와 책임에 살고 죽을 뿐이다.

7월 29일 목요일

가루이자와에서의 야영을 마치고 귀경(歸京). 출발일[23일]은 5시 반 우에노 집합이어서 도저히 맞출 수 없겠다고 생각했는데 마침 히로사와가 이번 야영에 참가한다고 해서 22일 집합 때 와서 만났고, 그의 집에서 묵기 위해 외박했다.

나는 이번 야영에서 처음으로 경제학부 학생들 사이에서는 볼 수 없었던 대학생의 진정한 모습, 아니 대학생이라는 간판 뒤의 인간을 접할 수 있었다는 생각이 든다. 이상하게 선소리를 하고, 젠체하고, 겉치장을 하며, 추하고 비열한, 공리적, 이기적인 천박성을 덮어 감추는 경제학부 학생들에게서는 볼 수 없는, 있는 그대로의 살아 있는 인간의 모습을 접할 수 있었다. 멋진 일이었다고 생각한다. 게다가 히라사와가 함께 있는 것이 얼마나 매일의 생활을 활기차게 만들어주었던가.

귀경해서 신문을 보니 지중해, 동부 전선, 서남태평양, 모두 추축군에 불리, 게다가 이탈리아는 파시스트당 해산, 무솔리니 사임 소식이 실려 있었다. 마침내 쉽지 않은 사태가 임박해 있음을 알고 망연했고, 동시에 내가 무엇을 해야 하는지도 심각하게 생각했다.

싸움을 전문으로 하는 군인도 아니고, 또한 그 밑에서 일해야 할 기술자도 아니면서 그들 위에 서야 할 우리는 단순히 "인생 의기에 공감한다면 옳고 그름을 누가 따지리"라며 감격하는 것은 용납되지 않는다. 되는 대로 될 것이다. 나의 길을 더 깊이 밀고나가지 않으면 안 된다. 가루이자와에서 본 것과 같은 부호의 생활, 요즘 보고 들은 시류에 편승해 득의양양한 군인의 행동거지, 관리, 자본가의 실정을 보고 우리는 가슴이 부글부글 끓었던 걸 기억한다. 그러나 역시 되는 대로 될 뿐이다.

12월 8일

대동아전쟁 제3주년을 맞아 드디어 내일 입단한다는 오늘, 내 최후의 사바[군대 바깥의 세계]에서 쓰는 일기인 셈이다.

먼저 어제 밤은 구리하라, 다지쓰 두 사람을 비롯한 여러분 덕택에 매우 성대하게 열린 입대 송별회를 받았고, 오늘은 고야나기 씨, 홋타 씨에게 인사를 드렸다. 고야나기 씨는 "잘 다녀오시라고 하진 않겠어요. 별 볼일 없는 군인의 엄마로서 '가세요'라고 말씀드립니다. 늘 만날 수 있으면 그때를 마지막이라 생각하고 있습니다. 그 뒷일은 물질적인 원조는 불가능하지만 정신적으로는 같은 군인의 어머니로서 할 수 있는 것은 다 할 테니 미련 없이 가세요"라고 하셨고, 가토 씨는 "무슨 일이 있어도 돌아오세요"라고 하셨다. 각자 그들다운 말을 해주신 아주머니들의 마음을 참으로 고맙게 받았다.

또 밤에는 유키무시(雪虫)[제1고등학교 여행부 졸업생 모임] 동아리패도 와 줘서 마지막 밤을 마음껏 유쾌하게 얘기할 수 있었는데, 이 또한 정말 고마웠다. 기(旗)*에는 또 각자의 성격이 배어나는 글들을 써주었는데, 진정(眞情)을, 가식 없는 진정을 그대로 받아 나갈 수 있게 된 행복에 감격했다. 특히 히로사와가 내 머리를 깎아주리라고는 생각하지 못했다. 망외의 기쁨이었다.

이것저것 자세히 쓰자면 한이 없겠지만, 기억은 각자의 마음에 제각각 담아두어야 할 것이고 종이에 기록할 수 있는 이상의 소중함이 거기에는 있다. 무한한 생각을 유한한 종이 위에 다 담겠다는 우를 범하지 않겠다.

그들이 돌아간 뒤 동생에게 이제까지의 우리 집 일에 대해, 또 지금의 내 심경에 대해 할 수 있는 만큼의 말은 했다. 다이 조가 있기에 걱정 없이 갈 수 있다. 완전히 맡기고, 내 마음을 쏟고, 내 부족했던 곳을 보완하면서 반드시 사사키 집안을 정말 고귀한 집안으로 만들어주기를 바랐다.

유구한 역사의 흐름에 몸을 맡기고, 나는 내 진수를 발휘할 것이다. 사람들을 대하는 개개의 감정에는 호오애증의 잔물결들이 늘 따라붙는다. 모든 것은 위대한 존재의 힘에 의해 해결된다.

마지막으로 유언에 대해.

나는 처음 이것을 결정했을 때 이제까지 교제해 온 사람들, 은혜를 입은 사람들에 대해 각각 유언을 써서 보내겠다는 생각을 했다. 그리고 먼저 히로사와에게 장문의 글을 썼다. 그러나 날이 지나면서 처음의 흥분이랄까, 긴박감이랄까, 이번 출정에 대해 품고 있던 그런 고조된 감정이 옅어지고 이쪽의 각오가 서면서 그런 개개인 앞의 유서가 무의미하다는 걸 깨달았다. 그것을 쓰게 만드는 동기가 단순한 비장감이나 감상에 지나지 않는 경우가 많다는 걸 깨달았던 것이다. 장문의 초를 잡을 때는 인간이 이지(理知)로 치닫고 그것이 감상에 의해 과장될 때는 쓸데없는 허위가 달라붙게 된다는 것을 알았다. 처음에 쓴 히로사와에게 보내는 글이 먼저 그러했다. 과거를 미화하거나 자신을 변호하는 추함이 섞여 들어가는 것을 어찌할 수 없었다. 여기서 나는 단호하게 유언 쓰는 일을 단념했다.

나는 지금 유언을 쓰지 않겠다. 다만 이제까지 내게 은혜를 베풀어준 사람들이 각자 자신들의 길로 곧바로 나아가 각자의 천명을 완수해주기를 바랄 뿐이다. 모든 것은 위대한 하늘이 해결할 것인 바, 각자가 세계사의 심판에 어떤 두려움도 없이 대면할 수 있기를 바랄 뿐이다. 다행히 여러 형들 건강하게 각자의 길을 걸어가 주기를. 그리고 각자가 사사키 하치로라는 인간이 남긴 인상을 각자 나름대로 진하게 또는 묽게 자신들의 가슴에 담아두고 나아가 주시기를 염원한다.

이것으로 이 일기를 닫기로 한다. 1943년 12월 9일 오전 2시 40분

"사랑"과 "전쟁"과 "죽음"
—미야자와 겐지 작 「까마귀의 북두칠성」에 관련해서—*

미야자와 겐지는 그 성장, 성격, 그 몸에 배인 풍격에서부터 내가 가장 경애하고 사모하는 시인의 한 사람인데, 그의 사상, 말을 돌려서 하면 그의 모든 작품 밑바닥에 흐르고 있는 일관된 것, 그것이 또한 내 마음을 강하게 후려친다. "세계가 모두 행복하게 되지 않는 한 개인의 행복은 있을 수 없다"는 구절에 집약적으로 표현돼 있는 그의 이상, 올바르고 맑고 건강한 것—인간의 인간으로서의 아름다움에 대한 사랑, 도저히 한마디 말로는 다 표현할 수 없는 깊은 맛이 있는, 동양적인 향기가 높은, 그리고 따스함이 고여 있는 그 사상, 그것이 언젠가 나 자신 속에 자라났다. 인간이나 사회에 대한 나의 이상에 딱 맞는 것이다. 그리고 위에 쓴 「까마귀의 북두칠성」이라는 동

화 속에 묘사된 그의 전쟁관이 그대로 내 현재의 기분을 표현하고 있다고 할 수 있을 것 같기에, 여기에 그 전문을 옮겨 적는 바이다. 나는 한때 "까마귀"라는 별명을 얻은 적이 있다. 그리고 지금은 해군 항공대에 지원했다. 그런 재미없는 곳까지 닮아 있을지도 모르겠으나 여기서 미야자와 겐지의 「까마귀의 북두칠성」이 담고 있는 전쟁관을 부연해서 지금의 내 마음을 써보고자 한다.

부차적 요소로서는 대위와 포함(砲艦)의 사랑도 나의 지금과 인연이 없는 것은 아니지만, 그것은 여기에서는 생략한다. 내가 가장 감동한 것은 대위가 "내일은 전사하는 것이다"라고 생각하면서 "내가 이 전쟁에서 이기는 것이 좋은가, 산(山)까마귀가 이기는 것이 좋은가, 그것은 나로선 알 수 없습니다. 모두 당신의 생각대로입니다. 나는 내게 정해진 대로 힘껏 싸우겠습니다. 모두, 모두 당신의 생각대로입니다"라고 기도하는 대목과, 산까마귀를 매장하면서 "아아, 마체르님, 부디 미워할 수 없는 적을 죽이지 않아도 되는 세계가 빨리 실현될 수 있도록 해주시고, 그것을 위해서라면 내 몸 따위는 몇 조각으로 찢겨도 상관없습니다"라고 한 대목에서 볼 수 있는 '사랑'과 '전쟁'과 '죽음'이라는 문제에 대한 가장 아름답고, 휴머니스틱한 사고방식이다. 인간으로서, 이들 문제에 대처할 때 이보다 더 인간다운, 아름다운, 숭고한 방법이 있을까. 그리고 진정한 의미에서의 인간으로서의 용감성, 강인함이 이토록 확실하게 표현돼 있는 글이 달리 있을까. "동화야"라고 쉽게 결론지어서는 안 된다.

정말로 올바르고, 맑고, 건강한 심정의 소유자한테서 비쳐 보이는 '사랑' '전쟁' '죽음'의 모습은 바로 이래야 한다고 생각한다.

물론 나는 전쟁에서 이기는 쪽이 좋은지, 지는 쪽이 좋은지 모르겠다고 하지는 않겠다. 어느 민족도 어떤 국가도 전력을 다해 그 민족, 그 국가의 발전을 꾀했기 때문에 인류 역사에 발전이 있는 것이라고 생각한다. 어디까지나 적극적으로 싸워 이겨야 한다고 생각한다. 그렇지만 과연 우리가 이길지 질지, 그 문제가 되면 이미 뭐라고 말할 수 없다. 오히려 우리 경제학도는 세계사 발전의 원동력은 무엇인가, 또 전쟁은 왜 일어날 수밖에 없는가, 그리고 전쟁의 귀추는 어디에 있는가, 전쟁의 승패를 가르는 열쇠는 무엇인가, 그런 문제를 연구하고 그것이 생산력—그것도 일개 공장 내의 또는 일개 공정의 눈에 직접 보이는 생산력이 아니라 국가 총력의 구체적 표현이라고나 해야 할 국민경제적 생산관계가 갖는 생산력이라는 것을 알고, 동시에 또한 그것이 개개인의 이상주의적 노력을 넘어선 운명적, 필연적인 힘이라는 것을 알았다. 이제 우리는 우리 개개인의 힘이 그만큼 유력한 것이라고 자부할 수도, 우리의 노력이 곧바로 우리나라의 승리와 동아시아 민족들의 해방을 약속한다고 믿을 수도 없다. 다만 우리가 기대할 수 있는 것은 한 국민으로서의 입장을 넘어선 세계사적 관점에서 우리의 노력이, 우리나라의 노력이 세계사의 발전을 약속할 것이라는 것뿐이다. 다나베 하지메(田辺元)[철학자. 교토대 교수. 1885~1962]의 철학과 함께하는 건 좀 의외지만, 여기서 우리는 실로 국민이면서 동시에 세계인일 수 있는 것이다. 우리가 단지 일본인이고, 일본인으로서의 주장만 관철한다면 우리는 적 미국 영국을 극도로 증오해야 할 것이다. 그러나 내 기분은 더 휴머니스틱한 것, 미야자와 겐지의 까마귀와 같은 것이다. 증오하지 않아도 되는 것을 증오하고 싶지 않다, 그런 기분인 것이다. 솔직하게 얘기해서 군의 지도자들이 말하는 건 단순한 민중선동을 위한 공염불로밖에 들리지 않는다. 그리고 올바른 것에는 항상 편을 들어주고 싶다. 그리고 부정한 것, 교만한 것에 대해서는 적과 우리 편 차별 없이 미워하고 싶다. 호오애증, 모두 내게는 순수하게 인간적인 것이고, 국적이 다르다는 것만으로 사람을 사랑하거나 증오할 수는 없다. 물론 국적의 차이, 민족의 차이에서 서로 이해할 수 없는 것이 나오고 대립한다면 또 얘기는 달라진다. 그러나 단지 국적이 다르다는 것만으로 인간으로서 정말 숭고하고 아름다운 것을 존경하는 일을 게을리하고, 추하고 비열한 것을 눈감아주고 싶지 않은 것이다.

　그러면 무엇을 위해 지금 나는 해군 항공대를 지원하는가. 그런 식으로 지금의 내 기분은 일본인이긴 하나 좁은 쇼비니즘[배외적이고 편협한 애국주의, 민족주의]을 떠난 기분이어서, 내가 지금 취하고 있는 태도도 순수하게 인간으로서, 국적을 떠난, 바람과 같이 나타난 한 인간으로서, 칼라일[영국의 사상가·역사가. 1795~1881]은 아니지만 아버지도 모르고 어머니도 모르는, 이 세상에 태어난 한 사람의 인간으로서 우연히 태어난 이 일본 땅, 이 부모, 그리고 지금까지 받아 온 학문과 단련해 온 몸을 한 사람의 학생으로서, 그런 사정들을 운명으로 짊어지고 가는 인간으로서의 직무를 다하고 싶다, 전력을 다해 인간으로서의 일생을 그 운명이 명하는 대로 보내고 싶다, 그런 기분인 것이다. 그리고 서로 갖고 태어난 운명을 등에 짊어지고 서로 각자 정해진 대로 있는 힘껏 일하고 힘껏 싸우지 않겠는가. 그런 기분인 것이다. 시시한 이치를 따져 자신에게 정해진 길에서 도망쳐 숨는 것은 비겁하다. 서로 정해진 길을 나아가 하늘이 명하는 대로 승패를 가름하자. 서로가 서로에게 정해진 대로 전력을 다하는 곳에 세계사의 진보도 있는 것이라 믿는다. 일개 인간으로서 어디까지나 인간답게, 비겁하지 않게 살고 싶다.

세계가 옳고 좋은 것이 되도록 하기 위해 하나의 돌을 쌓아 올리는 것이다. 가능한 한 크고 안정감이 있는 돌을 선인들이 쌓은 탑 위에 올려놓고 싶은 것이다. 불안정한 돌을 놓아 나중에 쌓은 사람의 것도 다함께 무너져 내리는 그런 돌이 되고 싶지 않다. 할 수만 있다면, 우리 조국이 새로운 세계사의 주체적인 역할을 담당해 주면 좋겠다. 또 우리는 그것을 할 수 있게 만드는 일에 전력을 다해야 한다. 그러나 현재 일본의 국내 태세에는 낡은 것이 떨어져 나가지 않고 남아 있다. 어쩐지 불안한 뭔가가 느껴진다. 전쟁에서 이기자, 힘내자는 정신만으로는 안 된다. 그 정신이 담당하는 조직, 생산관계를 과학이 명하는 바에 따라 가장 합리적으로 만드는 일이 필요하지 않겠는가. 어쨌거나 우리는 우리에게 정해진 대로 힘껏 일할 뿐, 그 이상을 바라는 것은 신을 모독하는 것이라고 해야 할 것이다.

＊기(旗)와 송별·천인침(千人針. 센닌바리)… 소집영장이 오면 많은 사람들이 신사에서 '무운장구(武運長久)'를 비는 기도를 해주고, 당사자는 조상 묘에 참배했다. 흰 천에 1천 명의 사람이 붉은 실로 매듭을 지어 선사하는 '천인침'을 배에 두르면 총탄을 막아준다는 믿음이 있었다. 또 출정자는 친족·친구 등이 송별·격려의 말을 써넣은 일장기를 받아 그것을 어깨에서 겨드랑이로 늘어뜨리고 도나리구미[隣組. 지역 말단 통제조직]·국방부인회 등 조직된 이웃이나 친구·지인들의 송별식을 받으며 입대하는 것이 통례였다.

＊학도출진에 즈음한 1943년 11월 10일, 제1고등학교 문2반 모임이 열렸다. 사사키 하치로는 그 자리에서 이 에세이를 낭독했다. 미야자와 겐지론에 의탁한 서술이다. 일종의 유서로 생각된다.

마쓰오카 긴페이 松岡近平

1923년 8월 10일생. 도야마현 출신

시즈오카고등학교를 거쳐, 1943년 10월 도쿄제국대학 경제학부에 입학.

1943년 12월 1일, 도야마시 동부 제48부대 입대.

1945년 5월 27일, 미얀마 몰메인 시 외곽에서 전사. 육군 소위. 21세.

1943년 9월 27일

파시즘이란 도대체 무엇인가. 르네상스 이래의 이성과 과학의 승리 시대에 대한 반동운동일까. 모리스 코언[Morris Cohen. 미국 철학자. 1880~1947]의 『이성과 자연』*에서 얘기하는 권위·순수경험·직관·창조적 상상력이란 과연 반이성주의의 결과로 나타나는 것일까. 내가 보기에 파시즘은 한마디로 현대의 도피사상이라고 얘기할 수 있다. 르네상스 이래의 자아의 자각이 막다른 골목에 다다른 결과 논리적 비약을 추구하려고 들고 나온 것이 파시즘일 것이다. 혼란의 극에 달한 현대사회를 타개하기 위한 방책으로 가장 손쉬운 것이 신(神)들리는 것이다. 이성적인 사회가 복잡하게 되면서 그 통일에 고심하는 것은 당연할지 모르겠다. 그러나 그 이성에 의해 혼란스럽게 된 사회는 어디까지나 이성을 통해 해결을 모색해야 한다.

나치스의 어용학자 로젠베르크[『20세기의 신화』로 인종 이론을 고취. 1893~1946]는 독일이 나치스에서 20세기의 이상적 정치 형태를 발견했다고 한다. 맹목적으로 인민을 일시적 감격을 통해 감정을 고양시킨 뒤 이리저리 끌고 다니며 만들어낸 나치스 국가. 감격은 일시적인 것이다. 그 격정에서 깨어났을 때 거기서 발견한 자신의 주변은 어떤 것일까. 통제를 통해 모든 자유를 박탈하고 맹목적인 추종만을 추구하는 정부만 남아 있을 것이다. 강력한 법치국가가 남는다. 게다가 그 국가는 결국 논리적 모순에 빠져 냉정한 비판 아래 바야흐로 붕괴하기 직전의 현실에 직면해 있을 것이다. 파시즘에 빠지지 말지어다. 파시즘이란 청년에게 있기 쉬운 일시적 흥분이다. 냉정하게 자리 잡고 질서를 바로 세워야 한다. 백년 뒤에 후회를 남기지 말라. 지금 일본은 흥분하고 있다. 흥분은 대중에겐 좋다. 국가의 간성[국가를 지키는 군인]인 자들의 일시적 격정에 사로잡히지 말라. 차분하게 이성의 명검을 휘둘러 혼란을 바로잡아야 한다.

드디어 나도 출진(出陣). 징병유예*의 은전(恩典)이 없어지고 바야흐로 학도출진의 때가 왔다. 현재의 내 기분은 단지 복잡기괴하다고 할 수밖에 없다. 마침내 여기까지 온 나, 앞으로 3년, 아니 2년 반 뒤 한 사람의 학사로서 사회에 나갈 수 있는 나, 국가의 요청에 의해 지금 바야흐로 학창을 떠나 전장으로 향하려 한다.

나는 목숨이 아까운 것일까. 그럴지도 모르겠다. 아무리 전체주의니 전체와 개인의 관계니 하며 이해하고 있는 듯 입으로는 얘기해도, 오직 분명한 것은 사람은 최후에 자기라는 것이 남는다는 점이다. 극단적으로 말하면, 유일한 사람으로서 개인주의적 경향이 없는 자는 없다고 나는 생각한다. 국가를 생각하고 전체를 생각하는 인간, 그것은 반드시 국가와 자기의 조화점을 찾으려는 인간이다. 전체와 개인의 융합점을 확인하려는 인간이다. 군인은 멸사봉공이라며 나를 모두 버렸다고 말한다. 과연 군인 모두 흔쾌히 나를 버렸다고 스스로 단언할 수 있을까. 다만 군인은 그 나아가고 있는, 직면하고 있는 직업이라고나 해야 할 것이 죽음이라는 것, 전쟁이라는 것, 국방에 집중되고 있기 때문에 숭고하게 보이는 것이다………아아, 도대체 현실이라는 것은 무엇인가. 인간이 생각할 수 있는 범위란 무엇인가. 인간은 무엇을 해야 하는 것인가. 나는 무엇을 생각해야 하는가. 이것이 해결책이라고 제시될 수 있는 것은 무엇인가………나는 목숨이 아깝다. 하지만 그것이 모두가 아님은 물론이다. 내 선배도, 또한 이제부터 나도, 또 내 후배도 전쟁에 임해 죽어갈 것이다. 죽음, 죽음, 도대체 죽음이란 무엇일까.

그건 어쨌든 그렇다 치자. 선배도 나도 대동아 건설[일본을 맹주로 아시아 국가들의 번영을 꾀하는 구상으로, 침략전쟁을 정당화한 표어]을 위해 일본의 안녕과 평화를 위해 죽어가거나 부상을 당한다. 부상당한 사람은 그렇다 치고 죽은 이들을 생각해 보자. 그들은 대동아 건설, 일본의 융성을 바랐고 그것을 믿고 죽어간 것이다. 나도 그렇다. 그리고 그 대동아 건설, 일본의 융성이 달성되면 죽은 이들 또한 편히 눈을 감을 것이다. 만일 그게 이뤄지지 않는다면 어떻게 되겠는가. 죽어도 미련 없이 죽을 수 없을 게 아닌가.

전쟁은 이기고 있는 동안에는 좋다, 그것이 방어전이 되면 괴롭다, 라고 누군가 말했다.

솔직히 말한다면, 정부여, 일본이 지금 수행하고 있는 전쟁은 승산이 있어서 하고 있는 것인가. 언제나 막연한 승리를 꿈꾸며 싸우고 있는 건 아닌가. 국민에게 일본은 반드시 이긴다고 단언할 수 있는가. 언제나 이 단언을 위해 엄청 무리에 가까운 조건을 붙이고 있는 건 아닌가. 아아, 내 이론은 파탄을 맞고 말았다. 단지 이과계['이과 방면으로의 전과' 참조] 생도들만 남고, 전체 생도 중 일부인 우리가 출정한다. 죽음을 향해 가는 것에 대한 개인적 입장의 불만은 끝내 해결할 수 없게 됐다. 나는 염전(厭戰) 사상에 빠질 것 같다. 이미 빠져 있는지도 모르겠다. 한번 병영에 들어가면 그걸로 끝일 것이다. 아무것도 생각하지 않을 것이다. 그것이 가장 행복할지도 모른다. 생각하면 할수록 모순에 빠진다. 그러나 인간은 생각하는 갈대가 아닐까. 인간은 생각하는 능력은 갖고 있으나 그것을 해결할 능력은 갖고 있지 않다. 결국 약하고 패기가 없다. 능력을 갖지 못했다는 것은 노력을 하지 않는다는 것이리라. 열심히 공부했다. 모든 걸 해결하겠다는 마음으로 노력했다. 그것도 일장춘몽이다. 꿈의 꿈이다………아직도 학문의 세계는 넓다. 세계적인 연구를 해도 모르는 게 무한하다. 실로 학문은 영원하다. 영원의 진리를 구명하려고 도끼를 치켜든 우리, 정말 할 만한 가치가 있는 남자의 최대 숙원이 아닐 수 없다. 영원의 진리 앞에서는 전쟁 따위는 일장의 희극으로 끝날 것이다. 절대의 진리에 직면하면 군비확장은 거미집을 만들기에도 부족한 것일지도 모르겠다. 그러나 인간은 약한 존재다. 이 사소한 현상 때문에 영원의 연구를 내버려야만 한다.

………

나의 짧은 일생은 이미 끝장에 가까운 것 같다. 전쟁에 참가하는 순간 이미 그것으로 나는 일생을 마감하는 것이다. 만일 살아서 돌아온다면, 그렇게 된다면 거기서 새로운 일생의 막이 올라갈 것이다. 거기서 새롭게 설계해서 새로운 생활을 건설하자. 짧은 일생을 회고하고 추억하는 대로 뭔가 써서 남겨두고 싶다. 그것은 세기말의 어수선한 혼란과 닮은 것인지도 모르겠다. 지금부터 앞으로 40~50일의 여명을 생각하고 가장 냉정한 태도로 영원의 진리를 공부하는 것이 내 염원이다. 그 여가에 20년 남짓의, 내 인생이라고 하기에도 부끄러운 생애를 뒤돌아보고 싶다. 후세의 사람들이 보고 20세기의 한 평범한 사람의 사생활의 일단을 보여주는 증거로 삼을지도 모르겠다. 그렇다면 20세기의 인간이 얼마나 한심하고 박약한 존재였는지 웃음거리가 될 것이다.

………

10월 4일

………

이제 와서 안정이 됐다고 할까, 이미 학문은 불가능하다고 반쯤 자포자기했다고나 해야 할 기분이 되자 소설이 공연히 읽고 싶어졌다. 오랜 염원, 『신들의 부활』[메레주코프스키 지음]을 읽기로 하고 책장에서 꺼냈다………아아, 책을 더 읽었더라면 좋았을걸. 아직도 흥미로운 책은 많다. 무한하다. 날은 저문데 갈 길은 멀고, 라는 심경이랄까. 차분하고 냉정하게 독서로 남은 생을 보내자.

"사람이 성(城), 사람이 돌담, 사람이 해자(壕)." 다케다 신겐(武田信玄, 일본 전국시대의 무장 – 옮긴이)의 명구가 국민 좌우명의 하나로 회자됐다. 이 국민 좌우명 자체는 비판의 여지가 많은 것이지만, 어쨌거나 사람은 성, 사람은 돌담, 사람은 수로, 정(情)은 우리 편, 원수는 적, 이것이 평생 성을 쌓지 않았던 신겐의 좌우명이요, 그의 신조, 주의였다. 전국시대의 여러 인걸들을 보면 모두 민정(民政)이라는 것에 고심하고 있다. 신겐도 그중 한 사람이었다………가이(甲斐, 지금의 야마나시현에 있던 율령제하의 소국 – 옮긴이) 일국은 작다고 할 수 있지만 인민 모두가 성이고 해자(壕)다. 그게 무기라면, 10만 군세도 두려워할 것 없다. 신겐의 위대한 정치력이 잘 드러나 있다. 그것이야말로 저 난세에 물자 부족한 산의 나라가 대국들 사이에 끼어 있으면서 천하를 차지하려 했을 정도의 대전과를 올릴 수 있게 했다. 지금의 상황을 살펴보니, 소비에트 러시아의 분전이 바로 이 신겐의 재현이라는 생각을 갖게 한다. 모스크바에서, 스탈린그라드에서 독일병이 눈사태처럼 침입해 왔을 때 이를 막아 성이 되고 수로가 된 것은 실로 저 무지몽매하다고들 했던 슬라브의 농민들이었다………

지금의 인간들이 가장 바라는 것은 '평화'다. 평화란 도대체 무엇인가. 진정한 평화를 얘기하자면, 무력전이 끝나더라도 자원전, 경제전 등 결국 인류가 멸망할 때까지 평화는 오지 않을 것이다. 최근 책에서 때때로 볼 수 있는 것은 전쟁의 윤리성이라는 것이다. 전쟁의 윤리성 따위 있을 수 있는 것일까. 사람을 죽이면 당연히 사형을 당한다. 그것은 사람을 죽였기 때문이다. 전쟁은 명백히 사람을 죽인다. 그 전쟁을 윤리적으로 시인하다니, 도대체 윤리는 사람을 죽이는 걸 시인하는 것인가. 대승적 입장, 대승적 입장이라고들 강조한다. 대승적 입장에서 전쟁을 본다면, 왜 사람을 죽이지 않아도 되도록 하지는 않는 것인가. 사람을 죽이는 일에 대승, 소승 따위의 구별이 있는가. 모두 악일 뿐이다. 죽은 인간에게 생을 부여한다니, 그런 것은 근대 철학의 현실에 대한 아부에 지나지 않는다. 철학은 어디까지나 리드하는 것이어야 한다. 지나가버린 자에 도덕성을 부여하는 일 따위는 문화의 치욕, 인간의 자기 행위에 대한 기만이다.

11월 어느 날

10월 25일 야행으로 우에노를 출발해 곳곳을 여행하고, 9일 오후에 집으로 돌아왔다. 그사이 약 2주간, 여러 가지 견학도 하고 견문도 했다. 그리고 중요한 징병검사*를 받았다. 제2을종 합격. 다분히 제1을종일 것으로 믿고 있었는데 의외였다.

내가 이제까지 생각하고 있었던 것은 이 2주 사이에 상당한 비판을 받았다. 마음속으로 의외라고 느끼거나, 상당히 고쳐 생각하게 됐고, 또는 뜻을 강요당하기도 했다.

우선 야행 때 와세다대 학생과 함께했고, 출정 학도 세 명이서 잠시도 지루할 새 없이 귀향했다. 함께 얘기하고 함께 논의

하면서 밤이 깊어가는 줄 몰랐다. 지난 21일의 신궁에서 열린 문부성 주최의 장행회(壯行會)* 때는 어지간히들 감격했던 것 같다. 나는 현관까지 나왔다가 발이 구두에 쓸려 상처가 나는 바람에 결국 단념하고 말았다. 갔으면 좋았을 텐데. 게이오(慶應)의 송별사는 어설펐다. 나도 라디오로 일부를 시종 듣고 있었는데 정말 탐탁지 않은 졸작이었다. 에바시[출정학도 장행회에서 "우리 학생들은 처음부터 생환을 기약하지 않는다"는 답사를 읽은 에바시 신시로]의 출정사는 좋았다. 그 정도면 좋았다고 할 수 있을 것이다. 에바시 군을 돋보이게 하는 역할을 한 송별사가 서툴렀을 것이다. 도조 히데키 씨는 변함없는 연설이었다. 말하는 게 대체로 예상대로였다. 말하자면, 도조 씨나 오카베 문부상은 대체로 평판이 나쁘기 때문에 불쌍했다………차 안의 사람들 약 3분의 1은 징병검사 때문에 귀향하는 이들이었다. 어쩐지 "너도" "자네도"라는 느낌이 차 안을 떠돌았다. 담배 연기가 차 안을 가득 채우고 있었다………

조용한 곳을 찾아, 정적에 이끌려 세키야마(関山)에서 3리, 이곳 세키(関) 온천[니가타 현 아카쿠라(赤倉) 온천 부근]은 실로 천하의 유경(幽景)이다. 아마도 두 번 다시 이런 장소를 만날 수는 없을 것이다. 깊고 깊게 생각하려 노력했다. 아직 석연치 않은 내 심경. 때때로 감격에 이끌려 내 마음을 잃고 바보가 되는 나, 정적(靜寂)으로 돌아가면 다시 흐린 구름이 낮게 드리운다.

기쿠치 씨와 다른 온천에서도 생각했다. 홀로 쓸쓸하게 세키 온천에서도 생각했다. 또 와세다의 시미즈 히로시 군과도 함께 얘기하고 생각했다. 와카바소(若葉莊)의 일실에서 후지모토와 함께 논하고 생각했다. 미키와 함께 얘기했다. 온갖 장소 온갖 시간에 생각했다. 거기서 솟구치는 감상, 그것은 모두 발표할 수 있는 건 아니다. 인간, 누구에게도 말할 수 없는 혼자만의 비밀이 있는 법이다. 그것은 실로 두려운 마음의 귀신이다. 그것에 대해 언급하는 것을 사람들은 극도로 두려워한다. 그 길을 열어보려고 몇 번이나 노력했다. 하지만 그것은 거만하게 사람의 마음 깊숙한 곳에 턱 버티고 서서 히쭉히쭉 웃고 있다.

만족하며 죽어가고 싶다, 나의 죽음에 긍지를 갖고 죽고 싶다. 죽음의 해결은 오직 하나, 내가 믿는 것에 만족하고 죽는 것이다. 그것은 내 경우에는 새로운 일본의 건설, 새로운 대동아 건설이다. 새로운 것의 건설, 더 위대한 것의 창조, 이것이야말로 내 생명이 깃들기에 족한 것이다. 내 서투른 생명이 위대한 일본과 함께, 새로운 대동아와 함께 살아갈 것이라고 믿는다면 기꺼이 죽어갈 수 있다. 죽음 곧 생이다. 이것이야말로 대의를 위해 죽어서 살아가는 것이다.

〈무호마쓰(無法松)의 일생〉[각본 이타미 만사쿠, 감독 이나가키 히로시의 영화. 반도 쓰마사부로(阪東妻三郎)와 원폭 투하로 사망한 소노이 게이코(園井惠子)가 주연]을 봤다. 입대 전의 심경 탓이었을까, 묘하게 인상 깊었다. 쓰마사부로의 열연 때문인가. 근래 영화 중에서 걸작의 하나다. 깊은 추억으로 남을 것이다⋯⋯⋯ 영화는 곳곳에서 가위질을 당했다. 마쓰고로의 생애를 옮기면서 요시오카 부인을 연모하는 부분이 모두 잘렸고 마쓰고로가 죽는 장면이 잘려, 정말 가위질의 위력이 유감없이 발휘됐다. 실로 유감스러운 일이다.

운동회, 제등행렬, 북 등등, 모두 주마등처럼 달려간다. 모두가 과거의 아련한 꿈으로 사라져버렸다. 언젠가는 제등행렬을 볼 수 있겠지. 언젠가는 운동회의 즐거움에 흠뻑 빠질 수 있겠지. 나는 미칠 것 같다. 나는 북을 쳐 보고 싶다. 나는 제등행렬에 참가해 보고 싶다. 긴 소매의 기모노 입은 여인을 보고 싶다. 전쟁, 전쟁, 전쟁, 그것은 지금의 내게 너무 강한 숙명적인 존재다. 세상은 참으로 어둡다. 전쟁에 무슨 윤리가 있겠는가. 대의를 위한 전쟁, 대의 따위가 무엇이란 말인가. 어리적은 자의 잠꼬대에 지나지 않는다.

숙명이라 느끼는 이상, 나는 전쟁에 나가는 것에 대해서는 아무 생각도 없다. 그러나 그렇게 해서 숙명은 해결되는 걸까. 세상은 다시 평화를 되찾게 될까.

자유주의라고 하고, 군국주의·통제주의라고 한다. 모두 수단에 지나지 않는다. 일본은 일본만의 길을 걸어가야 하며, 걸어가고 있다. 평화를 위한 전쟁이 전쟁의 목표가 아니면 무엇인가. 과연 자유주의 시대였는지 여부는 모르겠으나 1928년 무렵부터의 일본이라는 건 알고 있었다. 과거가 그립다. 과거의 꿈을 쫓아가고 싶다.

약한 마음의 나는 현실을 어떻게 해야 할지 모른 채, 과거의 덧없는 꿈을 쫓고, 미래의 공중누각과 같은 아련한 승리의 꿈에 빠져 있다.

더 강해져라. 더 강해지고 싶다. 오직 그것뿐.

* 『이성과 자연』… Morris R. Cohen: *Reason and Nature. An Essay on the Meaning of Scientific Method*. 1931.

* 징병유예… 학교 재학자들이나 국외에 있는 자의 징병 시기를 특별히 연기하는 조치. 1939년 이후의 병역법 개정으로 재학생의 징병 연기 연한도 27세에서 25세로 순차적으로 단축됐다.

* 학도출진(學徒出陣)… 1943년 9월 22일에 발표된 '국내 태세 강화 방책'에 따라 ①대학, 고등전문생에 대한 징병유예의 정지, ②법문계 대학의 교육 정지와 대학·전문학교의 정리 통합, ③이공계 학교의 확충정비와 입대 연기 제도 설정 등의 방침이 공표됐다. 그리고 1943년 10월 2일의 긴급 칙령 '재학 징집 연기 임시 특례'에 따라 징집 연기 제도 자체가 정지돼 만20세가 된 학생은 곧바로 전원 징병검사를 받았으며, 육군은 12월 1일, 해군은 12월 9일, 10일 입대하라는 지시가 떨어졌다. 다만 국가적 요청에 따라 이공과·의과계 학생, 농과 4학과, 국립교원 양성 계통 학생 등은 입대를 연기하도록 해, 결국 법문계나 농과의 일부 학과 학생·생도가 학도출진을 하게 됐다.

* 징병검사… 1873년 '징병령'=1927년 '병역법'에 따라 만20세(패전 당해에는 18세까지로 내려갔다)의 남자는 징병검사를 받고 병역에 복무했다. 검사에서는 신체적 조건으로 갑종·을종(제1·제2·제3을종의 3단계)·병(丙)종·정(丁)종·무(戊)종으로 나뉘어졌다. 갑·을·병이 합격(갑종은 현역병으로 입대, 을과 당초 병역면제였던 병종은 보충병으로 수시 소집), 정종은 신체장애자로 불합격, 무종은 다음해로 돌렸다. 고학력자의 특전으로는 재학 징수(徵收) 연기, 간부후보생, 사범대 졸업자의 경우 단기 현역병제가 있었다.

* 출진학도 장행회… 1943년 10월 21일, 메이지 신궁 외원경기장에서 문부성·학교보국단 본부 주최 출진학도 장행회가 개최돼 도쿄와 인근 현의 77개교 약 3만 5천명의 학도병들이 게이오대학 의학부 학생의 송별사(送辭)를 들었고 그들 중 다수가 "우리 학생들은 애초부터 생환을 기약하지 않는다"는 도쿄대 문학부 학생 에바시 신시로의 답사를 생각하며 찬 비가 내리는 가운데 묵묵히 행진했다. 마지막에는 당시 군가로 준(準)국가처럼 불렸던 〈바다에 가면〉을 모두가 합창하

고 "천황 폐하 만세"를 삼창했다.

와타나베 다카시渡辺崇

1922년 12월 2일생. 가나카와현 출신.

1941년 4월 도쿄, 스가모고등상업학교에 입학.

1943년 10월, 요코스카의 다케야마 해병단에 입단.

1944년 10월 27일, 필리핀의 레이테 섬 앞바다에서 전사. 해군 중위. 21세.

이제 언제 만날 수 있을까 생각하면 슬픈 마음은 고통으로 변하고, 참을 수 없이 서글픈 마음으로 침잠하는 것 외에 달리 방법이 없습니다.

그렇게도 내겐 풍요로웠고, 한때는 모든 것이었던 당신, 고통스러운 통학 생활에도 희망과 환희를 주었던 당신.

나는 전장에 가기 전에 진심으로 당신에게 감사드리고 싶습니다.

고통도 공허한 슬픔도 지금은 작은 은상자에 살며시 간직하고 남자답게 출발하려 합니다. 그렇지만 늘 당신의 그 맑고 아름다운 눈동자를 물론 느끼고 있습니다. 그것이 내게는 단 하나의 추억이기 때문에, 그것을 후딱 잊어버리는 곡예 따위를 나는 도저히 할 수 없습니다.

나와 당신의 일은 신을 빼고는 누구도 모르겠지요. 그래서 좋았다! 바로 그래서 이렇게도 아름답고 슬픈 추억이 될 수 있었습니다.

그렇게도 나를 응석 부리게 하고 귀여워해 주신 당신—

당신은 나의 어머니 같았습니다. 딱 한 번 당신의 진지하고 엄한 눈빛과 마주쳐 깜짝 놀란 적이 있습니다.

당신의 여러 가지 표정—웃는 얼굴과 속눈썹을 무섭게 내리깔고 새침해 있던 얼굴, 자못 심각한 태도로 지나치던 때의 얼굴 등 지금은 이미 즐겁고 그립고 슬픈 추억이 된 기억으로 가득합니다.

부디 철없고 칠칠치 못한 나를 질책해 주세요. 그렇게도 열심히 생각했던 일이 막상 펜을 들자마자 막다른 골목에 다다라 숨이 막히는 듯한 슬픔만이 가슴을 뒤덮어 아무것도 쓸 수 없게 돼버립니다.

하지만 내 마음속의 글을 하느님만은 소담한 당신의 저 하얀 가슴에 전해주시겠지요.

지금 내게는 이렇게 생각하는 것 외에 달리 방법이 없습니다.

안녕, 나의 로즈마리, 아아, 이제 영원히 만날 수 없겠지요.

—입영 전야에 쓰다—

스즈키 야스지鈴木保次

1921년 6월 12일생. 가나카와현 출신.

1939년 메이지대학 문예과에 입학. 1941년 12월 졸업.

1944년 5월 27일, 인도 아셈주 코히마에서 전사. 육군 소위. 23세.

하야카와[가나카와현]역 개찰구에서 누이와의 이별
　남길 말은 없고, 건강하게 살아라라고 하려니 눈물만

　　네부가와[가나카와현]역에서
　닿지 않을 걸 알면서 기차를 향해 손을 흔들며 달리는 사
촌 누이에게서 차마 얼굴을 돌릴 수 없다

　　미노부선 기차 안에서
　기차는 벌써 가이(甲斐) 산골짜기를 쉬지 않고 달려 크게
찢어지는 마음 달랜다

나카오 다케노리中尾武德

1923년 3월 31일생. 후쿠오카현 출신.

후쿠오카고등학교를 거쳐, 1942년 도쿄제국대학 법학부에 입학.

1943년 12월 10일, 사세보 제2해병단에 입단.

1945년 5월 4일, 고토히라 수심(水心)특공대원으로 오키나와 서해 상에서 전사. 해군 대위. 22세.

1943년 10월 2일

초가을 비는 음침하네요, 아침 행인이 쓸쓸한 듯 말했다. 어제부터 계속 내리는 비다. 조금 누레진 은행나무 잎들이 신발에 짓밟혀 질펀하게 흩어져 있다. 새 모자를 쓴 이들이 많다. 어제 입학식이 있었는데 오늘 아침은 12월 입대에 관한 보도가 나오니 좀 난처할 것이다. 겨우 도착한 짐을 뜯기도 전에 다시 되돌려보내야 한다면 마음이 뒤숭숭한 것도 무리가 아니다. 가즈노리 씨를 처음 만났다. 사정을 모르니 뒤숭숭한 모양이었다.………

[1943년 10월 9일 야기우라 후미오 씨에게 보낸 편지]

………전날 생사에 대해 생각한 것을 적어두었는데, 이를 다음과 같이 써 보겠다.

뜻한 바를 충분히 다 나타내진 못했으나 고쳐 쓰는 건 도저히 감당하지 못하겠기에 그대로 옮긴다.

"징병검사 일도 다가왔다. 학생 생활을 그만두고 군대에 들어가려 하는 마당에 아직도 확고한 결의를 갖고 있지 못하다. 졸업할 때까지는 어떤 높은 경지에 도달하고 싶다고 생각하고 있었는데 목전에 학교를 떠나는 날이 다가오고 있는데도 여전히 멍청이인 것을 참을 수 없다. 군대에 들어갈 때는 이미 죽음을 각오해야 한다고 생각한다.

죽음이란 무엇인가.

몽테뉴는 죽음 그 자체는 아무것도 아니다, 다만 죽음에 대한 공포가 죽음을 중대한 것으로 여기게 만든다고 말했다. 죽음을 물질적으로 보면 육체의 소멸 외에 아무것도 아니다. 육체와 분리된 정신은 없다고 해도, 단지 육체의 생기소멸로 생사를 얘기하는 것은 있는 그대로의 생사를 파악한 것이 아니다. 육체의 죽음과 동시에 정신도 죽는다고 생각하거나, 육체는 죽더라도 영혼은 불사라고 생각하는 것은 과연 진리일까. 우리의 생은 이 절대자의 현현이라고도 할 수 있으나, 생의 내용은 이런 초월자로서 존재하는 것이 아니라 변전하는 현실세계를 떠나서는 존재하지 않는다. 그렇다면 생사는 일개 육체의 생멸도 아니요, 또 이 세계를 떠나서 우주 저쪽에서 사후세계를 찾는 것도 불가능하다. 이 세상의 유위전변(有爲轉變) 속으로 깊이 파고들어 그 의미를 찾아내는 것만이 생사의 깊은 비밀을 풀 수 있는 길이다. 즉 죽음은 삶과 다른 것이 아니며, 삶의 의미를 탐구함으로써 그것을 알 수 있는 것이다. 이 세상에서 삶을 누리고 있는 것, 현실 세계에 있는 것들이 생각할 수 있는 죽음은 삶의 종점이 아니라 삶의 한 점에 지나지 않는다. 잘 사는 것이 잘 죽는 것이다. 따라서 잘 죽음으로써 잘 살 수 있다고도 할 수 있다.

우리는 어떻게 하면 잘 살 수 있는지를 탐구하고, 삶이 의미를 가질 수 있게 하는 이 세상의 이법에 참여함으로써 생사를 해결할 수 있다. 일상생활에서 움직여 가는 시시각각에 삶이 있고 죽음이 있는 것이다.

군대에 들어가 천황을 위해 한 몸을 바치려고 할 때 또다시 죽음에 직면한다. 게다가 전장에 가면, 포연탄우(砲煙彈雨) 사이에 몸을 드러낼 때마다 심각한 죽음의 모습을 몸 가까이에서 느끼게 될 것이다. 그리하여 한 걸음 한 걸음 각오를 단단히 하고 생사의 진의에 다가가는 것이다. 그러나 죽음은 전진(戰陣)에만 있는 것은 아니다. 시시각각이 죽음이다. 그렇게 본다면 특별히 비상한 결심이 필요한 것은 아니다. 다만 한층 더 마음을 분기시켜 삶의 의미를 충분히 음미하는 일에 매진해야 한다.

다만 사람으로서 뚜벅뚜벅 계속 걸어감으로써 생사를 해결하겠다는 생각으로, 최후의 나날에 학문다운 학문을 해보려고 한다………면회의 날을 기약하면서. 9일 밤.

[1943년 12월 7 야기우라 후미오 씨에게 보낸 편지]
사바[군대 바깥의 세상]에서의 마지막 편지를 쓰려고 펜을 들었으나, 수많은 말이 가슴에 흘러넘쳐 정작 써야 할 말을 모르

겠다. 자네의 편지와 전보는 4일, 가시이[후쿠오카 시]에 돌아가서 봤다. 28일 밤 가시이역의 땅거미를 헤치며 나를 찾았을 자네의 모습을 떠올리고 정말 미안하게 생각했다.

자네는 메이노하마[후쿠오카 시]와 진구노하마[후쿠오카 시]와 같은 아름다운 모래 해안에서 어디까지고 계속되는 발자국을 본 적이 있을 것이다. 시마자키 도손이나 누군가의 시에 그런 광경을 노래한 게 있었던 것 같다. 나는 거기에 서로 뒤섞이는 몇 갈래의 발자국들이 우리였던 것처럼 생각된다. 어디에서 시작해서 어디에서 끝나는지도 모른다. 어디에서 만나고 어디에서 헤어지는지도 모른다. 왠지 모르게 슬픈 것이 해변의 발자국이다.

물결에 지워지는 흔적도, 발자국 주인의 힘찬 한 걸음 한 걸음을 엿볼 수 있게 한다. 부풀어오른 모래 뒤에 사라져간 사람의 늠름한 걸음을 알게 될 때 나는 힘이 솟는다. 정말 우리는 과거를 모르고 미래를 모른다. 그러나 현재에 엄연히 설 때 다리에 들어가는 힘을 안다. 가토한테서 온 편지에도 "영원히 걸어야 한다. 영원히 계속 걸어야만 합니다"라고 적혀 있다.

12월 7일
야기우라 후미오 군에게

나카무라 도쿠로中村德郎

1918년 10월 2일생. 야마나시현 출신.

제1고등학교를 거쳐, 1942년 10월 도쿄제국대학 이학부 지리학과에 입학.

1942년 10월 1일, 지바현 나라시노에서 입대.

1944년 6월, 필리핀 방면으로 간 이후 행방불명. 육군 병장. 25세.

1943년 2월 20일 토요일 맑음

학문이 시세(時世)를 리드하지 않으면 안 된다. 나의 지론이다. 그런데 지금은 학문이 시세에 리드당하는 것으로 생각된다.(아사카와 교관님)

정말 맞는 말이다. 도대체 어떻게 된 것일까. 국가를 위해 한심하기 짝이 없다.

3월 14일 일요일 맑음

살아가는 것이 죽는 것이고, 죽는 것이 살아가는 것이다. 그런 경우가 있다.

현상 속에서 이데아[이상. 이념]의 윤곽을 파악해보자.(『시와 우정』 가타야마 도시히코 지음, 1943년 2월 간행)

아아, 좀 더 좀 더 생명적이고 싶다!………

4월 28일 쾌청

오후 시부야에서 기숙사로 갔다. 다마키 씨를 만나 최근 칼빌스* 군이 저 스탈린그라드에서 전사했다는 전보가 독일로부터 들어왔다는 얘기를 들었다. 상등병 계급이었다거나 겨울에 일어난 일이라는 둥의 얘기였다. 그도 또한 〈제5교향곡〉[베토벤의 〈운명〉]으로 그 죽음을 애도한 한 사람이었을 것이다. 하마터면 호타카의 암벽에서 죽었을 뻔한 목숨, 그럼에도 그것은 결국 4년도 채 유지되지 못했다. 그날 밤의 온갖 일들이 생각난다. 필시 그도 또한 전차 속에 주검을 묻지 않았을까.

내 생활과 절실하게 닮은, 멀지만 가까이 다가온 사상(事象)이다.

[날짜 기록 없음. 4월 29일 또는 30일]

지력(智力)의 저하. 지성의 마멸. 우리는 필사의 노력을 기울여 이를 막아야 한다. 그러나 그것도 그 무슨 소극적인 노력인가………

해 저무는 무사시노를 전차(戰車)로 달려 서쪽으로. 무사시노!

느티나무와 삼나무, 대나무와 잡목. 밭 냄새가 난다. 저녁식사의 된장국 냄새가 난다. 어린 싹의 향기. 경전차 연기 속에서 어렴풋이 냄새를 맡았을 때의 기쁨. 어디까지고 끝없이 계속 가자고 생각하면서 조종간을 쥐고 있었다.

문화훈장 소식을 들었다. 마침내 유카와(1949년 일본 최초로 노벨상을 수상한 물리학자 유카와 히데키를 가리킨다. 유카와의 문화훈장 서훈은 최연소 기록이다 – 옮긴이) 선생도 서훈. 이 혼돈의 현세하에서 한 줄기 서늘한 바람………그리하여 이 문화훈장이 세계적 권위를 갖기에 이르면, 그때 비로소 우리나라 문화도 세계 일류라고 할 수 있을 것이다.

5월 9일 일요일 쾌청

대학의 오월제라고 한다. 느긋이 독서를 하며 하루를 보냈다. 『항진초(巷塵抄)』[아베 요시시게 지음]와 『사색과 체험』[니시다 기타로 지음]을 읽었다. 푸앵카레[프랑스의 수학자·과학자. 1854~1912]에 대하여………

스이타 준스케[吹田順助. 독일문학 연구자] 씨의 문예시평을 봤다. 이 얼마나 독살스러운가. 참으로 분격하지 않을 수 없다. 우리는 결코 국민의 동정이나 관심을 모으기 위해 일을 하고 있는 게 아니다. 묵묵히 칼을 들고 서 있는 것이다. 그것으로 좋은 것이다.

5월 15일

우리는 자칫하면 우물 안 개구리가 되기 십상이다. 안이한 자기예찬이나 자기만족에 빠지고 더구나 스스로 그것을 알지 못한 채 득의양양하고 있는 경우가 없지 않다. 일본의 좋은 면과 장점을 예찬하고, 많은 미담에 눈물을 쏟으며 감격하는 것도 물론 당연한 일이지만, 단지 그것만으로 끝나서는 안 된다. 우리는 폭넓게 바라봐야 한다. 우리가 정말로 자랑할 수 있는 것은 무엇인가. 자랑해야 할 것은 무엇인가. 또 애초에 자랑한다는 것은 무엇을 한다는 것인가. 우리는 자주 자신을 뒤돌아봐야 한다. 싸구려 감상이나 양철 세공과 같은 독선을 배격해야 한다.

나는 너무 지루할 정도로 장황한 자기예찬을 들으면 한없는 구토를 느낀다.

일본인은 더 겸손해져야 한다. 묵묵히, 영원히 전 인류의 마음 밑바닥을 맥맥이 흐르는 위대한 공헌을 해야만 비로소 일본 민족의 위대함이 전 인류사를 찬란하게 장식할 수 있다.

실력이 없는 공허한 허세 부리기는 모두 배격해야 한다. 그리고 그 실력은 보통의 노력으로 얻을 수 있는 게 아니다.

불패국이라며 그것을 자랑으로 여기기만 하면 되는 것인가. 물론 자랑이 나쁜 것은 아닐지도 모르겠다. 그러나 문제는 아무리 패배하고 참담한 비운에 빠져도, 늘 왕성한 민족정신의 앙양을 보면서 결코 한심한 말로를 걷지 않고 밑바닥에서 점차 솟구쳐 오르는 실력을 보여줄 수 있는가, 그렇지 못한가에 있다.

그런 것을 생각하면, 또다시 역사를 읽고 싶어진다. 넓고 깊게 우리는 역사를 탐구해야 한다. 그렇게 하면 절대 타자에 대한 사랑 없는 자기예찬이나 자기만족의 미몽에 빠지지 않을 것이다. 그 미몽만큼 나라를 위태롭게 만드는 건 없다. 자만에 찬 나라가 훌륭한 경우는 없다.

우리는 아무리 애를 써도 역사의 규정성에서 벗어날 수 없다………

5월 18일

'미술 보국회'라는 것이 만들어졌다고 한다. 가라사대 보국대, 가라사대 보국단, 가라사대 보국회.* 뭐든 '보국(報國)'이라는 말만 붙이면 좋다고 여기는 듯하다. 아마도 미술 보국회 또한 전쟁그림이라도 마구 그려 젖히는 일로 족하다고 여기는 건지도 모르겠다. 잘못되어도 유분수지, 모두 심히 잘못된 것이라 하지 않을 수 없다. 진정한 보국이라는 것이 어떤 것인지 생각도 해보지 않고 호언장담하고 있다. '호코쿠(報國)'가 아니라 '보코쿠(亡国)'만 아니라면 다행, 이라는 걱정을 한다.

사방팔방 어디를 봐도 우리에 대한 형식적이고 피상적인 아첨투성이다. 무리한 소리다. 뭐라도 하지 않으면 안 될 위험한 지경에 다다랐는지도 모르겠다.

5월 20일 목요일 비

오늘 이 추상열일(秋霜烈日)의 생활 뒤에서 용감하게 싸우면서 결코 자신의 인간성을 죽이지 않은 친구를 봤다. 나에게 얼마나 마음 든든한 존재였는지 모르겠다. 나도 더욱 자신을 채찍질하며 마음을 단련하지 않으면 안 된다⋯⋯

5월 23일 일요일

햇빛을 쬐면서 초소 근무를 섰다. 영문 앞의 느티나무 거목도 부쩍 푸른빛이 더 짙어진 느낌이 들었다. 얼마 전, 드디어 잎이 났구나 하고 생각하던 참이었는데. 유수부대(留守部隊)의 위병도 여유로워 좋다.

"아이만큼은 학교를 졸업하게 하고 싶어." 절실하게 배어나온 말이 심야의 위병소 공기를 흔들며 내 마음을 때렸다. M중사의 긴 그림자가 눈앞을 왔다 갔다 했다.

6월 26일 월요일

………"나는 자신의 행동을 명석하게 보기 위해, 이 현생에서 확실하게 걸어가기 위해, 진실과 허위를 식별하는 법을 배우겠다는 최대의 욕망을 늘 간직해 왔다."[데카르트의 『방법서설』]

8월 5일 일요일 맑음

………이나다 형의 추도록이 송달돼 왔다. 하루 종일 그것을 읽었다. 특히 감개무량한 대목이 있다………이치카와의 요양소에 있던 그가 여명(餘命)이 얼마 남지 않은 것을 알았는지 몰랐는지, 『복소(複素)함수론』『프랑스어 4주간』을 읽고 시를 썼다는 걸 알고 내 가슴은 도려내는 듯 아렸다. 우리는 최후를 맞을 때까지 자신에게 충실하지 않으면 안 된다. 최후까지 우리 본분을 내버려서는 안 된다. 자신을 속이고 살아가는 것만큼 무참한 삶이 있을까.

9월 9일

훈련 복귀, A교관님과 우연한 계기로 현대의 교육에 대해 이야기했다. 학문에 대한 일종의 사모와 존경의 정, 현상에 대한 치열한 우국지정을 보고 말할 수 없는 감격을 느꼈다………

이탈리아의 항복 사실이 보도됐다. 우리의 감명은 어떠한지.

9월 19일

최근 내무반에서 사이토 모키치(斉藤茂吉) 씨의 『백도(白桃)』와 오자키 기하치(尾崎喜八) 씨의 시집이 눈에 띄었다. 기하치 씨의 시를 읽는 사람이 이곳에 있다는 것 그 자체가 내 마음을 기쁘게 했다………

9월 21일

………비 때문에 초년병 검열이 연기됐다. 검열 전 하룻밤. 여러 의미가 담긴 한때.

1944년 2월 11일

스토브가 빨갛게 타고 있었다. 칙칙한 창 유리를 통해 조용한 램프의 그림자가, 이 또한 조용한, 눈이 내리는 걸 비추고 있었다. 식탁에 오른 파인애플과 홍차가 우리의 혀를 더할 수 없이 즐겁게 했다. 기분 좋은 피로!

그리하여 4년 전의 오늘 밤이 저물고 있었던 것을―한없는 그리움으로―황금의 꿈처럼 추억한다. 산본야리다케(三本槍岳. 후쿠시마현에 있는 산 - 옮긴이)의 등반을 끝낸 그날의 일을. 오늘 이날을 택해 결심하고 쓰기로 했다. 나는 이 잉크가 마르지 않기를 바라며 또 그렇게 되도록 노력하지 않으면 안 된다. 나는 물론 읽는 일이 얼마나 중요한 것인지도 알고 있다. 쓰는 것은 그보다 한층 더 중요하다는 생각이 든다. 쓰는 일의 본질이 어디에 있는가 하는 것도 중요한 문제라고 생각한다. "쓰는 일은 광대한, 넓은 인류애에 뿌리박고 있다"는 의미의 말을 누군가가 했다. 참으로 옳은 말이다.

나 자신, 흔히 생각해 보는데, 왜 쓰기 시작했는가 하는 의문에 일단 봉착할 수밖에 없다. 물론 타인에게 보여주기 위한 일기, 또는 타인에게 보여주는 것을 전제로 한 일기는 가치가 없다기보다는 천박하다, 왜곡되었다는 건 말할 필요도 없다. 나는 때때로 쓰고 싶은 강한 욕구에 시달릴 때가 있다. 단지 써서 남기고 싶은 것이다. 그러나 그것이 갖가지 장애물 때문에 실제로 문자화되지 못하고 거품처럼 사라져버리는 것도 거듭 경험했다. 나는 그것을 안타깝게 생각했다. 그 이유는 모르겠다.

쓰고 싶은 욕구를 잃어버린다는 것은, 나로서는 이미 내 생활이 의미를 잃게 되는 것과 마찬가지라고 생각한다. 다행히 아직 그런 상태에 이르지는 않았다. 그러나 결국 그 희망이 거품처럼 꺼져버린다면 그것은 내게 잔혹한 일이라 생각하지 않을 수 없다. 쓴다는 것에 대해 내가 대단히 사치스러운 환경을 요구할 처지가 못 된다는 점을 나도 의식하고 있다. 나는 이제부터라도 이 장애를 타파하지 않으면 안 된다. 그와 동시에 가능한 한 바라는 것에 가까운 경우, 환경을 획득해 작업을 할 필요도 있다고 생각한다. 이 지면에서 작심하고 펜을 들어 시작한 것도 그 때문이라고도 할 수 있다.

장차 무엇을 쓸 수 있을지는 나 자신도 예측할 수 없다. 다만 어떤 일이 있더라도 자신을 속여서는 안 된다, 이것만큼은 말할 수 있을 것 같다.

나는 특별한 노력이 필요하다! 나는 머리의 건강을 유지해야만 한다! 나는 자신의 빈약한 상태를 웃어넘길 수 있는 한 최대한 웃어넘겨야 한다. 나는 자신의 강한 힘을 생각하고 힘쓸 수 있는 만큼 힘을 써야 한다.

2월 14일

다시 『독일 전몰학생의 편지』[제1차 세계대전 뒤, 프라이부르크 대학 교수 비트코프가 편집]를 읽었다. 몇 번을 거듭 읽어도 좋다. 여기에서 읽으면 특히 감명이 깊다. 그들은 진지하다. 참호속 촛불 아래서 바이블을 읽고, 괴테를 읽고, 횔덜린의 시를 암송하고, 바그너에게 애정을 품은 그들은 행복하다. 그런 애정을 품을 수 있는 그들은.

적의 주검 속에서 찾아낸 수기에는 결코 아군 쪽을 비방하는 문구가 없었다*는 기록은 주목할 만하다.

이런 진지한, 위대한 학생을 가진 독일 민족의 저력을 부러워한다. 모든 이론을 초월한 죽음의 극복, 과감한 돌격, 그런 것들이 반드시 일본군만의 고유한 것이 아니라는 걸 알았다. 도야된 숭고한 이성의 진정한 강인성을 다시 한 번 믿지 않을 수 없다. 여기서 읽은 서한이 모두 그것들이 쓰이고 나서 약간의 세월이 지난 뒤 용감하게 전사한 자들의 것이라는 사실은 생각하면 할수록 가슴을 울리는 데가 있다. 그중에는 중상을 당해 결국 죽는 당일 기록한 것, 쓰다 만 글을 전우가 계속 써서 보낸 것이 있다. 또는 사격을 하면서 쓴 것도 있다. 늠름한 그들의 노력에 진심으로 고개를 숙였던 걸 기억한다.

대체로 크리스마스의 묘사가 아름답다. 우리의 어린 시절도 크리스마스는 정말 동화의 세계였다. 그렇잖아도 동화가 적은 일본의 어린이들이 점점 더 그것을 잃어버리고 빼앗기는 추세를 슬퍼한다.

2월 18일

·········『문화지리학』[쓰지무라 다로 지음]을 다 읽었다. 학문의 광대함과 그 어려움, 그에 대한 한없는 희망을 느낀다. 나는 멘델[오스트리아의 식물학자. 멘델의 법칙. 1822~1884]의 말을 떠올리고 힘내라고 하고 싶다.

"지켜보라. 이제 나의 시대가 온다."

2월 22일

미타니 선생[미타니 다카마사(三谷隆正). 법철학자·제1고등학교 교수. 1889~1944]의 서거를 알게 된 날. 일본 전체의 슬픔. 큰 별이 지다. 유성을 보는 듯한······

우리는 미타니 선생의 거의 마지막 제자들이었다. 행복한 일이었다. 나와 선생님의 교제는 1학년 때의 법제경제 강의로부터 시작됐다. 나는 시종 가장 앞쪽 책상의 선생님 바로 앞에서 강의를 들었다. 슈바이처와 슈티르너[독일의 철학자, 무정부주의 사상가. 1806~1856]를 알게 된 것도 그때였다. '지식과 신앙' '이와모토 선생에 대하여' 강연, 이와모토 선생 장례식 때 선생님의 조사. 치열한 선생님의 기백을 지금도 깊은 감동과 함께 기억할 수 있다.

17일에는 가와이 에이지로(河合榮治郎) 교수의 서거 소식을 들었다.

위대한 인격은 만들려고 해서 만들어지는 게 아니다. 비행기나 배 등은 만들 수 있다. 존재했던, 존재하는 위대한 인격은 단지 일본뿐만 아니라 전 인류의 보배다. 그리하여 그런 보배를 많이 가진 민족일수록 위대한 민족이라고 할 수밖에 없다. 진정으로 내적인 고뇌를 경험하지 못한 자는 결코 위대한 인격이라고 할 수 없다. 진정으로 내적인 고뇌를 경험하지 못한 민족도 또한 결코 위대한 민족이라고 할 수 없다.

2월 29일

아름다운 눈 온 뒤 갠 날, 바람이 강하게 불었다. 차 공장 지붕에서 진짜 같은 눈보라가 일었다. 3월의 니시호(西穂)의 마른 능선을 떠올리게 했다. 어찌하여 눈과 얼음, 구름과 바람, 이런 것들이 이토록 내 마음을 흔드는 걸까.

3월 1일

3월이 왔다. 또다시 눈 덮인 산을 그리워한다. 오늘은 『페터 카멘친트』를 단숨에 다 읽었다. 특별한 감격을 갖고. 『장 크리스토프』와 닮은 인상, 그러나 그것보다 로맨틱한.

나도 이런 기분으로 자신의 auto-biography를 써보고 싶다. 이제까지의 내 생활도 결코 다채롭지 못했다고 할 수는 없다. 그것은 그러나 꼭 아름답게 빛나는 것만 있었던 건 아니다. 나는 아직 여러 의미에서 생활의 핵심에 다가가지 못하고 있다. 나는 더욱 진실하고 더욱 한결같지 않으면 안 된다. 더 많은 꿈을 가져도 된다⋯⋯⋯

3월 5일

⋯⋯⋯사람들의 사악함과 운명의 잔혹함 사이에 있으면서도 선량하라, 언제까지나 선량하지 않으면 안 된다. 많은 힘든 언쟁 중에도 온화함과 친절을 잃지 않고 그 내심의 보물을 건드리지 않은 채 경험을 앞질러 간다. 가장 격렬한 투쟁 중에도 온화하고, 악인들 사이에 있어도 선량하며, 싸움의 한복판에서도 평정한 상태로 있고 싶은 것이다.

누구의 눈에도 띄지 않고 묻혀 있는, 이토록 큰 생의 힘! 그에 비해 지상을 막고, 타인의 지위를 빼앗아 햇빛을 쬐고 있는 저들 죽은 자들과 같은 악인들! ⋯⋯⋯

진리를 향한 사모(思慕)를 상실한다면 국가의 번영은 없다.

3월 12일

⋯⋯⋯스콧 남극탐험대의 비장한 경위는 전 인류를 감동시켜 혼을 뒤흔들었다. 조르다노 브루노[이탈리아의 철학자. 이단으로 화형당했다. 1548~1600]도 그러했다. 소크라테스도 또한 그러했다.

폴란드는 17세기에 멸망한 나라다. 그러나 1차 대전 뒤 다시 새롭게 부활했다. 그런데 제대로 부활할 틈도 없이 최근 다시 독일에 병탄당하기에 이르렀다. 흥망이 끝이 없는 국가다. 이탈리아도 마찬가지다. 오랜 세월 통일을 하지 못하다가 가리

발디의 탁월한 능력에 의해 비로소 근대 이탈리아가 성립됐다. 그런데 최근에 또 분열 현상을 보이고 있다.* 모두 변환이 끝이 없다.

그러나 폴란드가 낳은, 예컨대 쇼팽이나 퀴리 부인 같은 혁혁한 존재는 전 세계 인류가 영원히 말살할 수 없는 사실이다. 단테도 코페르니쿠스[실제는 폴란드인]도 갈릴레오도 다빈치도 근세 이탈리아가 낳은 인류 공동의 문화재였다. 저지른 죄악은 어떻게 해도 말살할 수 없는 것과 마찬가지로 남긴 공적 또한 어떻게 해도 부정할 수 없다. 민족의 위대성은 실로 이처럼 인류 생활의 근저를 풍부하게 할 기연(起緣)이 될 인재를 낳음으로써 그 가치를 평가받는 것이라고 해도 좋다. 우리는 앞으로의 일본을 지고 가야 할 운명에 처해 있다. 안일을 탐해서는 안 된다. 아무리 아름다운 꽃도, 아무리 맛 좋은 과일도 고난과 인내를 통해 비로소 그 뿌리가 자랄 수 있다. 나는 쓰러져서는 안 된다.

3월 27일

………무엇으로 삶의 보람을 찾아야 할까. 찾을 수 있을까. 조잡한 머리. 잃어버린 청춘. 일각일각의 흐름은 잠시도 쉴 줄 모른다. 우라시마 다로(浦島太郎. 일본 전래의 용궁 설화의 주인공 - 옮긴이)를 알고 있는가. 자, 어떻게 하면 좋은가.

3월 31일

도의심은 어떻게 앙양될 수 있을까. 도리의 감각을 잃으면 절대로 도의심의 발로는 찾아볼 수 없다. 도리의 감각은 즉 진실에 대한 예민한 감각에 토대를 둔다. 진실한 것, 속임수가 아닌 것에 대한 폭넓은 사모와 외경의 마음 없이 도리를 향한 의지는 생겨나지 않는다. 도의심을 입으로 얘기하기는 쉽다. 이것을 큰소리로 외치는 것도 쉽다. 그러나 그 지반 없이 실현을 보려는 것은 나무에서 물고기를 구하는 것보다 더 어렵다.

요즘의 나는 또 '살아 있을' 뿐인 나에 지나지 않는 듯한 생각이 든다. "살아 있을" 뿐인 나는 "죽어 있는" 나와 동일한 가치를 지닌다고까지 얘기할 순 없겠지만 대등한 가치(等値)다. 요즘 곰곰이 무의식, 유의식의 뒤에서 저지른 과거의 수많은 비도덕적 행위에 대해 생각할 수밖에 없었다. 보상해야 할 것도 있다. 보상하지 않으면 안 될 것도 있다. 그것을 생각하면 나는 슬프다. 그렇다고 해서 그것을 생각하지 않을 수 없다.

4월 3일

차가운 비가 내리는 날 정문에 섰다. 나는 나쁜 짓을 했다. 비열한 관료 기질을 보인 것이다.

어떤 소년이 문 옆에 서서 오줌을 누었다. 나는 아이에게 야단쳤다. 콧물을 흘리는 혈색이 좋지 않은 아이를 보니 야단치고 있는 나 자신이 슬퍼졌다. 위압적인 관료 기질을 돌연 드러내는 경우가 내게 종종 있다. 그리고 그와 동시에 다른 내가 그것을 경멸한다. 그러고 나면 자책감이 점점 심해지는 것이다. 나는 이 악습을 고치지 않으면 안 된다………

5월 12일

특별한 감격 속에 『알트 하이델베르크』[독일의 마이어퓌르스터의 희곡. 하이델베르크대학의 학창 생활과 연애를 그렸다]를 다읽었다. 나도 나만의 하이델베르크를 가질 수 있게 된 것은 더할 나위 없는 행복이다.

5월 13일

『젊은 베르테르의 슬픔』을 읽었다. 그의 죽음에 이르는 경위가 내 가슴을 먹먹하게 했다………

요즘 나는 자신을 속이고 있는 게 아닐까. 안이한 타협에 만족하고 있는 것은 아닐까. 선명하고 예리한, 한 점의 더러움도 없는 정의감이 마비돼 있는 게 아닐까. 두려운 일이다. 두려운 일이다.

살려지고 있어서는 안 된다. 살아야 한다. 사육되고 있어서는 안 된다. 모두 기다리는 것이 좋다.

6월 5일

아버지, 어머니께.

오랜 세월 온갖 고난과 싸우며 저를 이렇게까지 길러주신 은혜는 언제까지라도 잊지 않겠습니다. 그럼에도 저는 은혜에 보답한 게 아무것도 없습니다. 수많은 불효를 용서해 주세요. 생각하면 할수록 몹시 부끄러워 견딜 수 없습니다.

남극의 얼음 속이나 히말라야 빙하 속이나, 빙벽 위, 아니면 투르키스탄의 사막 속에 제 생애를 파묻어 넣고 싶었습니다.

유감스럽게도 운명의 신은 제게 행복을 가져다주는 존재가 아니었습니다.

모든 게 비극이었습니다. 그러나 아쿠타가와 류노스케(芥川龍之介)도 말했듯이, 부모와 자식이 됐을 때 이미 인생의 비극이 시작됐다는 얘기는 참으로 적절해 보입니다. 가엾은 아버님 어머님께 은총이 있기를.

1944년 6월 20일 오전 8시
아버지, 어머니, 동생에게.
모지시 다이리 미유키초 다쓰미 여관에서 도쿠로

뭔지도 모르게 돌연, 게다가 모든 게 실로 사소한 운명의 장난으로 이렇게 됐습니다. 하지만 별로 놀라지 않습니다. 가쓰로[동생]를 한 시간이나마 만날 수 있었던 것은 그나마 다행이었습니다. 실제로는 이미 그 전날 없어졌어야 할 상황이었습니다. 그랬다면 아무도 만날 수 없었을 것입니다.

여러 사정으로 열흘 남짓 먼지와 연기에 절은 초라한 모지(門司)의 허름한 여인숙에서 지냈습니다. 신문을 통해 알고 계시겠지만, 특히 인상적인 여러 추억을 남기고 마침내 며칠 안에 출범합니다. 전화라도 알고 있었다면 집과도 통화하고 어쩌면 만날 수도 있었을지 모르겠습니다만[그 시기에 그의 양친은 도쿄에서 야마나시현 쪽으로 소개(疏開)해 있었다], 이것도 운명입니다. 이제부터 가야 할 앞날은 물론 알 수 없습니다. 물론 가장 격전지일 것은 틀림없을 것이라 생각합니다. 편지도 아마

당분간(이라곤 하나 상당히 긴 시간)은 전혀 쓸 수 없을 것으로 봅니다. 우연히 고무라 형도 동행하게 돼 방금 옆 차에 탔습니다. 여러 가지로 우리는 서로 위로하면서 마음이 넉넉해질 수 있겠지요.

가장 반려로 삼고 싶었던 책을 곁에 두고 있지 못한 것은 유감이지만 하는 수 없습니다. 그래도 몇 권인가를 손에 들고 왔습니다.

출발할 때는 뒤에 남은 선배 동료 전우들이 마침내 영문을 나서기 직전까지 이것저것 세심하게 돌봐 주었습니다. 정신적으로는 물론 물질적 경제적으로도 전별(餞別)을 보내주었습니다. 눈물을 금할 수 없었습니다. 그것은 마치 입대할 때 기숙사생들이 보여준 호의와 같은 것이었습니다. 저는 어떻게 그들에게 보답할 수 있을지 안타깝기 그지없습니다. 학교 급우들과는 달리 정말 잠시 동안의 인연으로 모였던 전우들은, 그중에는 주소도 무엇도 모르는 사람이 대부분입니다. 필시 그런 사람들과는 이대로 헤어져 그것으로 끝나버리는 경우가 대부분이 아닐까 생각합니다만, 그런 사람들이 보여준 작지만 아름답고 순수한 호의들은 평생 잊을 수 없겠지요………

쓰지무라 교수[도쿄대 이학부 지리학과 주임교수]와 아베 교장[제1고등학교 교장 아베 요시시게] 두 선생님에게는 따로 편지를 냈습니다. 1학년 때부터 시종 담임이었고 또 산악부장이었던 아라마타 선생님과 제1중의 도야마 선생님에게는 편지를 쓸 여유를 얻지 못했습니다. 기회가 되면 부디 안부 전해주세요. 모리스 씨[전 제일고등학교 강사]와는 어쨌든 또 만날 것이라고 생각합니다만, 만일 저에게 일이 있으면(그 확률은 틀림없이 적지 않겠지만) 이렇게 된 전말과 그 뒤의 제가 어떻게 지낼 수밖에 없었는지 전해주세요.

그것과 함께 모리스 씨에게 보낸 편지(가쓰로가 갖고 있습니다)를 전해 주세요. 만일 모리스 씨가 일본에 오지 않았다면 그의 자택[런던] 주소가 최근의 〈산(山)일기〉 주소란에 적혀 있습니다. 또 모리스 씨한테서 받아둔 것을 어떻게 처치할지에 대해서도 가쓰로에게 지시해 두었습니다.

지금 저는 마음이 반드시 진정될 것 같진 않습니다. 모든 게 납득이 가지 않고 긍정할 수 없기 때문입니다. 적어도 일개의, 그럼에도 하나의 인격을 가진 '인간'이 그 의사도 의지도 행위도 모두 무시당하고 존중받지 못한 채, 어느 일개 사리 분별도 못하는 타인의 대수롭지 않은 뇌세포의 변덕스러운 움직임의 함수가 돼 좌우될 정도로 무의미한 일이 또 있을까요. 저는 어떤 곳에 가더라도 장기의 졸처럼 되고 싶지 않습니다.

어쨌거나 빨리 교실에 돌아가 본래의 사명에 매진하고 싶은 마음 간절합니다. 이렇게 하고 있으면 째깍째깍 박탈돼 가는 청춘이 한없이 애석하다는 생각에 견딜 수 없습니다. 제가 이제부터 하려던 일은 일본인 중에는 물론 하려고 하는 자가 한 명도 없다고 해도 좋을 정도의 일입니다. 게다가 혜택받은 조건이라는 점에서 전 세계적으로도 그렇게 흔하지 않을 것으로 생각합니다. 저는 물론 일본의 국위를 빛낼 목적으로 하는 것은 아닙니다만, 그러나 그 결과로 전쟁에 이겨서 섬을 점령하거나 도시를 점령하는 것보다 얼마나 진짜로 국위를 빛낼 수 있을지 헤아릴 수 없을 만큼 중요한 것이 있다고 믿습니다.

저를 이렇게 나아가게 한 것은 말할 필요도 없이 쓰지무라 선생님이라는 존재가 크게 기여했습니다만, 모리스 씨의 존재도 뺄 수 없습니다. 모리스 씨는 저에게 정말로 인간이라는 것이, 인류라는 것이 무엇을 해야 하는지를 가르쳐 주었습니다. 또 학문이라는 것이 무엇인지를 가르쳐주었다고 생각합니다. 저는 어느 날 밤 티베트의 벽화를 걸어 놓은 한 방에서 티베트의 은수저로 홍차를 휘저으면서 모리스 씨가 제게 말한 "Devote yourself to Science"라는 말을 잊을 수가 없습니다⋯⋯

가쓰로에게는 충분히 공부를 시켜 주세요. 당사자에게 맡겨놔도 괜찮을 겁니다. 책 한 권을 얻는 데도 고민하며 머리를 싸매는 안타까운 꼴을 당하게 하고 싶지 않다는 생각이 간절합니다. 실제로 가쓰로는 생각하면 할수록 가엾습니다⋯⋯공부하기에는 지금 상태가 너무 가혹하고 부자유스럽다는 것 등. 불행하다고 생각합니다. 전날 마지막 면회 왔을 때 장교실에서 장교 입회하에 내가 사무적으로 이런저런 얘기를 했습니다만, 그것을 머리 숙여 또박또박 필기하면서 어쩐지 눈물을 머금은 듯했습니다. 가엾기 그지없었습니다.

현재 이런 상태가 계속될 때 조국의 장래가 몹시 걱정스럽습니다. 아무리 일본이 특수한 나라니까 하고 스스로 믿어도, 역사의 규정성에서 벗어날 수는 없다고 생각합니다. 그것은 마치 내 몸은 특별한 주문품이어서 현대 생리학의 법칙에는 따르지 않는다고 과시하는 것과 같은 우스꽝스러운 것입니다. 지금과 같은 상황이, 물론 전쟁에서는 이긴다고 가정하더라도 먼 장래에 어떤 상황을 낳을지 생각하지 않으면 안 됩니다. 무릇 어떤 사람이 진정한 애국자였는지는 역사가 정해주겠지요. 저의 경우, 예컨대 지금 훈장 등을 받지 못했더라도 역사의 영원성 속에서 만일 애국자의 가치를 부여받는다면 그것으로 정말 만족하겠습니다.

만일 제가 "죽었다"는 통지가 간다면 저의 의지에 반해 적탄에 쓰러진 것은 아니라고 믿어 주세요. 전투가 참혹하기 그지없어 마지막 순간이 오면 저 스스로 목숨을 끊는 것을 긍정하고 제 손으로 그것을 단행할 작정입니다. 하지만 그런 일이 없기를 믿고 싶습니다. 그러나 이 또한 헛된 희망이 아닐까 하는 생각도 듭니다.

벌써 저녁이 됐습니다. 준비를 해야겠습니다. 그럼 몸 성히 잘 다녀오겠습니다. 몸조심 하세요. 이쪽 일은 염려 마시고. 손톱과 두발은 출발 직전 연대에 남겨두고 왔습니다.

가쓰로에게.

이런저런 일은 따로 써 두었다. 오늘 마지막으로 산발로 인솔자와 외출을 했을 때 가까운 헌책방에서 의외의 수확을 얻었다. 즐거이 갖고 간다. 아래에 서명을 기록해 둔다.

1, 괴테, 실러 왕복서간집, 기쿠치 에이이치 역, 사쿠라이서점 5.50엔

1, 문학과 문화, 다카하시 겐지 저, 아유서방 2.80엔

중복 1, 형성적 자각, 기무라 모토모리, 고분도 1.50엔

중복 1, 최신 세계사 연표, 산세이도 1.50엔

지난번에 부탁한 것, 성가시겠지만 착착 정리해 주렴. 기숙
사 쪽에도 대체적인 내용을 알려뒀다.

추신, 여행 제한으로 북27[북 기숙사(北寮) 27호실] 멤버도 고
후(甲府) 서쪽으로는 여행하기 어려워(문부성의 증명이 있으면
다르지만)졌습니다. 그러니 엔잔(塩山)을 중심으로 하는 오쿠지
치부(奥秩父)나 고후에서 '남아(南ア)' 정도가 범위에 들어가는
데, 특히 전자가 가장 많이 이용될 것으로 생각합니다. 혹시 집
에 들른다면 저 대신 좀 돌봐 주세요. 차나 우유 같은 걸 많이
대접해주세요. 아무쪼록 당부 드립니다.

* 3년 전 필자는 일본 북알프스 호타카(穂高)의 암벽에서 조난당한 칼
빌스 군을 밤새워 구조한 적이 있다.

* 보국회·보국단·보국대… 1940년 대일본산업보국회, 대일본상업보
국회, 1941년 대일본언론보국회, 각 학교의 보국단·보국대 결성과
같은 관제 국민운동 조직을 가리킨다.

* 검열… 군기·교육·작전행동 등에 대해 상급 장교가 현장에서 검사
했다. 신병에게는 가장 긴장해야 할 행사였다. 학교의 군사훈련에서
는 사열(査閱)이라고도 했다.

* 결코 아군을 비방하는 문구가 없다… 다카하시 겐지 역 『독일 전몰
학생의 수기』에 나오는 휴고 밀러의 편지에, "프랑스 병사의 우편엽
서를 동봉해서 보냅니다.……이 엽서는 전사한 프랑스병의 품에 있
던 수첩에서 나온 것입니다………의외로 생각한 것은, 독일과 독일
부대에 대한 악의 있는 또는 모멸적인 말을 전혀 찾아볼 수 없다는
점입니다"라는 내용이 있다. (일본인이) 프랑스병을 적, 독일과 독일
병을 아군으로 읽은 것은 제2차 세계대전에서 독일이 일본의 동맹국
이라는 의식이 작용했기 때문일까.

* 또 분열하고 있는 현상이다… 1942년 7월 무솔리니가 실각하고 파

시즘 체제가 붕괴한 뒤, 1945년 봄까지의 기간에 남부의 연합군 점령 지역에 수립된 바돌리오 정권과 북부의 독일군 점령 지역에 수립된 새 파시스트 정권이 대치했다.

니시무라 겐지西村健二

1922년 3월 25일생. 기후현 출신.

타이페이고등학교를 거쳐, 1942년 4월 교토제국대학 법학부에 입학.

1943년 12월 1일 입대, 1944년 5월 남방으로 출정.

1944년 7월 10일, 사이판 섬에서 전사. 22세.

[형에게 보낸 편지 1]

1월 20일자 편지, 그저께 밤에 받았습니다만, 처음부터 끝까지 읽은 것은 오늘 밤인 지금입니다. 교토의 형님의 생활을 읽고 마음이 편해졌습니다. 지난 이삼일은 정말 추워졌습니다. 스즈키 씨를 만났다니 다행이네요. 주소를 다음 면회 때 알려주세요. 야나기다 선생님 동생분은 정말이지 너무도 안타깝습니다. 어머니가 부친 화장지가 왔습니다. 무사히 도착한 것도 역시 부모님의 애정 덕이겠지요. 형님이 23일에 오시는 게 아닌가 걱정됩니다. 30일 면회소에서 뵙지요. 아버지 어머니에게도 요즘 별로 편지를 하지 않았는데, 형님이 항공편으로 소포가 도착했다는 얘길 전해주세요. 교토에 뭔가 도착했는지. 기다리고 있겠습니다. 세계적 비극 속에서 역시 미(美)에 대한 동경을 버리지 못한 내 영혼을 즐기고 있습니다. 자신을 죽이는 것은 끝까지 자신을 밀고 나가는 것이겠지요. 담뱃불로 손가락을 데우는 걸 고타쓰에 손을 넣는 것 같은 기분으로 하고 있는 내 건강을 빌어주세요. 형수님도 부모님과 함께 이곳으로 소식 전해 주세요. [1944년] 1월 27일

[형에게 보낸 편지 2]

학도출진이라는 말 속에는 단지 학생이 학문을 버리고 총을 들었다는 것이 아니라, 총, 칼을 학생이 든다는 것에 의미가 있어야 한다고 생각하는데, 사실은 학생이 학생이 아니게 돼버렸습니다. 학문을 하는 것조차 잊어버렸습니다. 내게는 내가 가야 할 길이 있습니다. 내 영혼 속에는 소심하지만 성실하고 선량한 아버지의 혼과, 대담하고 몰아적인 마음으로 나를 사랑해 주신 어머니의 혼이 깃들어 있습니다. 내 행위는 두 가지 애정에 의해 조율되고 있습니다. 대세의 인간들 속에서 움직이는 나는 단순한 일개의 나가 아니라 이런 것을 포함한 나라는 생각이 절실하게 듭니다. 그 뒤의 형님 독서 이야기도 들려주세요. 오늘은 4일이네요. 다음 일요일은 9일입니다. 그럼 9일에. 건강하게 지내세요. 그때까지. 형수님의 엽서 감사합니다. [4월 4일]

[형에게 보낸 편지 3]

당분간 이별입니다.

두 분 모두 몸조심 하시고, 태어난 아기 잘 돌보시고, 작은 병이라도 절대 걸리지 않도록 주의해 주세요. 나도 건강히.

벚꽃은 광영을 축복하듯 그 아름다움을 서로 다투고 있습니
다. 이윽고 떨어져 흩어질 서글픔을 간직한 채. 그럼 편지 기다
리겠습니다.

겐지로부터

[4월 14일 또는 15일]

야마네 아키라山根明

1924년 11월 21일생. 오사카 출신.

제3고등학교를 거쳐, 1944년 10월 도쿄제국대학 문학부 사회학과 입학.

1944년 12월 7일 입대.

1945년 7월 8일, 중국 후난성 창사의 육군병원에서 병사. 육군 상사. 20세.

[오사카 조병창 출동일기에서]

1944년 8월 26일

인간은 약한 존재여서 건강할 때는 국가의식으로 활기차게 일하지만, 일단 자기 몸이 소모되면 다른 모든 것을 내버리고 몸의 편안을 생각하고 싶어진다. 휴일을 손꼽아 기다리게 된다. 그러나 한 걸음 더 나아가 이 커다란 세상의 흐름에서 발을 빼려고 하진 않는다. 그럴 만한 용기조차 없을지도 모른다. 그리하여 그는 일개 기계가 된다.

[도쿄 유학 비망록에서]

1944년 10월 20일 흐리다 때때로 맑음 따뜻함

오후 1시부터 히비야 공회당에서 열리는 국민대회에 고이소(小磯) 총리의 말을 들으려고 점심식사도 거르고 갔더니 이미 공회당이 넘치도록 군중이 줄을 서 있어 마이크로 들어야 하는데, 얼굴을 볼 수 없으면 들을 필요 없다 싶어서 돌아와 나카지마 선생님의 프랑스어 강의에 출석. 3시 전에 종료. 우에노에 가서 과학박물관을 둘러봤다. 일반의 과학에 관한 관심을 높이는 데 좋은 institution이다. 5시에 기숙사로 돌아와 콩과 물로 요기.

히비야의 국민대회에서

히비야에는 아침부터 모인 사람도 있다. 바쁜 세상에도 짬은 있다.

12월 5일 흐림 오후 회복됐지만 바람 강한 저녁. 밤은 평온. 이미 가을이 한창임을 느낀다. 네즈(根津)미술관 및 다카키 선생님을 방문, 오후에 히지카타 씨, 지에 씨, 오가타 씨 등을 찾아가려던 계획도 10시 사이렌 한 번 울리니 날아가버려 모처럼의 기대가 와장창. 경계경보 후 약 15분 만에 공습경보, 전형적인 경보. 정보에 따르면 적기는 한 대. 12시 전에 해제. 사람 소란하게 만든 한 대. 전과(戰果)에 취한 제국 수도의 민심을 단단히 죄는 수많은 훈계보다 나은 경보. 그렇지만 신경질적인 도쿄 도민 때문에 이후 밤잠 설치게 하는 일 늘어날 것. 단지 적의 의도와 관련된 소극적인 신경전을 노리는 것도 아닌 듯, 조만간 대대적인 공습을 감행해 올 것은 정해진 이치. 대비하면 된다고 하나 대비는 어떻게 해야 할지. 민방공 효과는 어느 정도일까. 쓸데없이 민심을 초조하게 만드는 것으로 끝나진 않을 듯. 대공습 체험에 따라 적당한 지도를 요청함. 각 반을 차는 것만으로 방공 설비가 될 수 있다는 생각은 우스꽝스럽지만, 민심을 안정시키는 주술적 효과는 충분할 듯. 일단 배낭을 비상용 가방으로 삼고 속옷 상하, 두꺼운 셔츠, 바지 안에 입는 속옷, 조끼, 털양말, 짚신, 수건, 끈, 약상자, 통장을 넣는다. 중요한 Essen[음식물] 조금도 없으니 어쩔 수 없다곤 하나 불안하기 짝이 없음.

오후 2시 반, 경계경보도 해제. 4시 지에 씨가 오다. 인절미와 튀김 지참, 고맙다. 오랜만에 맛난 것, 글자 그대로 나를 울렸다!

에드몽 로스탕의 『시라노 드 베르주라크』를 읽었다. 그저께 본 프랑스어 연극 번역본. 당시를 떠올리게 하는 계절도 같은 무렵. 마지막 장면, 수도원의 밤에 떨어지는 플라타너스를 히가시 이치조(東一条)의 전찻길에서 주워 뿌리고 또 신덕관(新德館) 2층에서 뿌렸다. 환등의 노랗고 푸른색으로 물든, 실로 슬픈 '시라노'의 최후에 어울리는 한 장면. 그 전의 게르마니아[독일]의 실러[독일의 극작가, 시인. 1759~1805], 『빌헬름 텔』의 호방함에 비해 실로 섬세한 프랑스어 □□□□□□□[7글자 해독 불능] 애트모스피어[분위기]. 지금 느티나무 잎 떨어지는 무사시노의 일각에서 당시를 회상하며 시라노, 크리스티앙, 록산의 이야기를 읽는다. 그것도 경보 직후에.

쓰루미 유스케(鶴見祐輔)의 『미국 국민성과 일미 관계의 장래』를 읽었다. 대단한 혜안으로, 일찍이 1922년 일미 관계의 앞날이 불안해질 것이라고 경고. 재미있는 책. 지금의 일본인으로서 미국을 이해할 수 있는 자 얼마나 될까. 아니 이해하려는 뜻을 가진 자가 몇이나 될까. 학도는 어떤가? 적을 알고 나를 알면 이길 수 있다. 오호라—

11월 8일 흐림 오후 약간의 비, 밤이 되자 비 본격적으로 내림. 밤에 바람 불고 이후 맑음. 아침, 뼛속까지 스며드는 추위. 나가기 싫은 날씨. 신문을 보니 가미카제 특별공격대와 필리핀 앞바다 해전 영화, 히비야에서 공개한다고. 이케가미한테는 실례하고 슬쩍 보러 감. 반시간 전에 입장. 구불구불 장사진. 공회당 내부는 불결. 후쿠짱[당시 유행하던 만화] 잠수함 만화가 있음. 어떻게 보든 시시하다. 이어서 뉴스 2개, 나를 울린다!
아오키당 뒤의 식당에서 '조스이(잡탕죽)'로 음식과 함께 온기를 취함. 이 점에서 '조스이'는 밥보다 낫다. 3시 반에 기숙사로 돌아옴. 이미 Vater[아버지] 와서 다시 메이케이(茗溪)회관에 가신 뒤 4시 30분께 기숙사에서 만나 저녁식사를 함께하고 9시쯤 고후에.
Soldaten(군부대)의 통지서 오다.

응소(應召)를 앞두고 마음의 벗에게
1942년 4월의 일본, 그것은 충만한 새 일본의 아침이라기보다 오전 10시 무렵과 같은 느낌을 지니고 있었다고 생각합니다. 어두운 밤부터 이날 아침까지 나도 일본의 일원으로 살아왔습니다만, 일개인의 마음과 국가의 마음은 반드시 일치하는 것은 아닙니다. 다만 깊이 서로 연관돼 있다는 것은 굳이 말씀드릴 것도 없겠지만, 이날 아침이야말로 나와 일본이 딱 부합한다는 걸 느꼈습니다. 양양한 전도를 가슴에 품고 언덕에 올라간 소년의 모습, 그것은 당시의 일본 모습과 같은 것이었겠지요. 국가와 개인 사이에 학교라는 개념을 넣으면 이것 또한 이 역사적 현실의 흐름을 따라가고 있다고 말씀드릴 수 있겠지요.

제3고등학교 학생으로서의 내 생활은 이렇게 밝고 화려하게 펼쳐졌습니다. 낡은 소년 시대의 질서를 파괴하는 것, 그것이 제1의 과제였습니다. 기념제, 1고전(一高戰) 모두 내게 이런 의미가 있었습니다. 부(部)생활, 그것도 그 중요한 계기였습니다. 낡은 자기 파괴, 거기에 이 에포크(시대)의 주류가 있었다고 할 수 있습니다. 나는 나의 모든 영혼을 바쳐 이 파괴에 뛰어들었습니다. 그러나 파괴적 성격만으로는 만족할 수 없었습니다. 내 마음 밑바닥에는 역시 이 광란적 파괴로도 다 파괴할 수 없는 것이 있었던 것입니다. 그것은 학문적 양심이라고 해야 할까요, 학자적 성격이라고 해야 할까요. 역시 이 기초 위에 서지 않는 한 말할 수 없는 불안이 있었습니다. 기념제, 일고전, 부생활, 그것은 모두 전령적(全靈的) 현상이었습니다. 그것을 맛본 것을 후회하지 않았습니다. 오히려 그것은 전령적 활동에서 하나의 에덴동산입니다. 영원한 동경의 빌트[bild, 상(像)]로서 다시 현실로 돌아갈 수 없는 곳이 됐습니다. 이런 디오니소스적 생활을 통해 지금 내 그룬트(grund, 기초)로 생각하고 있는 곳이 보였습니다. 따라서 지금이라면 이 기초를 흔들 정도의 것이어야 합니다. 그렇지만 당시의 1고전이든 무엇이든 내가 그것을 잘 찾아내지 못했다는 게 결국 부(部)를 떠나게 된 첫 번째 원인이었습니다. 부를 떠난 책임은 첫째로 나 자신에게 있습니다. 아직 깊어지지 않았던 만큼 충분히 이런 기초도 흔들 수 있는 것이었으리라 생각합니다. 하지만 첫째로 국가와 학교가 분리됐습니다. 뒤이어 문정(文政) 당국, 그리고 학교 당국이 학교를 그쪽 편으로 만들었을 때 생도와 학교가 분리됐습니다. 학교는 흔들린 끝에 이룬 외면적 결합이었으므로 반드시 생도만이 낡은 생각이었다고 할 수는 없을 것 같습니다. 그런데 나는 생도 일반에 대해 앞서 말한 바와 같이 하나의 갭을 느끼고, 다시 학교에 대해 큰 갭을 모두와 함께 느꼈습니다.

앞의 갭으로 나는 고립의 태도를 취하고, 뒤의 갭으로 수용의 태도를 취하지 않을 수 없었습니다. 게다가 이 둘은 내게서 분리돼 있었습니다. 내가 제3고에 대해 미안하다고 생각한 것은 이 점입니다. 이것은 어떻게 해서든 묶어야 합니다. 나와 국가의 결합, 그것은 앞서 얘기한 기초로부터의 결합이어야 합니다. 나의 전령적 활동—학교—국가의 아름다운 하모니 시대는 지났습니다. 나는 3고생입니다. 내 기초에 철저할 것, 그것과 미래의 학교와의 결합은 기대할 만합니다. 하지만 현실의 학교는 내게 수단에 지나지 않았습니다. 학교는 생도에게 미래를 위한 수단적 성격과 함께 현실의 목적이기도 하므로 나는 이런 생활을 더없이 슬프게 생각합니다. 개인과 국가의 결합에 대해서는 형도 함께 고민했을 것이니 생략하겠습니다.

이렇게 얘기하긴 했지만, 내 생활이 정말로 기초 위에 탄탄하게 서 있었는지 그렇지 않았는지는 문제가 되겠지요. 다만 그것을 기약하고 생활했다는 것은 분명히 얘기할 수 있습니다. 이런 나의 생활과 학교와 국가 3자의 분리, 이것이 그 시기의 고민이었습니다.

전쟁은 점차 중대한 국면에 접어들고 있습니다. 나의 기초와 국가의 결합은 약화되고 있는 듯합니다. 또 근로 즉 학문이라든가 학도병이라든가 하는 이데(idee, 관념, 이념)로 서로 연계되고 있었다고도 할 수 있습니다. 어쨌든 1944년 5월에 내려진 동원(당연히 44년 1월, 3월—이에는 참가하지 않았습니다만—의 아르바이트[노동]도 그렇습니다만)은 나의 생활—학교—국가의 하모니를 다시 회복한 것이었습니다. 나는 용약(勇躍), 정말기쁘고 신바람이 나서 따랐습니다. 이는 약 1개월간 이어졌습니다. 그러나 몸이 녹초가 된 것과 생활의 타성은 결국 현실의 중압에 비명을 지르지 않을 수 없었습니다. 근로 즉 학문이라는 억지 주장을 관철하려는 이데올로기의 취약성을 이용해 후자로 도피했습니다. 현실이 강하게 전자를 요구할수록 나의 후자에 대한 의욕도 강해져 갔습니다. 그야말로 몸은 나날이 피로를 더해갔습니다만, 정신적으로는 긴장에 긴장이 이어지는 나날이었습니다.

그런데 9월 동원 해제와 함께 반용 반작용의 정률(定律)대로 내 정신도 녹초가 됐습니다. 거기에는 단지 가시나무에 연결되는 공포와 희망만이 남았습니다. 가로되 입대, 가로되 입학. 나는 현실과 유리돼 미래의 꿈으로 살아가는 인간이 됐습니다. 입학은 실현됐습니다. 하지만 나를 기초까지 되돌려줄 강력한 학문적 정신은 나를 환영해주지 않았습니다. 이제야 꿈과 같은 도쿄 생활이 차츰 안정되어 가면서 이 생활에 대한 반성이 일어나고 있습니다. 다시 현실로 돌아가야 할 의욕이 깨어났습니다. 경사스러운 위기입니다.

(1944년 10월 도쿄 고이시카와小石川 가고마치駕籠町의 객사에서)

미야자키 다쓰오 宮崎龍夫

1919년 7월 1일생. 도쿄 출신.

제1고등학교를 거쳐, 1943년 도쿄제국대학 이학부 인류학과 입학.

1944년 6월 입대.

1945년 7월 20일, 필리핀 마닐라 동쪽에서 병사. 26세.

부모님께 바칩니다.

멀리 돌아보면 기억할 수 없는 먼 옛날부터 저를 오늘까지 길러주신 아버지, 어머니. 제 가슴에 지금 되살아나는 것은 따뜻한 부모님의 자애로움이고, 머나먼 옛날의 추억까지도 생생하게 제 마음에 와 닿습니다.

제 가슴을 죄는 것은 셀 수 없이 많았던, 배려 없는 부주의한 제 언동입니다.

저는 몇 번이나 효도를 다하고 착한 아들이 되겠다고 마음으로 맹세하고 남모르게 불효자의 눈물을 흘렸던가요. 그래도 저는 제멋대로여서 얼마나 아버지 어머니께 고통을 안겨드렸는지, 두 분을 슬픔 속에 빠뜨렸는지, 지금 그것을 생각할 때 엎드려 사죄하고 싶습니다. 그럼에도 두 분은 이해심을 갖고, 그리고 정말 강하게 저를 키워주셨습니다.

올바른 것이 강하다는 것에 대한 신념, 성실한 것이 아름답다는 것에 대한 깨달음을 저에게 안겨주신 것은 아버지 어머니 두 분밖에 없습니다.

저는 구김살 없이 제 사상과 신념을 키울 수 있었습니다. 오늘 제가 진실한 벗이라고 할 수 있는 사람을 찾아내고 젊은 사람들이 따르는 청정한 기쁨에 잠길 수 있는 것도 아버지 어머니 두 분 슬하에서 자랐기 때문이라고 믿습니다. 제가 사람들이 돌아보지도 않는 인류학과 회교 연구를 선택했을 때 누구보다도 더 따뜻한 이해와 동정으로 저를 격려해 주신 것도 두 분이었습니다.

그리고 저는 사소한 일, 조그마한 진보의 은밀한 즐거움, 기쁨을 부모님과 나눠가질 수 있다는, 아마도 지상에서는 용이하게 찾아내기 어려운 정복(淨福)을 누릴 수 있었습니다.

아버지 어머니의 신뢰와 이해로 저는 오늘 일생의 반려를 정했습니다. 그리고 이것은 또한 거짓이 아닌 불효자의 작은 선물입니다.

아버지 어머니, 건강하시고 저의 효행을 받아주세요.
1944년 6월 2일

한없는 감사를 담아 바칩니다.

다쓰오

도모코(价子)에게 부칩니다

나는 처음으로 당신의 친구라는 사람을 봤습니다. 그리고 남자도 여자도 진실한 벗이라는 게 얼마나 아름다운가 하는 것을 다시금 강하게 느꼈습니다.

나와 결합함으로써 그대들 간의 우정이 더욱 강하고 건강하게 커가기를 바라마지 않습니다.

우리의 결혼이 모든 것을 진실한 방향으로 진전시키지 못한다면 우리의 기쁨에는 그림자가 드리울 게 틀림없습니다.

나는 늘 빛을 추구합니다.

당신도 늘 밝음을 추구해 주세요.

당신 자신이 건강하게 커가는 것이야말로 당신 친구의 기쁨이라는 것을 자신하면서 밝고 풍성하게 그대 자신을 쌓아 올려가는 것이 그대의 진짜 길이라는 점을 잊지 말고 나아가 주십시오.

당신은 친구를 소중히 여겨야 합니다.

[1944년] 6월 12일

다쓰오

[필리핀에서 연락하기 위해 귀환하는 모 장교에게 부탁한 노트에서]

도모코에게

어느 날엔가 이 노트가 당신의 손 위에서 펼쳐질까요. 뜻밖이지만 나는 이것을 계속 써나가려 합니다.

1944년 9월 3일

9월 3일 오후

어젯밤, 달빛을 받으며 조용히 잠들려 하는 도쿄를 떠났다.

여러 가지 감개가 가슴에 차올랐다. 하지만 모든 것이 결정된 이상 용감히 임지로 달려가는 일이 남았을 뿐. 내 마음은 고요했다. 열차는 굉음을 울리며 계속 달려가고, 창밖은 둥근 달빛의 세계였다. 후지사와시[가와가나현]를 통과했을 때 아닌 게 아니라 마음은 요동쳤다. 그리고 눈을 감고 그대의 건재와 부모님의 건재를 비는 뜨거운 기도를 계속하는 수밖에 달리 방법이 없었다………

9월 12일 아침

그저께, 어제 비바람 몰아치는 거친 날씨를 정박해서 보낸 뒤 오늘 아침 배는 아름다운 조선 근해의 섬들 사이를 조용히 나아가고 있다.

그대가 손꼽아 기다린 12일의 아침을, 기이한 운명의 손가락에 농락당해, 나는 남해를 향해 가면서 처음으로 보는 섬의 편안하고 한가로운 모습에 다소 위로를 받으며, 고통스러운 선상에서 맞이한다.

어제 밤도 그저께 밤도, 그리고 잠깐 졸고 있는 사이에도 나는 어머니와 당신의 꿈을 꾸었다. 잠에서 깨어 선상에 있는 자신을 발견했을 때 말할 수 없는 생각이 복받쳐 올라왔다.

지난 사흘 정도 심한 설사를 하고 열이 났으나 다행히 쾌유. 오직 바라는 것은 부모님과 후지사와 사람들의 건재와 내가 무사히 임지에 도착하는 것이다.

눈앞의 섬을 바라보는 내 흉중을 오가는 것은 혼의 고향, 호수의 가을 경치이다. 조용히 현상을 직관하면서 생각은 고향으로 날아가 남쪽 하늘을 떠돈다. 오늘 그대의 흉중을 생각하고 마음속으로 몰래 소리 내어 울면서 그대가 건재하기를 뜨겁게 기도한다. 오늘 그대의 손으로 적은 일기의 글까지 상상할 수 있을 듯한 기분이 든다.

9월 20일

나는 가오슝[대만 남부의 항만도시]까지 왔다. 아름다운 일본어를 못 들은 지 오래고, 내가 지금까지 전혀 상상도 하지 못했던 세계에 들어와 치열한 Living struggle 속에서 살아가는 사람이 돼가는 것을 느낀다. Humanist 여행자로서 조금이라도 인간성의 보존에 노력하면서 많은 사람들의 마음이 거칠어져 가는 것을 지그시 입 다물고 지켜보면서 날을 보낸다.

이제부터 드디어 위험한 해역으로 배는 나아간다. 살아남는 것, 무운장구(武運長久)할 것을 바라며 또 가향(家鄕)의 건재를 빌지 않을 수 없다.

Delicacy 없는 생활, 빛 없는 생활에 모두가 쇠약해지고 있다. 거칠고 피폐해진 마음은 이 쇠약의 반면(半面)이라는 것을 생각할 때, 눈물을 흘리지 않을 수 없는 기분마저 든다.

순국(殉國)의 마음은 정해져 있다.

그저 기도한다. 임지에 안착해 충분한 봉공을 할 수 있기를. 선단이 무사하기를.

9월 25일

새 선단을 짜는 일과 나쁜 날씨, 그리고 매우 좋지 않은 상황

탓에 배는 아직 가오슝을 떠나지 못했다. 상상을 초월하는 선상 생활도 3주나 됐다.

발푸르기스의 밤[5월제 전야에 열린 마녀들의 광란의 연회. 괴테 『파우스트』의 묘사로 유명]을 생생하게 떠올리면서 선창 안에서 잠들 수 없는 밤을 몇 날이나 보냈던가. 삭막한, 불안과 더러운 냄새 속의 생활, 말 몇 마리가 이미 폐사했고, 인간도 병으로 쓰러져 간다.

나의 삶을 지키면서 또한 Schönheit[미]와 Wahrheit[진리]를 탐구하려는 노력은 실로 비창(悲愴)한 것이고 진짜 전쟁이다.

유령이 헤매는 듯 비틀거리며 걷는 병사가 있고 노호하고 포효하는 병사가 있다.

품성과 정서를 잃어버릴 수 있는 최악의 상황 속에서 여행자는 애정을 구하고 고향의 산하, 부모, 아내의 얼굴을 사무치게 떠올린다.

건재를 희구한다.

마스모토 고켄松本光憲

1920년 3월 19일생. 오카야마현 출신.

조치(上智)대학 예과를 거쳐, 1940년 문학부 독문과 진학.

1944년 5월 입대.

1945년 5월 15일, 오키나와에서 전사. 육군 상등병. 25세.

1944년 6월 5일

………

나는 요즘 저녁 같은 때에 손을 모아 하늘을 향해 기도한다. 혼자서는 살아갈 수 없다는 생각이 든다.

하루하루 진보의 삶이 되기를. 진보? 천국에 있는 사람을 향한 한 걸음이고 진보여야 한다. 바이블을 읽고 싶다. 사람들한테서 사랑받기 위해서는 사랑을 먼저 바쳐야만 한다. 종교—아편일까. 교회—거기에 종교가 있을까? 행복은 멀리 있기에 빛을 지니고 있다. 달빛, 눈, 맑은 별빛, 천국은 이런 광경으로 가득 차 있을까. 천국은 정말 그렇게 고요하고 안락한 것일까. 그러나 우리의 세계는 이른바 온 힘을 다한 끝의 환희가 되지 않으면 안 될 것이다………

6월 7일

……책이 없는 우리로서는 마음속에 더욱더 로고스를 간직하고 있어야만 한다. 사랑하는 것, 그것은 얼마나 멋지고 행복한 세계인가. 좁은 문으로 들어가는 것은 달콤한 죽음이 아니다.

소중한 생명의 불길로 운명의 문을 연다. 이것은 K선생님이 써 주신 말이다………

6월 29일

………

나는 살아가련다 걸어가는 거다
도착할 숲 그늘이 점점 분명하게
내 눈과 마음에 들어온다 그것은 '죽음'인 듯
하지만 그 숲 그늘은 밝고 또 조용하고
그리고 건강해야 한다.

오키나와를 향하던 도중, 누이에게 보내는 노래
　우리 누이는 어머니도 없는데 시집가는 오늘 누가 허리
띠를 매주고 단장을 해줄까

쓰카모토 다로塚本太郎

1923년 10월 4일생. 도쿄 출신.

1943년 3월 게이오의숙대학 입학.

1943년 12월 10일, 요코스카의 다케야마 해병단에 입단.

1945년 1월 21일, 캐롤라인 제도 야프섬 동북방 우루시만(灣)에서
인간어뢰가 돼 전사. 해군 대위. 21세.

순진했던 옛 꿈이여 푸른 잎 그늘 미소 그리며 노는 사람

빨간 열매 참새가 쪼아 먹는 막다른 골목에 내 제사를 차
려주려나 박복한 큰어머니

이코마 다카시生駒隆

1920년 12월 14일생. 기후현 출신.

1941년 3월, 기후현사범학교 본과 제1부 졸업.

1942년 1월 10일 입대.

1944년 7월 15일, 대만 화롄(花蓮)항 북 비행장에서 훈련 중 전사.

23세.

고향집 뒷문에 향기로운 들가시나무 흰 꽃 지금도 피어
있겠지

후카자와 쓰네오 深沢恒雄

1918년 9월 28일생. 도쿄 출신.

우라와고등학교를 거쳐, 1939년 도쿄제국대학 이학부 지질학과 입학, 1941년 12월 졸업.

1942년 1월 요코스카의 다케야마 해병단에 입단.

1944년 7월 7일, 필리핀 마닐라에서 보르네오 섬으로 향하던 도중 전사. 해군 대위. 25세.

드넓고 눈부시게 아름다운 바다를 야자열매 둥둥 떠서 멀리도 온 것 같다

나는 혹시나 하고 살아 있었다 필적(筆跡)에 넘치는 사람 마음 읽으며

지금 헛되이 잠들지 못하고 생각에 잠기니 담배에 혀가 깔깔할 뿐

이와가야 지로쿠岩ヶ谷治緑

1923년 6월 10일생. 시즈오카현 출신.

1941년 4월 시즈오카 제1사범학교에 입학, 1943년 9월 졸업.

1944년 3월 10일 입대.

1944년 12월 23일, 필리핀 루손섬 앞바다에서 침몰 전사. 육군 병장. 21세.

1943년 11월 6일

3월 10일에 입대한다. 그것도 매일매일 다가온다. 오늘은 부겐빌 섬[남태평양 솔로몬제도의 최북단에 있는 섬] 부근의 전투가 신문에 보도됐다. 대형 수송선 대파라거나, 순양함 굉침(轟沈) [적탄에 맞아 함선이 순식간에 침몰하는 것] 따위. 왜 저 대양에 삼켜져 죽어가야만 하는가. 일본인의 죽음은 일본인만 슬퍼한다. 외국인의 죽음은 외국인만 슬퍼한다. 어째서 이렇게 돼야만 할까. 왜 인간이 인간으로 함께 슬퍼하고 기뻐하지 못하는 걸까. 평화를 사랑하는 사람. ……나처럼 겁 많은 자에게는 이런 말이 너무나 뼈아프게 다가온다.

외국인이기 때문에 그들의 죽음을 일본인은 웃으며 바라본다. 이것은 생각해봐도 알 수 없는 일이다. 일본인은 "일본 국민인 나는 살아가는 보람이 있다"며 긍지를 느낀다. 그들 인생의 긍지는?

바다 속에서 3일, 4일 헤엄치다 기진해서 죽는 사람의 애처로움……

게다가 아무 생각도 하지 못한 채 오로지 초조와 초조 속에 심장이 멎어버릴 것 같은 상태가 되어서—

죽음은 누구에게나 오는 것이다. 마치 지금까지 있었던 것이 무의식적으로 이 세상 속으로 나온 것 같은 죽음이. 내가 바다에서 죽음을 맞는다면 그 죽음은 내게 무의식적인 것일까.

1944년 3월 어느 날

3년생 아이들이 〈다지마모리(田道間守)〉[일본에 귤을 전해준 전설상의 인물]의 노래를 불러주었다. 나는 왠지 기뻤다. 그것은 하나의 슬픔을 안겨주는 것일지도 모르겠다. 하지만 나는 기뻤다.

사랑스러운 아이들이 내게 〈다지마모리〉를 불러주었다.

나는 그것을 언제까지고 기억하게 될 것이다. 그래서 교사였던 때의 추억을 심화시켜 갈 것이다…… 그렇게 생각한다.

3월 어느 날

송별회를 청년단원이 열어주었다. 나는 매우 기뻤다. 그저 소란 속에 두세 시간을 보낸 행복은 실로 좋은 것이라 생각했다.

나는 전쟁을 없애기 위해 전장으로 간다. 그 말을 이해해 주는 이는 없을지도 모르겠다. 다만 나는 사람의 생명을 빼앗으려는 맹수적인 투쟁심은 지금 갖고 있지 않다. 그래서 이 가련한, 마치 소용돌이 속으로 빨려드는 듯한 생각으로, 나는 전장에 가는 것이다.

야마나카 다다노부山中忠伸

1922년 3월 5일생. 나라현 출신.

제5고등학교를 거쳐, 1942년 4월, 도쿄제국대학 문학부 윤리학과 입학.

1943년 12월 10일, 구레의 오다케(大竹) 해병단에 입단, 나중에 요코스카의 다케야마 해병단으로 옮김.

1944년 8월 15일, 요코스카 해군통신학교 후지사와 분교에서 훈련 중에 쓰러져, 요코하마 해군병원에서 병사. 해군 소위. 22세.

1944년 6월 22일[다케야마 해병단에서]

이곳으로 나와서 약 4개월의 술과(術科) 교육 과정, 임관, 제1선, 생과 사, 각오는 돼 있다. 그러나 '죽음'은 생각하고 싶지 않다. 와야 할 때는 어김없이 올 것이다. 운명이 정해진 대로 사지에 왔을 뿐. 유언이나 이러쿵저러쿵 허풍스러운 짓은 하고 싶지 않다. Tagebuch[일기]가 유일한 유산이다. 그때까지, 허용될 때까지 이 Tagebuch를 부디 소중하게 지켜 가면서 내 생의 충실을 바랄 뿐이다. 진지한 생활의 기록, 그게 있으면 충분하지 않은가. 서두를 필요는 없다. 태연하게 때가 오기를 기다려야 한다. 고독으로 강하게 치우치고, 개인적이 되려는 기분이 강할 때도 Begriff der Angst[덴마크의 실존주의 철학자 키르케고르의 책 『불안의 개념』]를 읽고 있다. Tagebuch에 상하는 없다. 우열은 없다. 다만 거기에는 전면적인 자기가 있을 뿐이다. 오직 나만을 거기에 표현해 가면 좋은 것이다.

1944년 8월 1일[후지사와 전측학교에서]

어쩐지 생각할 여유가 생겼다. 하루의 일과를 완전히 행정적으로 끝내고 나서 그 뒤는 뭔가 자신을 응시하고 있는 요즘의 나다. 내 일에서 한 걸음도 벗어나지 않는다. 묵묵히 자신을 지키고 있다. egoistisch[이기적]일지도 모르지만, 이렇게 할 수밖에 없다………

별의 세계에서 망원경으로 (지구를) 본다면 걸작 연극이 전개되고 있을 것이다. 이 역사를 만드는 대연극의 1000분의 1 역할보다는 큰 Rolle[역할]이 내게도 있을 것이다.

방관할 수 있는 인간이 아니라 그 속에 있는 인간이다. 어떻게 된 것인가. 운명의 수레바퀴는 돌아가기 시작해서 멈출 곳을 모른다. 올해 중에는 산이 보일 것이라고 한다. 어떤 산일까. 어쨌든 단련할 수 있다. 그것도 하나의 형식에 따라. 그 속에서 자신은 점점 가라앉아 사라진다.

어쩐지 한심하다는 생각이 든다. 커다란, 헤아릴 길 없는 역사의 움직임 속에서 나라는 존재가 가라앉아 사라져가는 듯하다.

하세가와 신長谷川信

1922년 4월 12일생. 후쿠시마현 출신.

1942년 메이지학원 고등부에 입학.

1943년 12월 입대. 육군 특별 조종 견습사관.

1945년 4월 12일, 다케아키(武揚)특별공격대원으로 오키나와에서
전사. 육군 소위. 23세.

1944년 4월 20일(육군비행학교에서)

급히 료센[문예·사상평론가 쓰나시마 료센(綱島梁川). 1873~
1907]을 읽고 싶어졌다.

미타(弥陀)의 불가사의한 서원(誓願)에 도움을 받아 왕생을
이루려 염불을 외겠다고 마음먹었다.

　　단순한 것, 은 아름답다

　　소박한 것, 은 아름답다

　　순진한 것, 은 아름답다

　　태평스러운 것, 은 아름답다

편상화(編上靴)[육군의 짜서 엮은 군화] 배급을 받을 때, 내 밥
을 받을 때, 배가 고파 밥을 앞에 했을 때, 인간의 모습이나 표
정은 일변한다. 내일부터 식당에 가서 식탁에 앉을 때, 염불을
하려 한다. 저런 불쾌한 눈초리를 하고 있었다고 생각하니 오

싹해진다. 눈을 감고 염불을 해야겠다.

4월 26일

아침의 수건 마찰 때 수건을 안 갖고 가서 속옷으로 했더니 아무개 왈, "너는 왜 수건을 잃어버렸다고 신고하지 않는 거야. 게다가 천황의 물품인 속옷으로 하는 건 더할 수 없는 패덕이야. 손으로 문질러." 뺨을 한 대 얻어맞았다.

나는 인간, 특히 현대 일본인의 인간성에 절망을 느낀다. 아마 지금만큼 신으로부터 인간이 멀리 떨어졌던 시대는 없었을 것이라고 생각한다. 그리고 이제부터 장차 종교가 존중받는 날이 과연 올까.

도스토옙스키의 시베리아 생활.

사나운 수인들 사이에 섞여 그는 어떻게 살아갔을까. 그에게 주어진 유일한 책은 Bible. 그를 생각하라.

5월 10일

원대(原隊)에 있었을 때의 간부후보생 그 밖의 시험.

실로 어리석다. 근대 문화의 정수가 최고도로 동원될 이제부터의 전쟁에 처한 우리나라 군대에 글자를 한자 한 구절이라도 틀리면 안 돼……라는 원시적인, 비능률적인, 초등학교식의 억지가 존재한다니, 그저 어처구니가 없을 뿐.

5월 23일

어머니가 보내 준 『료센집(梁川集)』과 하르나크[독일의 신학자·교회사. 1851~1930]의 『기독교의 본질』은 □ □ □ □에 의해 압수.

이런 곳에서 뭐가 심각한 반성이고, 뭐가 수양인가.

5월 24일
앞으로, 죽는 날까지 내 마음은 어디까지 거칠어질까.
일본 민족은 과연.

10월 22일

회의

지금 아무것도 모르는 아이들
그들은 그것으로 족하다
비참한 것은 우리다
우리보다 바로 앞 세대의 다스쿠 형(佑兄) 무렵의 사람들
우리보다는 나았다
인간다운 생활을, 조금이나마 보냈을 거다

11월 29일
우리의 고통과 죽음이 우리의 아버지나 어머니나 형제들, 사랑하는 사람들의 행복을 위해, 설사 조금이라도 도움이 된다면.

1월 2일

오직 홀로 태어나

죽는 것도 오직 홀로.

어제 사랑하고, 오늘 고민하고, 내일 죽는다. 키르케고르(?)

약한 자, 가련한 자, 그대 이름은 인류.

1월 18일

보병 장교로 오랫동안 화중(華中)의 작전에서 전전해온 분의 이야기를 들었다.

여성 병사나 포로를 죽이는 법, 그것은 끔찍하다거나 잔인하다거나 하는 그런 말로는 표현할 수 없을 정도의 것이다.

나는 항공대로 전과한 것에 일말의 안도를 느낀다. 결국은 마찬가지일지 모르지만 직접 손을 써서 그런 짓을 하지 않아도 된다는 것이다.

인간의 야수성이랄까, 그런 것이 인간의 깊고 깊은 인간성 속에 뿌리를 내리고 있다는 것을 뼈저리게 느낀다.

인간은, 인간이 이 세상을 창조한 이래, 조금도 진보하지 않았다.

이번 전쟁에서는 이미 정의 운운할 수 있는 문제는 없고 그저 오직 민족 간 증오의 폭발만 있을 뿐이다.

서로 적대하는 민족들은 각기 그 멸망 때까지 전쟁을 멈추지 않을 것이다.

무섭구나, 천박하구나

인류여, 원숭이의 친척이여.

다케다 기요시竹田喜義

1922년 7월 13일생. 도쿄 출신.

도쿄고등학교를 거쳐, 1942년 4월, 도쿄제국대학 문학부 국문학과 입학.

1943년 12월 9일, 요코스카의 다케야마 해병단에 입단, 구리하마 해군 대잠수함 학교에서 훈련을 받다.

1945년 4월 14일, 조선 제주도 앞바다에서 침몰 전사. 해군 소위. 22세.

부모 사랑
감 껍질 사각사각 벗기며 어머니 사랑
생각 없이
등나무 시렁의 잎만 무성한 나날

1944년 2월 6일 일요일

국기를 양 어깨에 달고 해병단*에 들어온 것이 12월 9일이었다. 벌써 2개월이 지났다. 돌아보면 바쁘고 피가 거꾸로 솟는 듯한, 차분함이나 반성은 조금도 없는 2개월이었다. 그리고 그것은 충실한 생활이라기보다는 나중에 생각해 보면, 뭔가 텅 빈 것으로 채워져 있다. 그것은 육체적인 아르바이트[노동]로서는 내 반생에서 아직 경험해본 적 없는 듯한 것들의 연속이었다. 그래서 어쩐지 텅 빈, 멈추지 않는 허무감이 내 두뇌 속을 점령해버린다. 해병단의 추억 따위는 내 기억 속에서 일소해버려도 좋겠다는 생각이다.

이런 감상은 출정 전에 내가 군대 생활이나 군인정신이라는 것을 너무 단순하게 정신적인 것으로만 생각하고, 너무 상상만 해온 탓인지도 모르겠다. 실제 군대에 들어와 보니 솔직히 말해서 가장 먼저 느낀 것은 번갈아 엄습해오는 육체적 고통과 정신적 고통이었다. 얘기를 좀 하자면, 추위와 근육의 극도의 피로가 전자이고, 따분함과 문자의 빈곤이 후자였다. 그리고 또한 공복과 거기에 따르는 음식물에 대한 연상이 하루 중 상념의 몇 분의 1쯤을 차지했다.

이는 매우 겁 많은 자의 고백이지만, 정직하게 말하면 그렇게 얘기할 수밖에 없다………

치열한 전국(戰局)을 보도하는 신문을 봐도 세간에서 느낀 것과는 전혀 느끼는 방식이 다르다. 세간에 있을 때는 그런 전국이나 시국의 격동에 대해 내가 뭔가 각오를, 결의를 가지고 대해야겠다는 느낌이 있었지만, 군대에서는 그런 각오나 결의를 스스로 다질 만큼 마음의 여유나 자유도 없었다. 각오나 결의라는 마음의 문제가 아니라 더 괴롭고 강압적으로 피직한 [physic, 신체적인] 생활이 나를 아침부터 밤까지 온종일 옥죄었다. 그리고 그런 생활에 완전히 압박당하고 속박당해 있었다. 내 군대 생활은 걸핏하면 소극적이고 유약한 것이 되기 십상이었다.

그 문제 해결을 나는 결국 시간이 걸리는 훈련에 기대어 꾀할 수밖에 없었다. 해병단의 2개월 수병 생활이 그 말기에 가까워질 무렵, 그 마음의 고통은 어느 정도 완화되어 가는 듯한 느낌이 들었다. 그러나 그것은 문제가 해결되어서라기보다는 문제에 대한 정직한 사고활동이 점차 마비되어 갔기 때문이라고 보는 것이 맞을 것이다.

군대에 들어와서 결국 나는 유약한 육체와 유약한 정신을 나 자신에게서 발견할 수밖에 없었다. 국가나 군대를 얘기하기 이전에 나는 먼저 자신의 심신을 어떻게 새로운, 완전히 다른 방향의 단계로 전환시키는 게 좋을까 하는 것을 고민해야 했다.

나는 먼저 정신적으로 무(無)가 되고 싶었다. 지금까지의 모든 세간적인 생활 사고를 먼저 완전히 청산해야만 한다고 생각했다. 세간적인, 세속적인 생활 표준으로는 군대 일은 어떤 곳에서도 속 시원히 풀 수가 없다. 그리고 군대 생활의 모든 것을 나는 육체의 문제에서부터 먼저 개척해 나가야겠다고 느꼈다.

2월 16일 수요일

·········해병단에 들어왔지만 처음 10일, 20일은 책 따위 보고 싶은 기분이 전혀 들지 않았고, 또 그럴 짬도 없었다. 그러나 점차 생활의 요령을 익혀 시간 여유가 생기게 되었고, 또 신병이기 때문에 외출이 허용되지 않는 일요일 오후 등의 아무것도 하는 일 없는 공백 시간에는 책에 대한 노스탤지어가 부글부글 끓어올랐다. 하이쿠(俳句) 쪽은 거의 아침부터 밤까지 단조롭고 변함없는 환경에 갇혀 있었기 때문에 한 달간의 해

병단 생활 중 쓴 게 20수를 넘지 않았다. 글은 닥치는 대로 눈에 띄는 대로 탐했다.

『탄이초(歎異抄)』[정토진종의 개조 신란(親鸞)의 어록]는 서너 번을 되풀이해 읽었지만, 그런 것에 대한 지식이 별로 없는 나는 그 이상 사색을 진전시킬 수가 없어서 결국 단념하고 손궤 속에 집어넣고 말았다. 신문은 아무리 낡은 신문이라도, 예컨대 사물(私物)인 흙 묻은 구두를 싸 두었던 너덜너덜한 신문까지 다 읽었다. 식기 상자 밑에 누군가가 던져 넣어 둔 반년 정도 전의 내각주보(內閣週報) 팸플릿을 손에 넣었을 때는 거의 일주일이나 걸려 그것을 읽고 또 읽었다. 독소 전쟁의 새로운 단계나 연료 확보라는, 지금은 이미 상당히 낡아버린 뉴스를 매우 흥미롭게 읽었다. 식사 시간 몇 분 전에 식탁 당번들의 배식 준비로 몹시 혼잡한 식탁의 딱딱한 목재 긴 의자에 앉아 멘소레담 효능서 안팎을 꼼꼼히 읽고 또 읽었을 때 등은, 글에 기갈이 들린다는 것이 이렇게까지 절실한 것인가, 새삼 뼈저리게 느꼈다………

2월 18일 금요일

………나는 멍하니 눈앞의 창밖을 바라본다. 학생 기숙사는 구리하마[요코스카 시]의 해안에서 조금 떨어진 작은 산 중턱에 서 있다. 그 창문은 위층 일렬만 투명한 유리로 돼 있고 나머지는 전부 불투명유리여서 창을 통해 볼 수 있는 풍경은 전면의 작은 산 중턱 이상의, 퇴적암이 운동장 공사로 거칠게 거죽을 드러내고 있는 모습과, 그 산과 창틀이 만들어낸 삼각형

의 하늘뿐이다. 바다는 전혀 눈에 들어오지 않는다. 그런 좁고 단조로운 시야밖에 없지만, 아침에는 그 시각에 그 하늘과 산의 풍경을 빚어내는 광선이 시시각각 변화해 간다. 우리 학생 기숙사의 뒷산에서 겨울의 늦게 뜬 태양이 떠올라오기 때문이다. 앞산은 처음에 칙칙한 회색 거죽을 하고 있던 것이 점차 분홍색이 되고 황금색이 되고, 그리고 황백색으로 변해 간다. 하늘에는 두 개의 해면에 다수의 무리들이 내려온다. 일종의 물새가 유유히 군무를 추고 있다. 그 상공을 이미 아침 일찍부터 맹훈련을 연상시키는 항공대의 해군 신예기들이 스마트한 양 날개를 펴고 가벼운 폭음을 남기며 지나간다. 때때로 우라가 도크 쪽에서 조선(造船) 리벳[징 박기]의 밝은 음이 바람에 실려 이 학생 기숙사까지 산을 넘어 울린다. 나는 그런 풍경 속으로, 자습실 속으로 가두고 있는 자신의 심신을 어느새 완전히 그것과 동화시켜 간다. 거기서 그런 풍경을 즐기면서 한편으로 온갖 공상에 빠져든다. 도쿄의 집에서 학생으로 생활했던 지난해 이맘때, 따뜻한 잠자리, 김이 올라오는 된장국, 아침 햇빛 비쳐드는 서재, 등나무 의자 위에 놓인 방금 전에 인쇄한 조간신문의 잉크 냄새, 다 피운 필터 없는 담배꽁초를 아무렇게나 유리 재떨이에 내던지고 학생복으로 갈아입는다. 현관에 가지런히 놓인 신발, 가죽 가방, 그러고 나서 문을 나서기 전에 반드시 한 번 들여다보러 간 연못의 잉어, 역으로 가는 도중의 담배가게, 그런 풍경이 예컨대 교향악의 일절을 듣고 있을 때처럼 슬슬 머릿속을 돌아다닌다………

3월 26일 일요일

………봄과 함께 내 기분은 점점 침울해져 간다. 처음은 따뜻함, 밝음과의 조우로 안도감을 느꼈지만, 이 기후에 조금 익숙해지자 음울하고 무거운 기분에 곧잘 짓눌린다.

입학 당시의 한때에 비하면 매일의 수업도 점차 좌학[坐學. 강의 과목. 실전훈련과 대비되는 말]이 많아졌다. 밥 문제도 이에 따라 어느 정도 완화됐다. 그러나 사치스러운 얘기가 되겠지만, 형이상학적인 고통이 요즘 나를 서서히 옥죄고 있는 듯하다. 이 단조로운, 둔중한, 글루미(gloomy)한 매일. 구보로 우라가 시내로 가서 담배가게, 포목전, 술가게가 있는 거리를 보면 편안해진다. 행군으로 산에 들어가 벌써 상당히 키가 자란 보리밭을 본다. 무심결에 눈앞이 환해진다. 그만큼 지금의 생활은 환경의 변화에 둔감하다. 자나깨나 센진(鮮人)[조선인에 대한 멸칭] 노동자들이 산사태 발파 작업을 하고 있다. 산 같은 흙더미와 거기서 광차의 선로로 연결돼 있는 매립지의 울퉁불퉁한 해안, 그 살풍경한 장소가 우리가 일주일간 생활한 환경의 전부였다. 그리고 그 일주일은 또 다음 일주일로 이어진다.

숨쉬기 어려울 정도로 답답한 감금 생활에 대한 생각이 점점 절박해졌다. 잘 때는 이제 점점 집에 관한 꿈만 꾼다.

6월 16일 금요일 맑음
적 기동부대 진출 급해졌다.
오전 2시 기타(北)규슈, 오후 2시 남조선 공습,
15일, 사이판 섬 상륙.

....

'아집'을 버리라고 한다. 그러나 그렇게 간단히 버릴 수 있는 아집이었다면, 군대 생활 반년, 이미 정리되었을 것이다. 버려도 다 버릴 수 없는 나. 내가 가장 좋은 것이라고 믿고 있는 나의 모습. 그것은 마지막까지 멋지게 키우는 것이다.

그 자아가 어떻게 군대 생활 중에 살아남을까, ─단순한 타협이 아니고, 속임수가 아니고, 성실이 담긴 의미에서─그것이 나에게 가장 큰 문제다. 타인은 이에 대해 어떤 것도 덧붙일 수 없다. 또 이에 관해 타인에게 구원을 요청할 수도 없다. 나 한 사람이 현명하게, 성실하게 처리해 가야 한다.

내일 죽을지도 모르는 나다. 그리고 나의 것이되 나의 것이 아닌 것 같은 나. ─지금까지는 생활에 짓눌려 있었다. 환경에 지고 있었다. 그리고 그 패배를 단지 감상적인 세계에서 멍하니 내가 나를 방관하고 있었다. 그것이 겸허한 정신이라고 생각하고 있었다. 중우(衆愚)의 마음─군대에 들어올 때, 나는 확실히 그것을 마음속으로 맹세하고 왔다. 그로부터 반년, 그것을 열심히 계속 지켜왔다. 걸핏하면 내던져버리고 싶은, 비웃어주고 싶은 저 (그리운) 자아를 향한 고고(孤高)의 정신과 싸우면서─

중우의 마음, 대중 속에 잠긴다는 것은, 그러나 영구히 대중 속에 자기를 소거해간다는 것은 아닐 터이다. 대중의 우열(愚劣)과 평범과 숨 막히는 악취의 물결 속에서 헐떡거리며 떠올라 왔다. 아직 완전히 소멸시킬 수 없는 자신의 모습─그것은 모든 것을 씻어내고 모든 싸움에서 이겨서 최후에 남겨진 자신이다—에게 지금이야말로 손을 뻗어 구해주어야 할 때가 아니다가.

상당히 정신이 풀리고 생활의 나태로 채워진 나날이긴 했으나 나의 발푸르기스 나흐트['발푸르기스의 밤' 주 참조]임에는 틀림없었던 것이다.

해군 사관이라는 폐쇄된 세계의 문제만이 아니라 한 사람의 인간이 살아간다는 것을 진지하게 생각할 때다.

최후까지 살아남은 자신을 소중하게 지키는 것, 그것은 예컨대 군대 생활에서도 옳은 것이다. 긍정적으로 생각해도 좋을 태도다.

6월 17일 토요일 비

·········한때 맹렬했던 책에 대한 기갈도 요즘엔 완전히 둔감해졌다. 단순한 책들, 그것도 매우 온화한 이른바 문화적 서적에 대한 생리적 욕구 등은 일찍 없어져 주는 게 마음도 편해져서 좋다·········

7월 21일 금요일 비

오랜만에 내리는 비로 더위가 한풀 꺾였다.

생활이 무난하게, 단조로워지게 되면, 돌연 물건에 발이 걸려 넘어진 것처럼 반성의 시기가 덮쳐온다·········

"남모르게 하는 사랑 등은 좋은 본보기, 평생 말도 꺼내지 않고, 애타게 그리다가 죽는 정성어린 마음 깊어라."(『하가쿠레(葉隱)』[사가(佐賀)번의 무사 야마모토 조초(山本常朝)가 구술한 무

사도에 관한 책])

생활을 위한 끝없는 인고(忍苦)는 단지 중세적인 생활을 향한 습관과 타성일 뿐이라고 생각하고 있었는데―

8월 7일 화요일 비

날씨 상태가 나빠 바다에는 긴 파도가 이어진다. 강한 비가 하루 중 몇 번이나 덮쳐온다.

저녁에 목이 말라 식당에 차를 마시러 가니, 어슴푸레한 해안에 종병(從兵)[장교 당번병. 장교에게 전속돼 그 수발을 한다]이 정렬해 있다. 수병장*이 이들을 소집해 떡갈나무 몽둥이를 허리에 떠받치고 정신교육을 하고 있는 것이다. 뭔가를 소곤소곤하다가 또 갑자기 고성으로 병사들을 질책하더니 이윽고 병사들을 한 사람씩 앞으로 불러내 떡갈나무 몽둥이로 허리 부분을 힘껏 때리기 시작했다. 맞으러 나오는 병사의 태도가 빠릿빠릿하지 못하다며 몽둥이로 허리 쪽을 냅다 밀치고는 다시 한 번 나오게 한다. 다시 나온 병사는 노상강도한테 당하듯이 두 손을 들고 두 다리를 바싹 벌려 수병장 앞에 등을 돌리고 섰다. 펑펑 둔탁한 소리가 허리뼈를 파고든다. 불쾌한 걸 봤다고 생각했으나, 단지 불쾌한 것만으로 끝날 수 없다는 기분이 지워지지 않았다.

예전의 어느 일요일에도 귀대 시각 10분 전에 외출 갔다 돌아온 종병을 병사(兵舍) 입구에서 기다리고 있던 수병장이 귀대가 늦었다며 느닷없이 손으로 후려쳤다. 수병장은 몹시 밉살스러울 정도로 체력이 좋다. 거무스레한 얼굴이 큰 인간이었다. 맞은 수병은 눈 주위가 검푸른 테두리를 두른 듯한, 보기에도 건강하지 못한 안색을 한 소집병이었다. 불의의 일격에 그 수병은 "욱"하고 숨 막히는 신음소리를 내며 그대로 자갈길 위에 철퍼덕 나동그라졌다. 동료 병사가 황급히 일으켜 세우자 두 팔을 벌리고 허리를 굽혀 마치 술 취한 듯한 모습으로 비트적거리며 일어서나 했더니 다시 땅바닥에 쓰러져버렸다. 후두부에서는 검붉은 핏줄기가 기분 나쁘게 흘러내려 옷깃까지 적셨다.

이 광경을 나는 흡연실에서 담배를 입에 문 채 지켜보고 있었다. 그러나 속으로 크게 질릴 수밖에 없었다.

이 병사 저 병사가 결국은 내 부하이기도 하다. 이를 어떻게 해석해야 좋을까. —그러나 너무 마음 쓸 필요도 없다. 더구나 심각하게 생각하는 건 전혀 의미가 없다.

8월 9일 수요일 맑음

지난 밤 순검[순회하며 검사하는 일] 뒤 3, 4구대(區隊)는 총원 정렬, 복도에서 오래 정신교육을 받았다. 내가 잠자리에서 듣고 있자니, 이토조노 중위의 새된 목소리가 들려왔다.

자습시간 중의 공부 태도에 전혀 적극성이 없다는 얘기부터.

"어떤 자는 자습시간 중에 『하가쿠레』를 읽고 있었다. 『하가쿠레』는 자습시간에 열람을 허가한다고 돼 있긴 하나 지금은 그런 것 펼쳐 볼 여유가 없다." "대학 같지도 않은 대학을 나와서 이미 없어진 과거 대학이나 학문에 지금도 집착하는 듯한 마음으로는 아무것도 할 수 없다."

"자네들은 인텔리라는 말을 들을 정도로 대단한 학문을 한 인간은 아니다."

—사흘쯤 전에 나는 자습실에서 이와나미문고의 『하가쿠레』를 읽고 있었다. 이토조노 중위가 말없이 들어왔다. 책상 위로 얼굴을 내밀어 들여다보면서 "뭐야, 하가쿠레인가." "예, 그렇습니다." "시간 여유가 있을 때 읽도록 해." 그러고는 중위는 말없이 나갔다.

—또 일주일쯤 전에 집을 경유해서 대학에서 보낸 졸업증서 수여원이라는 서류가 송부돼 왔다. 이 서류를 제출하면 대학을 졸업하게 된다. 나는 만일 전선에서 돌아올 날이 온다면, 지금처럼 학문을 중단하고 사회로 나갈 생각은 전혀 없었다. 아직 4년이든 5년이든 대학에 남아서 내 마음이 허락할 때까지는 공부를 계속할 작정이었다. 그 서류를 갖고 1분대 교관실로 갔다. 방에는 바로 그 이토조노 중위가 혼자 있었다. 서류를 펴서 "아직 나는 이대로 대학을 완전히 그만둘 생각은 없습니다. 이 문서는 어떻게 하는 것이 좋겠습니까" 하고 물었다. 중위는 그 질문에 거의 즉각 대답했다. "그런 생각은 그만둬. 그만둬. 이 전쟁으로 이젠 대학도 없어. 도대체 지금 대학에 자네가 심취하기에 족할 정도의 교수라도 있다는 건가. 미켈란젤로가 뛰어들 정도의 대학이라면 몰라도…… 대학의 본질이라는 건 이 전쟁과 역사에 의해 앞으로도 점점 왜곡돼 갈 뿐이야. 그런 대학에 그런 학문에 무슨 가치가 있다는 거야. 지금은 그런 것에 얽매인 상태에서 일각이라도 빨리 벗어나서 자신의 진짜 본분

을 자각해야 할 때야. 이왕에 제출해달라는 것이니 빨리 제출하게, 제출해." 더는 뭘 덧붙일 필요도 없겠다는 생각에 나는 말없이 물러나왔다. 방으로 돌아가 서둘러 문학부장 앞으로 서류 한 통을 써서 책상 위에 내팽개치고 담배를 피우러 나갔다. 이토조노 중위의 대답이 너무 딱 부러지게 간명했던 만큼, 내 마음에는 거꾸로 석연치 않은 응어리가 가득 찼다.

(나는 이른바 과거 문화에 대한 꿈을 쫓고 있었던 것일까. 학문이나 예술은 지금 내가 현실에서 본 것처럼 덧없고 취약한 것에 불과할 뿐이란 말인가.)

8월 15일 수요일
....

나날의 생활이 걸핏하면 침체 기미를 보인다. 희망이 없는 것이다. 장래가 어두운 것이다. 온종일 과업 또 과업에 쫓기고, 한여름 날에 체조와 수영으로 녹초가 돼 그저 돼지처럼 잠만 잔다. 기상, 취침, 세 번의 식사, 모두가 중추신경을 없애버린 인간처럼 기계적이다―이대로 괜찮은가. 하지만 그런 외침은 언뜻 보기에도 너무 연약하다.

매일 많은 선배들이, 전우들이 먼지처럼 해상에 흩뿌려져, ―그대로 모습이 사라져간다. 한 명 한 명 다른 무엇으로도 바꾸기 어려운 목숨이 단지 한 덩어리의 수량(數量)이 돼 처리되는 것이다.

정신적으로 피로하다기보다 뭔가가 마비돼 있다. 새삼스레 정색을 하고 나서서 한 가지라도 생각할 힘도 없다. 오직 책이

(잠깐의 틈을 타서 훔쳐서 읽는 책이) 청량제가 돼 준다.

*해병단(海兵団)… 함대 근무에 들어가는 해군 하사관·병들을 위한 기초훈련 기관. 출진학도를 위해 새로 몇 개 장소에 해병단이 창설됐다.

*병장·수병장(水兵長)… 병사의 최상위 계급으로, 육군은 병장(그 아래가 상등병, 일등병, 이등병), 해군은 수병장(그 아래는 상등수병, 일등수병, 이등수병). '내무반·내무' 주 참조.

나가타 가즈오永田和生

1916년 5월 22일생. 미에현 출신.

제8고등학교를 거쳐, 1938년 4월, 교토제국대학 농학부 농업경제학과 입학.

교토대의 공산주의 학생그룹을 지도. 1941년 검거, 집행유예 4년으로 출소. 1942년 9월 졸업.

1942년 10월 1일 입대.

1944년 7월 4일, 인도 임팔에서 병사. 육군 하사. 28세.

[부대에서 작성한 수첩에서]

1943년 2월 23일

근대적 토치카 공격 견학. 토치카와 그 좌우 종심(縱深)의 중대성을 보고 이것이 어떻게 함락될 수 있을까를 생각한다. 공격반, 파괴반, 지원반. 예비반, 이들 일개 소대 병력으로 함락시키는 걸까. 물론 중기[중기관총], 보병포의 참가도 있다. 그러나 함락된다. 여기에 일본 군대의 정수가 있다.

훈련장 상공을 쌍발 비행기 편대가 은빛 날개를 빛내며 오간다. "하늘을 나는 비행기를 보고 늙은 어머니는……" 하고 호리구치 상등병님이 합동비(合同碑) 대지(臺地)에서 읊조린 것을 기억한다. 태양이 따뜻하지만 바람이 불고, 구름이 오간다. 넓은 훈련장을 멀리서 건너다보며 즐긴다. 먼 언덕, 예전에 달려가던 언덕을 그리는 마음을.

5월 10일

창 아래로 달려가는 기차 진동에 눈을 뜬다. 오타루(小樽)의 거리는 오늘도 흐리다. 홋카이도는 매일매일 이렇게 흐릴까. 우울한 나날이다. 집들은 그을음으로 검고, 하늘도 또한 구름이 낮게 깔려 거무튀튀하기 때문에 홋카이도는 온통 검은 느낌이다………

어제 저녁, 도착했을 때 수로에는 배들이 빼곡히 차 있었다. 수로와 배와 번지르르한 모든 것. 그 위에서 생활하는 사람들. 추위. 가슴이 미어지지 않는가. 옛날 이 오타루 항에서 무수한 어선, 가공선(工船)들이 북일본해 오호츠크해를 무대로 삼아 출항했을 것이다. 거기에는 밝은 인생도 어두운 인생도 있었을 것이다.

오타루의 숙사(宿) 잠자리에서 생각이 깊어간다. 여기서는 기상나팔도 울리지 않아, 천천히 여행의 피로를 풀며 쉴 수 있다. 이런 아침이 있으리라고 일찍이 기대한 적이 있었나.

5월 11일

비는 그쳤으나 오타루의 거리는 오늘도 거무튀튀하게 구름이 낮게 깔렸다. 이제 그다지 추위를 느끼지 않는다. 오늘은 기상과 동시에 전원이 체조, 그것이 끝나자 어제 밤의 외출을 화제로 삼았다.

11일 밤 비교적 조용한 오타루 거리로 나선다. 비도 그쳤으니까. 그리고 내일은 이 친밀감이 있는 오타루 거리도 안녕이다. 메밀국수 가게에서 맥주를 마신다. 그 맥주집 할머니보다

오뎅집 언니의 가련한 얼굴이 인상에 남았다. 소학교를 나와 죽 여기에서 살아 세상일은 잘 모른다고 했다. 오타루의 거리는 좋지 않은가.

6월 15일

저녁 때 숙사 뒤에 나가 무심결에 쾌재를 불렀다.

고향의 거리를 줄지어 선 지붕들과 그 배경의 하늘.

어릴 적, 중학 무렵, 그 이후. 즐거운 추억이 일순 솟구쳐 올랐다가 사라졌다.

취사 중사님을 부르러 갈 시각.

6월 22일

다니(谷) 조장 서둘러 떠났다. 남방으로.

7월 27일

시칠리아 섬의 위기.

무솔리니 총리 사임. 이탈리아는 어떻게 되는 걸까.

그리고 지금 솔로몬[남태평양 군도] 해역에서는 치열한 전투가 계속되고 있다.

8월 1일

이탈리아의 그 뒤. 매일 신문에서 본 그것은 극히 표면적 추이일 뿐이라고는 하나 상당히 큰 변화가 보인다. 파시스트당과 그 반대파. 이탈리아는 어떻게 되는 걸까. 그에 대해서는 쓰지 않겠다.

8월 17일

총검술 연마가 매일 계속된다. 아침부터 저녁까지. 그리고 자고 있을 때도. 녹초가 되도록 지쳤다. 기상 나팔소리에 일어나면 곧바로 총검술의 하루가 시작된다. 녹초가 된 몸이 아직 회복도 하지 못한 상태에서 기상 나팔소리를 듣는 매일이다. 정말 쉬고 싶다. 간절히 휴식을 바라는 하루하루. 몸 마디마디가 아프다. 상처 난 곳은 계속 상처가 난다. 아카친[아카친키. 소독에 쓰는 머큐로크롬의 속칭] 또 아카친이다. 게다가 좀체 익숙해지지 않는다. 매일의 연마에도 불구하고 기량이 향상되지 않는다는 자각은 피로를 배가시킨다. 생각해보면, 일찍이 이런 나날을 예상한 적이 있었나.

………

밤, 모두 제2기동대 숙사 앞의 영화를 보러 갔다. 무카이 상등병님은 잤다. 우부가와 고참님은 "아아, 술을 마시고 싶다"고 간절하게 말했다. 내무반 안에 지금 4명만 있다. 사쿠마 상등병님은 간식 분배할 때의 고생 얘기를 한다. 조용한 내무반 안에 가을벌레 소리 잦다. 밤은 벌써 초가을이라고 해도 될까. 대대 교육의 초년병은 야간훈련에 갔다. 경기관총 소리가 들린다.

문득 집이 생각난다.

어머니는 어찌하고 계실까.

동생들은 어찌하고 있을까.

친구들은 지금 어찌하고 있을까.

데구치 병장님, 숙사 앞에 시원한 저녁바람을 쐬러 갔다가 돌아와 얘기한다. "아, 좋은 달이야. 저런 달을 보면 눈시울이 뜨거워져." 우라구치 상등병님 공무에서 돌아왔다. "아이고, 지쳤다."

8월 22일 일요일

오늘도 덥다. 매미는 자주 울어대며 늦더위를 더욱 부추기고 있다.

하사관 집회소에서는 지금 연예단의 위문 공연이 진행되고 있다. 지금은 연예단의 위문을 받기보다 조용히 쉬었으면 좋겠다. 생각한 게 없는 나날이었다. 여유를 갖고 생각할 시간도 필요한 것이다. 검술도 죽을 둥 살 둥 하는 한편으로, 진지하게 반성하고 자신의 총검 움직임을 생각해볼 필요가 있을 것이다. 우리는 지금 검술 연마에 전력을 기울이고 있다. 남방 해역에서는 뉴조지아 섬 문다 지구를 중심으로 치열한 전투가 벌어지고 있다. 근대 해전의 정수가 거기에서 전개되고 있을 것이다. 근대 해전에서 시현(示現)되는 생산력이라는 것.

시칠리아 섬의 추축군도 결국 퇴각했다. 시칠리아 주민은 지금 무엇을 생각하고 있을까.

9월 3일

주번 근무를 끝내면서 느낀 것.

병사의 기분 상태. 주로 사역 때 나타나는 그것. 슬픈 현상이다. 사람은 더욱 더욱 즐겁게 일하면서 살아야 하는 것을. 내무반 안에 기거(起居)하면서도 그것을 느낀다. 정신의 미숙. 그럴 때 정말 화가 난다. 아아, 그러나 마음이 가난한 자의 얼굴, 눈을 보면 분노는 내부를 향하고 만다.

9월 5일

이탈리아 본토에 반추축군이 상륙했다는 보도를 신문지상에서 본 지 이틀째. 이탈리아의 여러 고도(古都)가 폭격당했다. 고도에 대한 폭격이라면 인류의 예술적 유산, 문화적 성과의 파괴를 의미하는 거나 같다는 생각이 든다. 하지만 이른바 고도에 근대적 중공업이 검은 연기 아래 펼쳐져 있을 것이다. 예술도 또한 전쟁을 위해 자신을 희생하지 않으면 안 된다. 피사의 사탑도 날아가버렸을까. 우리가 영화를 통해 알고 있는 이탈리아의 건축 문화는 지금 어떻게 돼 있을까.

이탈리아 청소년들은 지금 어찌하고 있을까. 파시스트 정신, 그 속에서 자란 청소년들 모두는 지금 이탈리아 정부 경질로 파시스트 정신의 부정에 직면했다. 정부에 의한 생활의식의 부정에 직면해 심각한 동요를 느끼고 있는 지금, 그 조국, 부모의 나라가 폭격당하고 적병들에게 짓밟히고 있는 이탈리아의 청소년들. 그 일부는 직접적으로 포탄 아래 노출돼 있을 것이다. 그들은 지금 무엇을 생각하고 있을까. 그들은 이탈리아 민족의 역사를 지켜야 한다. 거기서 삶의 보람을 찾으려 하면서도 역부족을 느끼고 있을 것이다. 생각해보면 견디기 어려운 나날이 아닐까.

9월 9일

이탈리아의 무조건 항복 보도를 들었다. 9월 3일에 이미 조인됐다는 것이다. 세계사의 현 단면을 깊이 생각한다. 이탈리아는 항복했다. 독소 전선은 여전히 치열하다. 게다가 광대한 영역에서. 남태평양에서 적의 반격도 치열하다.

발칸과 터키.

영국 미국과 소련의 기본적 대립.

아프리카와 서아시아. 남미.

영국 미국과 독일의 적대.

이 교착은 이탈리아의 항복을 계기로 새로운 변화를 낳기에 이르지 않을까. 현재의 대항 관계를 변화시키기에는 현실이 너무 격렬하게 대항하고 있는 것인가.

9월 17일

늦더위가 심한 가운데 총검술은 계속된다.

이탈리아는 양분됐다.

공화 파시스트 정권과(공화 파시스트란 무엇일까) 바돌리오 정권.* '이탈리아 반도의 싸움'은 다시 끓어오른다. 하나의 국민이 두 개로 나뉘어 싸워야만 한다. 이 무슨 사태인가.

10월 12일

오랜 기간 이 일지도 중단돼 있었다. 편지도 오랫동안 쓰지 않았다. 답장을 써야 할 게 상당히 있는데도.

검술이 끝나면 곧바로 시마다 고지로 매일 사격하러 갔

다………

훈련 때 임시막사에서의 고통은 식사다. 같은 부대, 같은 대대, 같은 중대, 같은 반에서 매일 생활해 오다가 창사(廠舍. 군대가 훈련 때 사용하는 숙박시설 – 옮긴이)에 와서 새로운 분대 편성이 이뤄지고, 각 분대마다 식사를 한다. 그때 분대간의 다툼을 뭐라 해야 할까. 입 밖에 내지 않을 때도 무언의 투쟁, 불평불만이 충만해 있다.

쏟아지던 비가 멈추고 달밤이 됐다. 창을 통해 마을들의 검은 지붕 너머에 달빛에 드러난 비와(琵琶) 호수가 보인다. 그것은 여정(旅情)을 불러일으키는 푸른색이었다. 숙사 뒤에 나가 차가운 바람을 받으며 무심히 그 빛을 바라보았다.

10월 14일

어제 밤의 달은 밝았다. 왠지 마음이 진정되지 않아 잠을 잘 수 없었다.

11월 3일

월말부터 2일까지 내궁(內宮) 위병[황대(皇大) 신궁의 경호병] 근무. 다행히 전차병으로 길을 떠나기 직전의 동생을 만날 수 있었다. 그는 건강했다. 그러나 일말의 슬픔이 깃들어 있었다. 그것은 전차에 대한 불안이었다. 독일 전차, 소련 전차, 미국 전차, 그것들에 대해 이것저것 생각한 탓일까.

동생 요스케는 불행하다. 그는 지금 국민학교* 대체교원을 하고 있다. 그리고 장래를 생각한다. 그의 장래는 집안의 사정으로 억제됐다. 발전하고자 하는 그의 마음, 그것을 막고 있는 집안 사정. 네 명의 형들은 각자 생각대로 나아갔다. 그리고 네 명이 남기고 간 짐을 결국 그가 질 수밖에 없게 된 것이다. 부모를 생각하는 마음은 점점 더 그 짐을 온몸으로 느끼게 될 것이다. 어린 동생, 바야흐로 발전하고자 하는 동생. 그 짐 때문에 위축돼 온 그의 능력.

그는 지금 어찌하고 있을까. 그의 능력을 발전시켜 줄 수 없을까.

오늘은 쉬는 날인데 조금도 쉬지 못했다. 한 번 푹 쉬고 싶다.

11월 21일
드디어 바다를 건너는 날이 왔다.
정리를 위해 집으로 돌아간다.

11월 23일
집을 떠나는 날.
독소 전선, 솔로몬 해역.
그 무대 뒤.

[1944년 3월 6일부 다케다 쓰네오 씨에게 보낸 엽서]
이 편지가 바로 자네의 경기 당일에 맞춰 도착할지. 지금도 여전히 추운 이곳 훈련장 임시막사에서 나는 계속 사격장의 봄볕을 떠올리며 그리워하고 있다. 실은 얼마 전부터 이곳에

와 있다. 이 임시막사는 산록 지대의 적토(赤土) 대지 위에 세워져 있다. 차가운 것과 배수가 나쁜 적토의 질척거림이 고통스럽다. 그리고 간절하게 자네의 도래를 바라고 있다.

오사카의 친구를 만났으나 아무것도 써 보낸 게 없다. 나는 누구보다 자네를 만나고 싶었다. 지금 잠시 동안은 어차피 이루어질 수 없는 바람이라는 것은 알고 있으나 자네의 행복, 건재를 진심으로 바라고 있다. 그것이야말로 살아가는 데 가장 의지할 만한 것이다. 친구들 거의 전부가 야전에 나갔는데, 내가 있는 곳에도 아무도 편지를 보내오지 않았다. 시국은 급속히 진전되고 있다. 이제 누가 가장 마음이 설렐까.

[외지 출정 전, 다케다 씨에게 보낸 편지]

얼마 전 나는 와타나베의 꿈을 꾸었다. 그다음 날 아침 모두의 일을 거듭 떠올렸다. 지금은 어찌하고 있을까 생각했다. 그로부터 며칠이 지났다.

이틀 전 저녁 무렵, 돌연 연병장의 트럭이 일제히 움직이기 시작했다. 명령 수령자들 집합하라는 나팔. 그날 밤 우리는 철야로 사무실 짐을 꾸렸다. 다음 날 아침 8시 그 꾸러미 5개는 부대 짐의 일부가 돼 운반됐다.

자네를 남겨두고 최후의 한 사람으로 나는 바다를 건넌다.[1940년 사건에 연루된 나가타의 동료는 전선에 나가 있었다]

지금 나는 굳은 악수를 보낸다. 나는 격심한 전선의 화력 아래서도 자네를 생각하면 마음이 따뜻해질 것이다.

추신

처음 우리 부대는 전장으로서는 목가적인 지역, 남방, 말레이나 불인(佛印)[프랑스령 인도차이나]의 주둔부대로 예정돼 있었던 듯하다. 1일 이후의 전국(戰局)이 그것을 변경시킨 것으로 생각된다. 아주 갑작스레 우리는 급거 바다를 건너게 됐다. 그리고 남태평양의 섬들을 떠올리게 했다.

나는 생각한다. 세계전쟁의 치열한 전개 속에서 강력하게 자신을 관철해가는 법칙을.* 발칸, 북아프리카, 지중해, 바야흐로 이 시대에 나는 전선의 병사가 된다. 내 생각을 자네는 충분히 이해해 줄 것이다.

이 편지를 마지막으로 내 편지는 당분간 끊어진다. 바쁜 중에 이 편지와 어머니에게 보낸 편지를 썼다. 자네의 건재를 빌고 또 믿는다. 병사로서 평온한 생활을 마음속으로 기약하면서.

[마찬가지로, 친구에게 보낸 편지]

출진을 앞두고 집에 돌아갔다. 늙은 어머니는 내게 눈물을 보이지 않으려고 부인회* 모임에 나가 있었다. 그 뒷모습에 마음속으로 절을 하면서 나는 눈물을 흘렸다.

휴가 중의 플랜을 세우기 위해 자네가 내 집을 찾아주었을 때, 어머니는 자네를 환영한다고 왕새우 튀김에 설탕을 너무 넣어 우리에게 쓴웃음을 짓게 한 적도 있었다.

배는 남쪽으로 간다. 미국의 생산력과 일본의 그것, ………… 자네의 건재를 빈다.

* 바돌리오 정권… 1943년 7월 24일, 이탈리아의 무솔리니 총리가 실각하고 바돌리오 총리가 9월 8일 연합국에 무조건 항복했다. 한편 무솔리니 전 총리는 독일군에 의해 구출돼 독일군에 협력하는 파시스트 공화정부의 수반이 됐다.

* 국민학교… 1941년 4월, 독일의 사례를 따라, 일본의 소학교는 '황국민의 기초적 연성(練成)'을 목적으로 한 국민학교로 재편됐다. 패전 뒤에 1947년에 소학교로 복귀.

* 서간 검열… 군대에서의 서간 검열은 매우 엄중했다. 예컨대 춥다든지 덥다든지 하는, 틀에 박힌 상투어인 날씨 인사조차 금지되었다. 부대의 출동지 등에 대해서는 말할 것도 없었다. 물론 그것은 방첩상의 필요에 따른 것이었으나 내무반장의 검열은 단지 마음에 들지 않는다는 이유만으로 그렇게 한 경우가 적지 않았다. 따라서 "세계전쟁의 치열한 전개 속에서 강력하게 자신을 관철해가는 법칙을"이라는 문구는 지극히 애매한 표현으로, 예전의 사상운동 동료들에게 그런 생각을 전하려는 것이었지만, 군대의 검열 사정을 생각하면 식은땀이 날 정도로 위험한 것이었다고 할 수 있다.

* 부인회… 애국부인회, 대일본국방부인회, 대일본부인연합회 등의 3개 조직이 1942년에 합병돼 대일본부인회가 됐다.

우다가와 다쓰宇田川達

1920년 4월 13일생. 사이타마현 출신.

1942년 9월 와세다대학 법학부 졸업.

1942년 10월 1일, 동부 제12부대 입대.

1945년 1월 25일, 가고시마현 보노미사키 앞바다 해상에서 전사. 육군 중위. 24세.

[1944년 9월 2일 구니코 부인에게 보낸 편지]

9월 2일에 구니코로부터 편지 도착, 매우 기쁜 마음이 들다. 두 번 세 번, 몇 번이나 몇 번이나 읽고 또 읽었다. 이 기분을 정말 알아줄 사람은 역시 구니코뿐일 것이다.

바로 답장을 쓰지만, 몇 십 매라도 쓰고 싶은 기분인데, 막상 펜을 쥐면 아무것도 쓸 수 없다. 2매 째를 쓰고 있는데 10시가 되었고 시내는 일제히 소등, 마침 오늘 밤은 보름이어서 달빛으로 쓴다. 그래서 나는 구니코에게 달빛을 받으며 편지를 쓰고 있다. 이 무슨 기분일까, 베토벤은 Moonlight Sonata를 달빛 아래서 썼다는 대목이 있었다. 그리고 나는 구니코에게 달빛 아래서 편지를 쓰고 있다. 이 편지를 구니코가 읽으면 어떤 기분이 들까.

더욱 깊이 생각한 것까지 쓰고 싶지만 이곳 히로시마는 헌

병이 매우 까다로운 곳이어서, 편지는 우편국에서 전부 검열하기 때문에 쓸 수 없다. 정말 자신이 하고 싶은 것도 말하지 못한 채 산화(散花)하고 싶지 않다. 오늘로 여기에 온 지 열흘이 됐는데 아직도 마음이 진정되지 않는다. 몇 십 장 몇 백 장이라도 구니코의 사진이 보고 싶다. 매일 같은 문구라도 좋으니 편지를 읽고 싶다. 쓸쓸한 마음을 구해줄 것은 오직 편지와 사진뿐이다. 그래서 보름달을 보고, 구니코의 사진을 대하고 있으면 사진이 꼭 "정신 차려, 힘 내"하고 얘기한다.

아아, 또 밤이 이슥해졌다.

마(魔)의 바시 해협

대만 최남단 곳인 가란핀 곳에서 필리핀 최북단 아파리 사이의 바다, 이것을 바시 해협이라고 한다. 시속 17노트의 배라면 아침에 가란핀을 출발하면 저녁 늦게 아파리에 닿는다. 이런 작은 바다가 태평양의 가장 험난한 곳으로 알려져 있다.

대동아전쟁도 3년째인 지난해 무렵부터 세상이 상당히 뒤숭숭해졌는데 올해 즉 1944년 7월에 이르러 돌연 위험해져, 우리 아카쓰키(暁)[부대] 사람들은 마의 바시라고 일컫게 됐다. 그도 그럴 것이, 이 작은 바다에 미국 잠수함이 속속 출현해 현재 약 80척 이상이 우리 수송선을 덮치려고 대기하고 있다는 것이다. 그들은 6월 말에 오스트레일리아를 출발한 40척과 호놀룰루에서 온 40척이 합류해 중국 연안에 근거지를 두고 있다고 한다.

그런데 7월 이래, 수송선은 이 짧은 수역에서 실로 맹렬하

게 공격당하고 있다. 8월에 들어선 뒤에는 히(ヒ, 日)70선단이 대만 가오슝을 출발하자마자 오시마야마마루(大島山丸)(약 1만 5천 톤의 유조선)가 어뢰 공격으로 대폭발을 일으켜 2킬로미터 사방을 불바다로 만들며 침몰했다. 그리고 이어서 오사카 상선의 우수한 배 니치란마루(日蘭丸)가 역시 어뢰에 맞아 침몰했고, 그다음 날에는 4척이 당했다.

이 히70선단 다음에 히71선단이 출발했는데, 이것은 더 처절했다.

이 히71선단은 19척의 수송선과 이를 호위하는 항공모함 및 구축함과 해방(海防)함[연안 방비를 주요 임무로 하는 군함] 등 십 수 척으로 마닐라를 향해 당당하게 나아갔다. 대만까지는 무사히 도착했다. 바시 해협에 다다랐을 때는 저녁이었다. 배에 타고 있던 이들은 드디어 오늘 밤만 무사하면, 하고 있던 참인데 남방 특유의 스콜이 내렸다. 바로 그 무렵은 마닐라 방면의 우기였고, 더구나 음력 25일 무렵이어서 거의 달이 없는 상태였다.

그런데 양동이로 퍼붓는 듯한 스콜이 드디어 그쳤을 무렵 마지막 꼬리로 따라오던 항공모함 오오타카(大鷹)가 확하고 밝아졌다고 생각한 순간 대화재를 일으키면서 순식간에 침몰했다. 말할 것도 없이 어뢰를 맞았기 때문이다. 이 때문에 다른 배들은 드디어 올 게 왔다는 듯이 전속력으로 도망가기 시작했다. 날씨는 별 하나 보이지 않는 칠흑이었다. 하지만 곧 여기저기서 어뢰 소리가 터져 나오면서 배들은 잇따라 침몰하기 시작, 군기(軍旗) 외에 5천5백 명을 실은 다마쓰마루(玉津丸)는 지금까지도 행방불명, 일본 미국 교환선이었던 데이아마루(帝亞丸, 2만 5천 톤)는 어뢰를 4발 맞고 침몰하는 등 무려 12척이나 이곳에서 침몰하고 말았다. 게다가 모두 현역의 정예 3천, 5천 명이나 타고 있었는 데다 필리핀을 방어하기 위해 꼭 필요한 무기를 가득 싣고 있었다.

이날부터 13일째 되는 날에 가시이마루(香椎丸)가 이 해협에서 뗏목에 타고 있던 의식불명의 병사 8명을 구조했는데 이 8명이 군기를 실었던 다마쓰마루의 단 8명의 생존자로, 13일간이나 먹지도 마시지도 못한 채 표류하고 있었던 것이다.

10월 초에는 7척의 비행기를 만재하고 병사들을 태운 수송 선단이 모지[후쿠오카현 기타규슈시]에서 역시 마닐라를 향해 출발했다. 우리는 모지에서 장도를 빌며 그들을 보냈으나 이 또한 5척은 침몰했고 2척만 가까스로 도착했다.

이들 외에도 우리가 모르는 선단이 상당 수 있었겠지만, 모두 이런 결과였을 게 확실하다.

이들을 보더라도 저 지도상의 바시 해가 얼마나 수송선에겐 마의 바다인지 알 수 있을 것이다.

이 작은 해저에 잠자고 있는 수십 척의 공용선(御用船), 군함, 그리고 수십만의 병사들, 생각만 해도 묵도를 올리지 않을 수 없다.

(2604[*]·10·11 상하이에서)

─이 기사는 절대로 극비이기 때문에 구니코짱만 가슴에 담고 입 밖에 내지 않기를 바랍니다─

*2604… 황기(皇紀)·기원 2604년=1944년.

조난기

마닐라를 나온 것은 11월 8일이었다. 나오기 전에 적의 정황이 우세했기 때문에 2시간이나 출항을 연기해 한낮이 다 돼서야 출항했다. 9일 15시 무렵 레이테 섬 북단에서 쌍발, 꼬리날개 둘의 적기 1대가 상공에 떠 있다는 정보를 얻었다. 17시 오르목 만에 다다르자 돌연 산 사이에서 쌍발 전투기 록히드가 나타나 공격했다. 적은 기총과 기관포를 쏘며 급강하해 폭탄을 투하했다. 가시이마루 옆에도 떨어져 전기 계통이 정지됐다. 제2회째 습격에서는(이날 나는 지휘 소대장을 맡고 있었다) 우리가 있는 선교(船橋)[군함이나 선박의 전투·항해·통신 등을 지휘하는 곳]를 목표로 덮쳐 와 결국 내 오른쪽 후방에 있던 병사는 중상, 좌후방에 있던 아키구치 견습사관도 경상, 연통 옆에서 기관총을 쏘고 있던 기무라 상등병은 전사, 기관포 담당 2명 전사, 기타 중경상자 다수가 발생했다. 이때 연통에만 4~6군데의 탄흔이 생겼을 정도다.

제3회는 록히드와 노스아메리칸 B25 4기가 공격해 왔으나 손해는 없었다. 이 전투로 선교는 피바다가 됐고, 여기저기에 부상자들이 드러누워 있는 지경이었다.

해는 어느새 떨어져 어두워지고 전기가 들어오지 않는 선상에서 내가 주번을 맡고 있었기 때문에 사망한 기무라 상등병의 유품을 꺼내 왼쪽 새끼손가락과 이빨 2개를 군의한테서 건네받아 고향에 보내기로(손가락은 화장) 하고 주검은 다음 날

오르목 앞바다에 수장하기로 예정했다.

　오르목은 위험하다고 해서, 배는 거기서 1000미터 정도 남쪽에 있는 해안으로 들어가 전부 거룻배로 상륙시킬 예정이었으나 전날의 비바람으로 작은 거룻배들이 해안가로 밀려올라가 한 척도 오지 않았다. 날이 새면 또 폭격을 당할 터이므로 곤란한 상황이었다. 10일 새벽 3시쯤 해군 해방함에 병사들만 옮겨 태워 상륙시키기로 해 7시쯤 끝냈다. 나머지는 무기뿐이다. 그러나 무기는 거룻배가 아니면 절대 육지에 끌어올릴 수 없어서 어쩔 수 없이 일단 마닐라로 돌아가기로 했고, 10시 40분쯤 배는 움직이기 시작했다. 그리고 전날 습격당한 지점까지 가니 눈앞의 구름 속에서 우군과 록히드가 전투를 하고 있었다. 이건 위험하다고 해서 더욱 속력을 냈다. 11시 10분쯤 왼쪽 2000미터 정도의 거리에 있는 작은 섬 위를 날아가는 비행기를 발견했다. 쌍안경으로 보니 노스아메리칸 B25(도쿄 공습 때 온 비행기) 30대가 날아온다. 왼쪽을 배와 평행하게 와서 선단 앞을 가로지르더니 오른쪽에서 2대씩 나뉘어 습격해 왔다.

　제1회째는 2기가 불을 토했고 폭탄들은 바다 속으로 떨어졌다. 그러나 지근탄이어서 배가 흔들흔들 요동했다. 2회째는 선교로 온 놈들이 13밀리 기관총을 쏘았다. 적탄은 우리 앞뒤에 엄청나게 쏟아졌다. 제3회째는 연통에 부딪힐 듯한 초저공으로 폭탄 투하(2대 모두), 제4회째는 선수, 선미에 2대씩 나뉘어 모두 4대가 왔다. 그리고 제1탄은 제1분대에 명중, 제2탄은 1번 해치[함선의 갑판 승강구]에 명중, 제1분대는 분대장 기시모토 중사 이하 14명이 전부 가루가 되고 말았다. 1번 해치는 드럼통 180개에 든 가솔린에 인화돼 대화재. 선미는 어떠했는가 하면, 6번 해치에 바깥쪽에서 말이 들어올 만한 큰 구멍이 뚫렸고, 또 한 개의 탄은 중(中)박격포 옆에 명중, 중박격포가 파열해 후지모토 병장 전사, 미나토 상등병도 얼마 안 있어 전사했다.

그런 와중에 불은 배에 쌓아 둔 탄약에 옮겨 붙어 배가 갈라지기 시작했다. 전원 퇴선 준비, 나는 전혀 수영을 할 줄 몰라 반쯤 포기하고 있었으나 수통, 도낭[図囊. 지도 등을 넣어 허리에 차는 작은 가방], 세면대, 군도를 지고 구명동의를 입고 갑판에 서 있었다. 배는 불의 소용돌이가 됐다. 적기는 이번엔 기총소사(그라만)를 하며 날아왔다. 나는 탄을 피할 수 있는 차폐물이 전혀 없는 갑판에 서서 먼저 담배에 불을 붙였다. 그리고 우왕좌왕하는 병사들에게 물에 뜨는 것을 바다에 던지라고 연이어 외쳤고 병사들은 널빤지나 통 등을 바다에 던져 넣기 시작했다.

배는 점점 가라앉기 시작한다. 선장이 바다에 뛰어들라고 해서 나도 뛰어들라고 소리치면서 병사들을 바다에 뛰어들게 했고, 나는 다시 한 번 대포 있는 곳에 갔고, 그러고 나서 후지모토 병장이 전사한 것과 다시 미나토 상등병이 죽어가고 있는 것을 봤고, 병사들이 바다 속으로 뛰어드는 것을 보고 있었다. 하지만 이전부터 선미의 데크[함선의 갑판]는 늘 별을 바라보며 고향을 생각했던 곳인데, 나는 최후까지 지휘관이라는 걸 생각하고, 계급은 장교의 가장 말단인 소위지만 비웃음거리가 되지는 않겠다고 생각하고 있었기에 마지막 병사가 바다에 뛰어든 뒤 바다에 들어가려 했다.

원래 배가 가라앉을 때는 큰 소용돌이가 일어나 휘말려 들어가므로 수영이 신통찮은 자는 빨리 뛰어들어 조금이라도 배에서 더 멀리 떨어져야 하지만, 지휘관이 가장 먼저 배를 버린다는 말을 들어서는 안 된다는 생각도 들고 또 멋지게 죽어간다면 구니코도 웃어줄 것이라고 생각했다.

그런데 병사가 전부 뛰어들고 배는 점점 기울어졌기 때문에 준비한 작업용 목장갑을 끼고 로프를 늘어뜨려 바다로 내려갔다. 이때 나는 헤엄칠 수 없을 것이라는 생각은 조금도 들지 않았다. 해야 할 일을 한다는 생각뿐이었다. 그런데 바다에 들어가 배를 올려다보니 머리 위에 도쿄가시이마루, KASHIIMA-RU라는 글자가 보였다. 평영을 하기 시작했는데 뒤에서 소대장님 부탁합니다, 라는 놈이 있다. 보니 사사가와 병장이었다. 뭐냐고 물어보기도 귀찮아, 알았어 하고는 다시 헤엄치기 시작했는데, 조금도 앞으로 나아가지 않았다. 이상하다 싶어 뒤를 돌아보니 사사가와가 두 손으로 군도를 꽉 잡고 있다. 이거 큰일 났다 싶어서, 나는 전혀 수영을 못해, 라고 하니 그래도 좋습니다라고 한다. 이렇게 되면 하는 수 없다. 배영 자세로 조금이라도 배에서 떨어지지 않으면 침몰하는 배의 소용돌이 속에 휘말려들고 만다. 조금 멀어지자 시모쿠라 중위가 큰 판자를 붙잡고 있었다. 그리고 이리로 와, 하고 불렀다. 실은 그도 헤엄을 칠 줄 모르는 것이다. 거기로 세 사람이 신호를 해서 판자를 끌어안고 헤엄쳐 나가는데, 배에서 흘러나온 중유가 점점 우리 쪽으로 퍼져 왔다. 해면은 온통 불바다로 변하기 시작했다. 이렇게 되면 불타 죽을 수밖에 없어 바람이 불어오는 쪽으로 헤엄치기 시작했으나 불이 퍼지는 속도가 점점 빨라져 이젠 얼굴까지 더워지기 시작했다. 나도 틀렸다고 생각하고 각오를 했다. 여기서 죽어도 좋다. 모두의 사진을 몸에 단단히 옭아매놨으니 됐다고 생각했다.

그때 배는 6번 해치의 폭약에 불이 붙은 듯 대폭발을 일으키며 커다란 목재와 철판 등을 하늘로 날려 보냈다. 그 기세로 해상의 불이 일거에 꺼져버렸다. 이때다, 하고 생각하고 필사적으로 헤엄치기 시작했다. 두 번째 불은 상당히 멀리 떨어진 데서 타고 있었으므로 안심했다. 14시쯤 해군 수송함의 선수 쪽으로 헤엄쳐 가 내려준 로프를 잡고 선미로 이끌려 가서 마침내 구조됐다. 밤이 다가오는데 주먹밥 한 개를 받아 먹고 보트 구석에서 잤다. 녹초가 된 상태에서 신경만 긴장한 탓에 좀체 잠을 이룰 수 없었다. 또 생각을 할 수 없을 정도로 지쳐 있었다. 그러다가 언제인지도 모르게 젖은 옷차림 그대로 잠이 들었다.

11일 6시쯤 수평선에 해방함이 보였고, 30분 뒤에 우리는 이 제13호 해방함으로 옮겨 탔다. 이 해방함은 모지를 떠난 이래 우리를 호위해 준 배였기에 상당히 우대를 해 '히카리' 3개, '사쿠라'[모두 담배 이름] 2개를 줬다. 그런데 이 배에 공병장(工兵長)인 나카무라라는 병사가 업무 중에 틈이 나면 와서 개인적으로 이것저것 가져다주고 편의를 봐 주어 그보다 더 기쁜 일이 없었다.

우리가 마닐라에 들어간 것은 11일 23시 반 무렵이었다.

이때만큼 히카와(氷川) 신사, 조상님, 고향의 여러분 음덕이라는 걸 깊이 명심한 적이 없었다.

(2604·11·15)

―산타 노사에서―

[고인이 남긴 시가(遺詠) 〈필리핀 작품〉에서]

구조돼 마닐라 거리를 나는 걷는다 융의(戎衣)*는 기름에 절은 채

상하이도 부산(釜山)도 모두 나와 함께 한 시첩(詩帖) 지금은 레이테의 바다에

거센 적화(敵火) 속에서 나는 살아나 구니코 사진을 바라보며 생각한다

조국과 머나먼 마닐라에서 일본 라디오 들으니 기쁘다

오랜만에 된장국 먹으니 몸에서 일본의 향기 짙게 풍겨 나온다

머나먼 뱃길 밀어 헤치며 가는 배의 허연 항적 흰 물결 어지럽다

사카키바라 다이조 榊原大三

1915년 11월 22일생. 이바라키현 출신.

무사시고등학교를 거쳐, 1938년 도쿄제국대학 의학부 입학, 1941년 12월 졸업.

1942년 1월, 해군 군의 중위로 임관, 입대.

1944년 10월 1일, 팔라우 제도의 펠레리우 섬에서 전사. 해군 군의 대위. 28세.

출정 전야

내일 떠날 내 옷 떨어진 곳 기우려고 어머니는 등불을 켠다

사라져야 할 것은 흔적 없이 사라지는 밤바다에 거대한 항공모함은 오직 활활 타오르기만

팔라우에서 병들었을 때 아내에게 보낸 노래

뎅기열에 몸이 아파 뒤척이다 무심결에 이름을 부른다 야자를 때리는 바람

바바 미쓰타카馬場充貴

1922년 1월 11일생. 도쿄 출신.

1942년 도쿄제국대학 법학부 법률학과 입학.

1943년 12월 10일 요코스카의 다케야마 해병단에 입단.

1945년 3월 21일, 베트남의 나트랑 앞바다에서 전사. 해군 소위.

23세.

다케야마 해병단에서

오직 한 장 엽서에 무엇이 적혔든 나는 읽고 또 읽었네

어머니 손에 의한 것이면

후지사와 해군 전측(電測)학교에서

푸르고 맑아 갈매기 노는 이 파도 밑 검푸른 죽음의 빛

그래서 사람도 끝없는 폭뢰에 맞고 물고기 무수히 떠오른다

휴가 귀성길에

1년만에야 어머니와 둘이 고타쓰를 사이에 두고 뜨거운 차를 마신다

까닭 모를 근심에 잠긴 내가 날마다 펼쳐 읽는 글은 그냥

늘어서 있을 뿐

　먹을 것 없고 옷도 춥지만 단 하루 모자가 모여 얘기할
수 있기만을 (어머니의 소망)

남방으로 부임하는 도중

　어두운 밤을 틀어박혀 보냈다 저우산(舟山)의 수많은 섬
들 사이 파도는 잔잔

타이완에서

　저녁이면 물소 걸어가는 길 멀리 붉은 절 붉은 기와 자욱
한 안개

　폐궁(廢宮)의 샘물 옆에 남아 있는 대왕야자 기둥의 거친
살결

기무라 다카시木村節

1923년 3월 3일생. 이바라키현 출신.

1943년 9월, 니혼대학 전문부 미술과 졸업.

1944년 3월 20일, 동부 37부대 입대.

1945년 7월 1일, 필리핀 레이테 섬 칸기포트 산에서 전사. 육군 병장. 22세.

　　　　출정 직전 고향에서
　　윤기 나는 인연 덧없다 히타치노 들판 피(稗)가 꽃단장
을 했지만

　　　　전지(戰地)에서
　　어두운 바다 어두운 눈으로 응시하며 그저 일편단심 합
장하는 것도

세타 만노스케瀬田萬之助

1923년 8월 23일생. 미에현 출신.

1941년 4월, 도쿄외국어학교 중국어 무역과에 입학.

1943년 12월 1일 입대.

1945년 3월 7일, 필리핀 루손섬 클라크 부근에서 병사. 육군 소위.

21세.

[1945년 3월 5일 부모에게 보낸 편지]

이 편지, 내일 내지에 비행기로 연락할 동료에게 부탁합니다. 무사히 전달될 수 있기를 염원하면서 붓을 줍니다.

목하 전선은 교착 상태에 있습니다만, 언제 큰 변화가 있을지도 모릅니다. 그만큼 어쩐지 기분 나쁜 뭔가가 떠돌고 있습니다. 생사의 경계를 방황하고 있자니 학생 무렵부터 무신론자였던 자신이 지금 새삼 후회가 됩니다. 사후에 어떻게 될까? 하는 불안보다도 지금 마음 기댈 곳 없는 허전함 탓이겠지요. 그 점에서 신앙심 두터운 부모님 마음을 알 것 같습니다.

무슨 종교 책 같은 걸 보내주시면 다행이겠습니다. 어떤 갈래의 책이라도 좋습니다. 어떤 갈래의 것이라도 기대하는 바는 같다고 생각합니다. 설사 일시적일지라도 마음의 평정을 구할 수 있다면 좋겠습니다.

이곳의 말은 타갈로그어입니다. 이 점에서 외국어로 중국어를 전공한 저로서는 좀 알아듣기 어렵습니다만, 어느 정도 토인(土人)들 말에도 익숙해졌습니다. 말을 알면 자연스레 인정이 솟아나옵니다. 피부색이 달라도 인정상으로는 다르지 않습니다. 어머니가 언젠가 말씀하신 대로 무익한 살생은 부하에게도 단호히 금지시키고 있습니다.

마닐라 만의 저녁노을은 볼만합니다. 이렇게 멍하니 황혼 무렵의 바다를 바라보고 있으면, 왜 우리는 서로 증오하고 싸우지 않으면 안 되는 것일까 하고 어쩐지 회의적인 기분이 듭니다. 피할 수 없는 숙명일지라도 좀 다른 타개책은 없었던 것인가 하는 생각을 하게 됩니다.

애석하게도 왜 우리는 청춘을 이런 비참한 생각을 하며 살아가야 하는 걸까요. 젊고 사려 깊은 사람들이 차례차례 전사하는 건 견딜 수 없습니다.

나카무라야(中村屋)의 양갱을 먹고 싶다는 생각이 지금 문득 떠오릅니다.

또 편지 올리겠습니다. 이 편지가 무사히 가 닿으면 좋겠습니다만……

형님, 누님, 그리고 와카코짱(조카) 부디 안녕히.

조조불일(무무不一. 서둘러 쓰느라 할 말을 충분히 하지 못함 - 옮긴이)

1945년 3월 5일
아버님, 어머님께

오자키 요시오尾崎良雄

1923년 2월 16일생. 오사카 출신.

마쓰에고등학교를 거쳐, 1942년 4월, 교토제국대학 경제학부 입학.

1943년 12월 10일 해군 입단.

1945년 6월 6일, 필리핀 클라크 필드에서 전사. 해군 중위. 22세.

[1944년 10월 누이에게 보낸 편지]

오늘 스즈카[미에현]에서 수교사[水交社. 해군 사관 이상의 친목단체]로 갈 때 오사카성은 가을 하늘에 실로 멋지게 솟아 있었다. 그 뒤에는 늘 건강한지, 군대 생활에도 완전히 익숙해진 것 같은데, 이런 천하대세로 보건대 어쨌거나 건강이 제일이다. 내 몸은 내가 건사하지 않으면 안 되는 것인데, 이는 너도 뼈저리게 느낄 것이다. 원래 별로 건강한 몸이 아닌 너에게는 매일 낮밤 작전근무를 하느라 무리일지도 모르겠으나 뭔가 피로 회복을 위해 주의와 치료가 필요하다고 생각한다. 몸을 위해서는 무엇보다도 솔직해지지 않으면 곤란하다.

너도 스무 살, 전시의 거친 파도는 조용한 너를 파괴해 갈 것은 물론이고, 너도 나름의 각오가 돼 있을 것이라 생각한다. 세상은 언제나 네가 아이로 있는 것을 허용하지 않을 것이고, 소설을 닥치는 대로 읽는 것만으로 어른이 될 수 있는 게 아니라는 것도 알고 있을 것이다. 오빠로서 지금은 간단히 상담 상대가 돼 줄 수 없는 게 유감이고 또 대단한 오빠도 못 되지만 너에게 뭔가 일이 있으면 가장 먼저 나를 생각할 것이다. 생각해 보면 나는 정말 행운을 타고난 남자였다. 마쓰에서 교토대에 간 나는 거기서 마음껏 공부하려고 생각했다. 그리고 공부하다가 어느 날 펜을 버려야만 했고 대신에 단검이 주어졌다. 내가 전쟁 목적을 모르겠다고 했더니 아버지는 너무 놀라시며 그런 말만은 하지 말라고 거듭 말하셨다. 그러나 세간을 내다보아라. 우리 젊은이들이 비행기를 타지 않으면 누가 타겠느냐. 내게는 아버지나 어머니가 건재하는 한 아무런 불안도 없으니 몸도 마음도 가볍다. 나는 언제라도 죽어갈 첫 번째 남자다. 그 때문에 너도 너 자신이 살아갈 방도를 고민해 봐야 할 것이라 생각한다.

이런저런 사람들이 너를 너무 좋아한다는 것은 너 자신의 인간성과 탐탁한 우연의 일치 덕으로, 오빠로서도 나쁘게 생각하지 않으며 너의 죄도 아니라고 생각하지만, 하나하나 마음의 해결에 언제나 부심하면서 대비해 둘 필요가 있을 것이다. 너는 자유로워야만 하고 또 충분히 그럴 권리도 갖고 있다. 빈틈없다는 것은 긴장하고 있다는 것과 조금 다르지만, 빈틈없는 인간이 될 필요도 있다. 또 늘 배려심을 갖는다면 무슨 일에도 세심한 주의를 할 것이고, 성실성도 생겨날 것이다. 자신의 말에는 책임을, 그것도 완전히 져야 하며, 다른 사람과 대화할 경우에는 먼저 좋은 청취자가 돼야 한다. 아무리 상대방이 하찮은 이야기만 한다 하더라도, 자기만 우쭐대는 이야기는 무엇보다도 삼가야 할 것으로 생각한다. 이것은 다른 사람들의 이야기를 옆에서 듣고 있으면 잘 알 수 있는 일이지만, 자신도 모르게 그러는 것이니 주의해서 돌아보는 게 좋다. 하긴 너에게는 비교적 그런 면이 없는 듯하지만 중요하다는 생각에 적어 둔다. 군대에서는 복창이라는 말이 있는데 좋은 말이다. 복창하고 나서 이야기하는 것보다 나은 것은 없다.

지금까지는 너무 가까워서 깨닫지 못했지만 너는 좋은 눈을 갖고 있다. 몸에 밴 배려와 진심을 느끼면서 너는 자아를 억제할 수 있게 됐을 것이다. 사람 사이에서 부대끼는 일은 좋은 수양이 되며, 인간의 생애는 수양으로 채워야 한다는 생각도 한다. 너의 경우 스스로 자신의 문을 닫아 버린 것은 나쁘지만은 않았다고 생각한다. 희생이란 말은 좋아하지 않지만 소중한 것이라고 생각한다. 네가 내게 가장 신뢰할 수 있는 누이라고 믿었을 때, 나의 전진(轉進) 뒤에 남은 우려도 완전히 사라져버려 나는 무척 기뻤다. 전국(戰局)의 진전은 너의 신변에도 거친 파도가 되어 밀려올 게 뻔하고 집안도 여러 가지로 생각하지 않으면 안 될 일이 많을 것이라 생각한다. 내가 내일이라도 나가게 되면 재회는 애초에 바랄 수 없게 될 것이다. 덧붙여 두자면, 나는 조금도 비관하지 않을 뿐 아니라 후회도 물론 하지 않는다. 지극히 자연스럽고 지극히 편안한 기분조차 든다.

'넓은 하늘은 그리운 사람의 추억거리를 깊이 생각하며 바라보게 하누나.' 나는 이 노래를 좋아했다. 아무리 괴롭더라도 괴로움을 주기보다는 참아내는 것이 쉽고, 견디는 건 이젠 괴로움이 아니다. 사람은 어떤 것에도 지고 싶어 하지 않고, 발돋움해서라도 끝내 간다. 너는 요전에 이런 의미의 얘기를 편지에 담아 보냈는데, 별로 격정적으로 달려갈 수도 없는 너니까 자신도 위로받고 다른 사람도 위로받을 것이다.

내게도 네가 모르는 게 있다. 그러나 내 육체에서 혼이 떠나갈 때, 내 혼은 네가 어디에 있든 너에게 돌아갈 것이다. 내가 "이긴다고 생각하니?" 하고 너에게 물었을 때 너는, 우리가 어렸을 때 내가 할퀴어 줄까 하고 말했을 때 네가 좋다고 해서 내가 할퀸 뺨의 흉터에 손가락을 대면서 "그럴지도 몰라" 하고 분명히 말하며 얼굴을 돌렸다. 내가 너의 얼굴을 다시 바로 보게 돌려놨을 때 너의 눈은 눈물로 가득 찼던 것을 기억하고 있다. "울고 있는 건 아니지만 눈물이 나오니 슬퍼"라고 했던가, 너는 그런 말을 했지. 잊고 있었는데 요전에 찍은 군복 차림의 너와 가족들의…… 그 필름은 현지에서 인화해서 보내기로 했다. "그놈, 뻣뻣하기는." 이게 그때의 내 소감이었지.

어쨌든 간에 다시 한 번 만나고 싶지만 시간이 시시각각 흘러갈 뿐이어서, 언제 영영 이별했는지 나중에 알게 된다 하더라도 괜찮도록, 인사만큼은 미리 해 두자. 너는 전황도 가장 빨리 알 수 있고, 이해하기에 충분한 정황도 자료도 갖고 있으리라 생각한다. 그래서 나는 이런 말을 해주고 싶다. 모든 걸 부탁한다.

너에게 부탁한 보람이 있을 것이라 믿는다. 내가 맡아야 할 바통을 너무 일찍 어린 너, 스무 살의 너에게 넘겨주는 것은 커다란 마음의 부담일지도 모르겠으나 어쩔 수 없는 이상, 늘 혼쾌히 맡은 일을 해주기 바란다. 그저 성장기에서의 탈피를 건강하게 해내기를 바랄 뿐. 나는 언제 어디에 있더라도 너에 대해 간절히 간절히 기도하고 있다. 나에 대해서는 아무것도 염려할 게 없다. 어느 때 어떤 일이 일어나더라도 반드시 잘 대처해 다오. 나의 해군 생활은 일지에 자세히 적어 두었고 말하고 싶은 것도 써둘 작정인데, 너에게 뭔가 도움이 될 만한 게 있을지도 모르겠다. 어찌됐든 나는 전력을 다해 남자다움을 갈고 닦아서 오겠다. 너는 부디 아버지 어머니의 정신적 양식이 될 수 있도록 해다오. 슬픈 일인 건 분명하니까, 죽음이라는 걸 쓸데없이 생각하지 않는 게 좋겠다. 주어져 있을 것 같지만, 너에게는 의외로 좋은 자리가 기다리고 있을지도 모르겠다.

만날 수 없다면 안녕이다. 부디 몸조심해라. 신과 같은 기분을 계속 가져 줘. 네가 내 누이가 돼 준 것은 너의 행운이라기보다 실은 나의 행운이었어. 굳세게 살아가다오. 내 친구들이 다시 너에게 나의 연장(延長. 아마도 역할의 연장 – 옮긴이)을 요청해 온다면 네가 좋다고 생각하는 대로 해주는 것이 가장 좋을 것이라 생각한다. 부모님에게는 늘 좋은 자식이 되도록, 너한 사람은 모두를 위해, 그리고 모두는 한 사람을 위해. 너도 오빠가 돌아갈 곳을 급히 서둘러 만들어 두지 않으면 때를 맞출 수가 없을 거야.

1944년 10월 요시오

가즈에게

마쓰바라 시게노부松原成信

1922년 1월 11일생. 시가현 출신.

도시샤대학 예과를 거쳐, 1944년 4월, 경제학부 진학.

1944년 6월 25일 입대.

1945년 8월 1일, 중국 베이징에서 병사. 육군 병장. 23세.

일기

내 일기입니다. 가늘디가는 몇 년인가의 고독, 어쩌면 영원한 침묵으로 견뎌내야 할 슬픔이 있는 한 써 나가겠지요.

1944년 7월 4일

톈진(天津)에 이른 아침 도착했다. 양갱과 담배를 받았다. 아버지께 소식을 전할 마음이 들어 양갱은 남겨뒀다. 이런 기분을 아버지가 알아주실까. 이 양갱을 먹을 때 아버지의 기뻐하실 얼굴을 상상하며 즐거워했다.

7월 16일

"뼈를 줍는다"는 말에 대해 생각한다. 쇼조 소위는 서로 뼈를 주워주는 날도 있을 것이라고 써서 남겼다.

내 뼈를 주워 줄 이는 누구일까. 내 말을 주워 줄 사람인들 있을지 없을지 모르는 판에.

8월 31일 비
파리가 함락됐다고 한다.
전쟁도 결국 죽음의 심연 앞에 우리를 세우는 매개다.
자고 있으면 마음은 고향으로 돌아가 있다.

9월 9일
군대에서 일기를 공공연히 쓸 수는 없다. 쓰더라도 쓴 것을 지니고 돌아갈 수 없다. 이 일기는 보낼 작정이다. 다시 읽어보면 쓸데없는 것뿐인 수첩일 것이다. 바보의 말들이 어리석고 못나게 늘어서 있을 것이다. 한 소녀를 진실로 사랑하고 있는지 아닌지조차 자신이 알 수 없는 심리를 힘에 겨워하면서 덧없는 공상의 세계에서 꿈 이야기를 단 한 마디 슬프다, 라는 말로 희롱거렸던 것이다.

진실을 갖고 살아간다는 것은 무감동한 생에 대해서는 공허한 말이다. 무감동성을 지성이 지성일 수 있게 하는 이유라고 의미를 부여할 만큼 자만심 강한 지성의 소유자여서는 안 된다.

나에게 정열은 없다. 내 말로 포착할 수 없는 나의 무내용성 속에서 누구를 대면할 수 있으리. 엄청나게 많은 말도 한 명의 벗을 구하기 위해서였을 텐데.

어쨌든 첫사랑을 애기할 벗은 없다.

현실의 이유를 확실한 것에서 찾는다면, 확실성 때문에 죽음밖에 구할 수 없을 것이다.

[1945년 1월 31일 연인 사유리 씨에게 보낸 편지]

편지 받아보고 먼저 안심했습니다. 하지만 바쁜 생활이 무엇보다 염려됩니다.

………

서둘러 아버지에게는 편지를 썼습니다. 정이 많은 아버지라 믿고 있는 나는 어쨌든 할 수 있는 만큼은 해 드릴 작정입니다.

소생 쪽에서 한 가지 부탁이 있습니다. 이것은 어머니에게 쓴 편지에서 지난 연말에 얘기한 것입니다만, 어머니는 농담쯤으로 생각하고 계신 걸까요.

한번 어머니를 젠코지(善光寺)[나가노 시의 고찰]에 모시고 가주세요. 3년래 병상의 나를 붙잡고 둘이 가자는 말을 하고 있었는데, 결국 이렇게 출정한 몸이 되었습니다. 오랜 기간 고생하신 어머니에게 변변찮은 금치(金鵄)훈장[무공 발군의 육해군 군인에게 하사된 훈장] 삼아 그렇게 해주었으면 하고 제멋대로 바랍니다. 기차를 탈 수 있을 정도의 건강은 있으신 듯하니 내지 사정이 그것을 허락한다면 한번 모시고 가주세요. 두 분 모두 잔걱정을 하시면 안 됩니다. 모쪼록 근심걱정 없이 다녀오세요. 용돈 정도는 제 돈으로 충분할 겁니다. 다 써버리세요. 이렇게 얘기 해도 당신의 사정도 있겠습니다만—

그것은 당신의 사정만 괜찮으면 당신이 어머니께 말씀드려 주세요.

나만큼 어머니에 대해 신경을 쓰는 당신은 아니겠지만(실례합니다), 기차의 운행 방향 쪽으로 어머니의 자리를 잡아 주세요. 너무 떠들지 않는 게 좋아요. 금방 머리가 아플 테니까. 뭔가를 읽고 얘기해 드린다거나, 라디오를 듣는 건 안 됩니다. 화장 시간이 긴 것도 싫어합니다. 맨얼굴 그대로가 좋아요. 성격이 억세니까 기차를 오르내릴 때 잘 해야 합니다. 신경통이 있어요. 차는 진한 것을 좋아합니다. 옷가지도 코트가 좋아요. 아이들을 좋아해요. 차 안에서 아이가 있는 곳 가까이 자리를 잡는 것도 좋겠죠. 사치스러운 건 싫어해요. 향수나 퍼머넌트는 피하는 게 좋아요. 옷차림새나 음식 얘기라면 해도 좋아요.

쓸쓸하다는 당신에게 뭔가 얘기하려는 나를 말려야겠습니다. 어차피 인생은 그런 것일 테니까. 그래도 당신은 명확한 서정의 대상을 갖고 계시니까 쓸쓸함은 그 위의 차원의 세계로 가는 발판에 지나지 않는 게 아닐까요………

라디오도 축음기도 있습니다. 지금 〈우라마치 인생〉[1937년작의 가요곡]이 울리고 있습니다. 너무나도 그립습니다.

어머니에게 너무 무리하지 마시라고 말씀드려 주세요.

내 얘기 하는 것은 잊어버렸네요. 나는 건강해요.

요전의 위문주머니(慰問袋) 고맙습니다.

건강을 빕니다.

시게노부

미쿠리야 다쿠지御厨卓爾

1923년 6월 3일생. 사가현 출신.

1942년 4월, 가고시마고등상업학교에 입학.

1943년 12월 10일, 사세보의 아이노우라(相浦) 해병단에 입단.

1945년 6월 5일, 가미카제 특공대원으로 가고시마현 시부시 만 입구에서 전사. 해군 소위. 22세.

1945년 2월 25일

오늘은 비가 내렸다. 날이 밝을 무렵까지는 상당한 비가 내린 것 같았으나 조례에 나갔을 무렵엔 비인지 안개인지 알 수 없는 것이 비행장의 넓은 공간을 동쪽 방향으로 흘러가고 있었다. 조례를 마치고 비행장 배수구를 따라 걸었다.

겨울도 마침내 고개를 넘어 봄이 가까운 비행장의 잔디는 아직 온통 잎이 마른 채 비에 흠뻑 젖어서 소복하게 대지에 웅크리듯 가녀린 여명(餘命)을 지켜가고 있다. 안개비가 땅을 기듯이 흘러가면서 이 소복한 마른 잔디에 작은 흰 알갱이들을 한 알 한 알 떨어뜨린다. 촉촉이 젖은 잔디밭, 마음껏 물을 빨아들인 검은 대지가 끝없이 펼쳐져 있다. 구름은 낮다. 수평선도 분간되지 않는다. 희뿌연 안개를 잡아끄는 검은 난운(亂雲)이 수평선으로 여겨지는 바다 저편으로 빨려 들어간다. 회색의 바다에 문득 생각난 듯 흰 파도가 철썩철썩 부풀어 올랐다.

소복하게 웅크린 이 발밑의 마른 잔디에서, 또 한 덩이의 흑토에서, 그리고 이들이 펼쳐져 있는 들판에서 대지의 따스함, 자연의 부드러운 냄새가 은은하게 떠돌고 있다. 이것은 고향의 흙냄새이기도 하다. 또 모든 것의 생활 양태가 아닐까.

이 이름도 없는 잔디는 이 대지에서 태어나, 지금 그 생을 마감하려 하고 있다. 따스한 대지의 모성애에 안겨 그 '때'를 기다리고 있다. 생을 부정한 모습이 아니다. 그는 강한 생의 긍정을 토대로 치열하게 싸워왔다. 지금 그는 그 삶을 마감하려 하고 있다. 그러나 그는 만족한다. 그리고 조용히 '때'를 기다리면서, 또 그 따스한 품속에는 젊은 힘과 희망이 넘치는 아름다운 싹을 품고 있다. 그는 이 젊은 자신의 후계자에게 다음 제네레이션(세대)을 늠름하게 살아가리라는 희망을 아무 근심도 없이 걸고 있는 것이다. 그 생애는 가열한 생존투쟁이었다. 화창한 봄볕 아래 찾아올 즐거움도 지금은 없다. 자라고자 했으나 짓밟힌 그는 무한한 인내와 강인함으로 계속 삶을 이어왔다. 무엇을 위한 노력이고 고투인가.

그것은 적어도 "자신의 생존을 위해서"는 아니다. 그의 몸 안에 흐르는 피를 위해서, 영원한 지속과 발전을 위해서다. 가장 중요한 것은 피이고 영원의 생명이다. 그는 그 속에서 자신의 진정한 모습을 본다. 그는 피를 이어가는 것, 생명을 이어가는 것의 젊은 희망으로 충만한 모습을 바라보면서 만족스러운 마음으로 어머니 대지의 따스한 사랑 아래로 돌아간다. 그리고 조용히 영원한 생명의 발전을 빌고 있다. 나는 이 조그마한 한

포기 잔디에서 일본인으로서의 인간 삶의 모습을 발견했다는 생각이 든다.

적을 향해 돌진할 때 '자신의 죽음'에 대해 생각할 사람은 없을 것이다. 오로지 일본의 영원한 생명의 발전을 빌면서 돌진해 간다. 아니, 오로지 적을 죽이는 것만을 생각할지도 모르겠다. 그는 그리하여 그의 '최대의 자(者)'에 대해 자신의 모든 것을 연소시키고 조국의 모성애 품으로 돌아간다. 그는 가는 도중에 쓰러질지도 모른다. 그러나 그는 행복하다.

이런 생각을 하며 걷고 있던 중에 문득 시야에 들어온 비행장 끝머리의 농가가 여전한 안개 속에 조용히 자리 잡고 있었다. 때까치가 소란스럽게 날아가고 날아온다. 구름은 아직 낮지만 서쪽은 밝다. 이런 식으로 가면 오후에는 비행 작업을 할 수 있을 것이다.

하야시 이치조林市造

1922년 2월 6일생. 후쿠오카현 출신.

후쿠오카고등학교를 거쳐, 1942년 10월, 교토제국대학 경제학부에 입학.

1943년 12월 10일, 사세보의 제2해병단 입단.

1945년 4월 12일, 제2 시치쇼(七生) 특공대원으로 오키나와 앞바다에서 전사. 해군 소위. 23세.

[1945년 3월 31일 원산(북조선 강원도 남부)에서 어머니에게 보낸 마지막 편지]

어머니, 드디어 슬픈 편지를 보내야만 할 때가 왔습니다.

　　부모 생각하는 마음보다 더한 부모 마음 오늘의 소식 어떻게 들을꼬[요시다 쇼인의 사세가(辭世歌)]

이 노래가 절실하게 생각납니다.

정말 저는 행복했습니다. 제멋대로 버릇없이 굴었지요.

그렇지만 그것도 저의 응석받이 마음이라 여기고 용서해주세요.

떳떳하게 특공대원으로 뽑혀 출진하는 것은 기쁜 일입니다만, 어머니를 생각하면 자꾸 눈물이 납니다.

엄마가 저를 믿고 필사적으로 키워주신 것을 생각하면, 도무지 기뻐할 수 없고 안심할 수도 없어 죽으러 가는 일이 괴롭습니다.

저는 미흡한 사람입니다만 엄마에게 저를 체념해주세요, 라는 말을, 훌륭하게 죽었다고 기뻐해 주세요, 라는 말을 도저히 할 수 없습니다. 하지만 이런 얘기 너무 하지 않겠습니다. 엄마는 제 기분을 잘 알고 계시니까.

약혼과 그 밖의 이야기, 두 번째 편지를 받았을 때는 이미 알고 있었습니다만, 아무래도 거절할 수 없었습니다. 또 저도 아직 엄마에게 응석을 부리고 싶었습니다. 요전의 편지만큼 기쁜 것은 없었습니다. 한 번 만나 차근차근 얘기해 보고 싶었습니다만. 역시 엄마의 품에 안겨 자고 싶었으나 모지(門司, 기타규슈의 도시)가 마지막이 됐습니다. 이 편지는 모레의 출격을 앞두고 쓰고 있습니다. 어쩌면 하카타(博多) 위를 지나갈지도 몰라 그것을 낙으로 삼고 있습니다. 멀리서나마 이별을 하려고 생각하고서요.

지요코 누님도 만나지 못해, 인사를 드리고 싶었는데 유감입니다. 제가 고교를 다닐 때의 우리 집 걱정이 미야자키초의 집과 함께 생각납니다.

엄마, 엄마가 제게 이렇게 하라고 말씀하신 것에 반대해 결국 여기까지 와버렸습니다. 저는 희망한 대로이니 기쁘다고 생각하고 싶지만, 엄마가 말씀하신 대로 했으면 더 좋았을 걸 하는 생각이 듭니다.

그래도 저는 발군의 기량으로 선발됐으니 기뻐해 주세요. 우리 정도의 비행시간으로 제1선에 나가는 건 거의 불가능합니다. 선발된 자들 중에서도 특히 같은 학생을 한 사람 데려가도록 돼 있어서 영광입니다.

저는 죽더라도 마키오 씨가 있습니다. 어머니에게는 제가 소중할지 모르겠지만 일반적으로 볼 때 마키오 씨도 일을 해내는 데는 절대로 남에게 뒤지지 않는 사람입니다.

지요코 누님 히로코 누님도 계십니다. 믿음직한 손자도 있지 않습니까. 저도 언제나 곁에 있을 테니 즐겁게 저를 보내 주세요. 어머니의 즐거움은 저의 즐거움입니다. 어머니의 슬픔은 저의 슬픔이기도 합니다. 모두와 함께 즐겁게 살아 주세요. 툭하면 교활함이 머리를 들어, 어머니 곁으로 돌아가고 싶다는 생각에 꾐을 당하지만 이는 안 될 일입니다. 세례를 받을 때 저는 "죽어"라는 말을 들었지요. 미국의 탄에 맞아 죽기 전에 너를 구원하는 이의 손에 죽는다는 말을 들었습니다만, 그것을 저는 생각해냈습니다. 모든 것이 하느님의 손에 달려 있습니다. 하느님 밑에 있는 우리에게 이 세상의 생사는 문제가 되지 않지요.

예수님도 뜻하시는 대로 이루어 주십사 기도하셨지요. 저는 요즘 매일 성서를 읽고 있습니다. 읽고 있으면 어머니 가까이에 있다는 기분이 들기 때문입니다. 저는 성서와 찬송가와 비행기에 깊이 빠져 있습니다. 거기에다 교장 선생님한테서 받은 미션 휘장과 어머니가 보내주신 부적이 있습니다.

결혼 이야기, 왠지 그런 사람들을 놀려먹은 것 같은데, 이런 사정이니 잘 거절해 주세요. 의지도 있었으므로. 정말 시간이 있다면 결혼해서 어머니를 기쁘게 해드리겠다고 생각했습니다.

허락해주세요, 하고 어머니께도 말씀드려야 하겠지만, 어머니는 뭐든 제가 한 일을 허락해 주시니까 안심하고 있습니다.

어머니는 위대한 분이지요. 저는 언제나 아무래도 어머니를 따라갈 재간이 없다는 걸 느끼고 있었습니다. 어머니는 힘든 일도 끌어안고 하십니다. 저는 도저히 흉내 낼 수 없습니다. 어머니의 결점은 아이를 너무 사랑스러워하시는 것인데, 이건 안 돼 라고 얘기하는 것은 무리겠지요. 저는 그게 좋으니까요.

어머니만은, 또 제 형제들은, 그리고 친구들은 저를 알아주니까 저는 안심하고 갈 수 있습니다.

저는 어머니에게 간절히 빌겠습니다. 어머니의 기도는 언제나 하느님이 굽어살피시니까요.

이 편지, 우메노에게 전해 달라고 했습니다만, 절대로 다른 사람에게 보여주지 마세요. 역시 부끄러우니까요. 이제 곧 죽는다는 게 왠지 다른 사람의 일처럼 느껴집니다. 언제든 다시 어머니를 만날 수 있으리라는 생각이 듭니다. 만날 수 없을 것이라 생각하면 정말 슬플 테니까요………

출격 전날

스기무라 유타카杉村裕

1922년 2월 26일생. 도쿄 출신.

도쿄고등학교를 거쳐, 1942년 9월, 도쿄제국대학 법학부 정치학과에 입학.

1943년 12월 9일, 요코스카의 다케야마 해병단에 입단.

1945년 7월 10일, 홋카이도 지토세 항공기지에서 특공훈련 중에 순직. 해군 중위. 22세.

1944년 5월 21일

군인에게는 들판의 꽃에 마음이 끌리거나 새 소리에 귀를 기울이는 것과 같은 감각은 전혀 필요 없다고들 얘기한다. 어쩌면 그럴지도 모르겠다. 하지만 내게는 그렇게까지 얘기하는 건 좀 지나치지 않나 생각된다. 솔직히 얘기하면, 그런 말을 들을 때는 일종의 반감조차 느꼈다. 그렇지 않아도 우리들 감각은 메말라 있는데, 나로서도 마음이 거칠어져 있는 것을 느낀다.

지난번 면회 때에 N과 오랜만에 만났는데, 그와 나 사이에도 꽤 거리─이만큼 환경이 변하면 무리도 아닐지 모르겠으나, 그리고 또 이야기를 나눌 충분한 시간을 갖지 못했기 때문이기도 하겠지만─가 있다는 것을 느끼고 약간 서글픈 생각이 들었다.

나는 군대에서도 혼자다. 학생 시절의 친구로 자타 공히 허물없던 그와도 서먹서먹함을 느끼는 서글픔. 단지 마주 보기만 해도 마음이 서로 통하는 것을 느끼는 연인의 존재를 한편으로는 간절히 바란다………

1945 5월 12일 토요일

지난번 사도 군한테서 온 편지를 받아 매우 기쁘게 읽었다. 무터[어머니]가 오랜만에 도쿄에서 돌아왔기 때문이라고 변명했지만, 솔직함—어쩌면 어리광부리는 기분—으로 가득 차 있는 편지글에서 크게 마음의 위로를 받았다. 현재 일본 여성들의 삶에 대해 많이 생각했다.

요시에·가가와 중위 등으로부터 최근 14기[제14기 해군예비학생]가 이러니저러니 수정[구타 등을 동반한 질책]당했는데, 그들이 말한 '세상물(娑婆氣)'은 무엇을 의미하는 것일까? 군인 다움, 물론 우리는 군인이 되기 위한 노력을 늘 하지 않으면 안 된다고 생각하지만, 온갖 것들에 대해 생각할 수 있다는 것도 결코 잊어서는 안 된다. 훌륭한 군인이 되는 것은 훌륭한 '인간'이 되는 것과 결코 상반되는 것이어는 안 된다. 해군병학교 출신자의 가장 큰 결점은 이런 인간으로서의 미숙성에 있다고 믿는다. 극히 비근한 예를 들자면, 부하를 이끄는 경우에 인간의 심리라는 것을 생각할 머리의 여유가 없는 자가 어떻게 훌륭한 지도 통솔을 할 수 있겠는가. 현대의 해군을 해치는 것은—그들에게 얘기하게 하면 예비사관이라고 하겠지만—실로 해군병학교 출신자의 이런 인간적 미숙성에 있다고 나는 확신한다. 결국 이것은 해군의 전통적 정신으로까지 거슬러 올라가야 할 것이다. 지금의 해군에 진정으로 해군을 생각하고, 부하를 생각하고, 성의를 가지고 부하의 지도 교육에 임하는 자가 과연 몇 명이나 있을까.

미국적인 것—막연히 이렇게 부른다—은 확실히 즐겁다. 유쾌하다. 생활의 쾌적이라는 것은 사람의 마음을 쉽게 붙잡고 놓아주지 않는다. 미국적인 것이 일본적인 것보다—예컨대, 필리핀 같은 데서—환영받기 쉽다는 건 우리로서는 깊이 생각해야 할 문제를 내포하고 있을 것이라 생각한다. 일본인이 일본 고래의 전통을 내세우더라도 너무 협량하게, 너무 배타적으로, 너무 독선적으로 타자를 대하는 것을 반성하지 않는 한 동아공영권의 완전한 수립은 바랄 수 없지 않을까? 미국에는 '정신'이 없다. 이것은 미국에서도 진정으로 생각 있는 사람이라면 알고 있을 게 틀림없다. 일본적인 '정신' '마음', 나는 이것을 중시하는 일에 결코 남보다 뒤지지 않는다고 자신한다. 오직 바라는 것은 '인간'에 대한 전반적 관점이다. 큰 눈으로 인간이라는 것을 볼 때 의식주라는 것이 상당히 큰 스페이스를 차지하면서 문제가 되고, 이것을 쾌적하게 만드는 것이 상당히 큰 의미를 가진다는 것을 다시금—제대로 아는 일이 종종 경시된다—강조하고 싶은 것이다. 이상국가는—고풍스러운 말을 끄집어냈지만—각자의 생활을 안락하게 하는 것을 당연한 책임으로 삼아야 할 것이다. 종래의 위정자들은 그 자신들의 우둔함 때문에 이런 이상과 거리가 먼 것을 호도하기 위해 새삼스레 정신주의를 휘두르는 경향이 있었던 게 아닐까? 어쨌든 편견에 사로잡히지 말고 미국적인 것의 장점에 눈길을 주지 않으면 우리나라도 결코 길게 가지 못하리라고 나는 생각한다.

1945년 6월 11일

사사키[하치로]의 유고 '미야자와 겐지, 사랑과 죽음에 관하여'[앞의 사사키 하치로 항목 참조]를 읽고 몹시 감격했다. 그와는 깊이 얘기를 나눌 기회를 갖지 못했고, 추억이라면, 자주 하찮은 말다툼을 한 것 정도인데, 유감스럽기 짝이 없다. "동화를 애독하는 어른이 좋다." 내가 흔히 하던 얘기대로 그는 훌륭한 정신의 소유자임을 보여주면서 죽어갔다………

6월 30일

………

차 안에서. 내가 특공대에 갈 때의 심리 상태.

나의 생활 목표는, 훌륭한 인간으로 살아가려는 것이었다. 더 구체적으로 말하면, 훌륭한 일본인으로 살아가려는 것이었다. 그리고 나는 그런 이상에 한 걸음이라도 다가가려고 노력하는 것을 한없이 소중한 것이라고 봤다. 나는 그 노력 속에서 가치를 발견했다. 나는 오직 훌륭한 일본인으로서 살아가고 싶다. 결국 단지 그것뿐이다. 사바에서의 23년의 학문도 생각해 보면 아깝다고도 할 수 있다. 그러나 그런 것들은 그 목적이 아니라 그 각 과정에 가치가 있다고 생각하기 때문에 나는 만족한다. 또 목적이라는 면에서 보더라도 지금까지의 공부는—별로 하지도 못했지만—결코 쓸데없는 것은 아니었다고 믿는다.

그러나 좀 더 살고 싶다는 생각도 분명히 있다. 그것을 분석하면,

첫째, 아무리 괴롭더라도, 아무리 고통스럽더라도 살고 싶다는, 생물에게 주어진 본능.

둘째, 좀 더 이 세상에 있게 된다면 뭔가 재미있는 것, 유쾌한 뉴스가 있을 것이다. 어쩌면 내가 이번 전쟁에서 죽은 최후의 한 사람이 된다면, 하는 터무니없는 생각.

이 정도일 것이다. 그러나 이런 것들은 가장 중요한 의미를 지니는 이념의 요청보다도 훨씬 그늘이 옅다.

이치시마 야스오市島保男

1922년 1월 4일생. 가나가와현 출신

와세다대학 제2고등학원을 거쳐, 1942년 와세다대학 상학부 진학.

1943년 12월 요코스카의 다케야마 해병단에 입단.

1945년 4월 29일, 제5쇼와특별공격대원으로 오키나와 동남쪽 해상에서 전사. 해군 대위. 23세.

1942년 11월 30일 맑음

아침에 일어나 보니 태양이 새빨갛게 타오르는데, 오늘의 생활을 신선하고 의미 있게 보내라고 격려하는 듯하다. 아침밥도 먹는 둥 마는 둥 하고 요코하마로 향했다. 8시 10분 전, 앞으로 출발까지 12분밖에 남지 않았다. 와카미야는 어디에 있는지 모르겠다. 나는 안달하면서 배웅하는 사람들로 꽉 찬 기차역 플랫폼을 끝에서 끝까지 돌아다니다 마침내 찾아냈다. 말없이 그냥 손을 잡은 채 상대의 얼굴을 들여다보듯 했다. 그는 흥분하여 빠른 말로 "그럼 갔다 올게, 뒷일을 잘 부탁합니다" 하고, 그의 어머니 쪽으로 눈길을 돌렸다. "갑자기 연락을 받고 놀랐어. 다만 승마부 사람들이 모두 모여 얘기하는 자리도 갖지 못해 유감이야. 어차피 뒤따라간다. 힘내" 하고 내가 말하면서 옆으로 눈을 돌리자 오카베와 모리타 등 승마부 멤버와 오오시마 등의 동창생도 왔다. 열차가 무서운 기세로 들어왔다. 깃발을 흔드는 소리, 고음의 노랫소리, 그런 것들이 소란의 도가니를 이룬 듯 역 구내를 울렸다. 문득 친구 옆의 출정병을 보니 차창에서 머리를 내민 아들의 손을 끌어안듯이 자신의 가슴에 꼭 그러모으고 소리도 없이 쉴 새 없이 굵은 눈물방울로 뺨을 적시고 있는 초라한 행색의 노파가 있다. 아들도 눈물을 머금고 어머니의 얼굴을 뚫어져라 보고 있다. 그것은 사내답지 않다는 것과는 무관했다. 모습을 보니 어머니와 외아들인 듯하다. 나는 가슴이 아파 얼굴을 돌렸다. 도저히 인간적인 고뇌를 버리지 못하고 울어서는 안 될 장소에서 눈물을 흘리는 어머니의 모습! 너무나도 인간적인 모습이었다. 이것이 두 사람에게 마지막일지도 모른다. 가련하구나, 늙은 어머니여. 아들의 앞길을 축복하고 맑고 큰 마음의 눈물로 보내주시오.

일본은 큰 이상을 실현하기 위한 고통으로 몸부림치고 있다. 고뇌 없이 광명을 맞이할 수는 없다. 당신의 고뇌도 그런 것이다………

[1943년 10월 25일 이치노세 무네오 씨에게 보낸 편지]
……지난 한 달간 우리들 학생에게는 실로 격심한 변화가 일어났지만, 이쪽 머리(頭)의 내용은 조금도 변하지 않았고, 종전처럼 완만한 움직임을 보이며 태연하다. 실로 타성은 무서운 것이어서 재빠르게 처신하려 하지만 좀체 되지를 않는다. 의지력을 강화하고 싶어 하는 것만은 제 몫을 하고 있다. 주변 정리를 할 때도 전부 필요 없다고 생각하면서 막상 때가 되면 철

저하지 못해서, 이른바 번뇌인가 하고 쓸쓸해진다. 출정하니까 당연히 모든 것을, 하고 바라면서 현실에서는 그것이 무너지고 있는 것이 유감스러울 따름이다. 학도출진! 확실히 영광과 감격으로 충만하다. 그러나 그대가 얘기하듯이 약간 축제 소동 같은 감이 없지 않다. 이번의 여러 처치에 대해 감사할 수는 있지만 가슴 밑바닥에 풀리지 않은 뭔가를 느낄 수 있다.

  ………출진을 자랑하고, 간판으로 삼고, 거리나 역을 차지하고 위세를 부리는 학생들을 보면 반감마저 들려 한다. 얼마 전에도 M대와 T대의 한 무리가 일장기를 어깨에 두르고 떠들어댔다. 우리는 동정을 구해서는 안 된다. 우리는 지나치게 우대받고 있다. 나는 문부성의 대장행회(大壯行會)에 실은 가고 싶은 마음이었다. 감격에 잠겨 눈물을 흘리고 싶었다. 분명히 그 속에 들어가면 나 같은 단순한 사람은 울 것이다. 그러나 나는 갈 수 없었다. 왜 학생들만이 이토록 야단인가. 동년배들은 이미 출정했고, 처자가 있는 사람도 속속 출정하고 있다. 우리가 지금 가는 것은 당연하다. 비장하다고 할 것인가. 그렇다면 처자가 있는 사람은 더 그럴 것이다. 학생에게 기대하기 때문이라고 할 것인가. 그러면 지금까지 부당한 압박을 가하고 냉대하다가 지금에 이르러 일변한 것은 무슨 까닭인가. 솔직하지 못한 생각일지도 모르겠다. 그러나 그냥 지나칠 수 없었다.

  ……대부분의 학생들은 가는 것이 당연하다는 걸 알고 있을 것이다. 세간이 때로는 냉대하고 때로는 우대하며, 일인극을 하고 있는 것이다. 장행회에는 가지 않았다. 그러나 가는 편이 좋았겠다는 생각도 지금은 한다. 저 분위기에 잠기면 누구라도

순수한 감격을 맛볼 수 있을 게 틀림없다. 여기서도 번뇌는 잘라 버릴 수 없다. 하지만 어느 쪽이 좋았을지는 알 수 없다. 요즘 나는 실제로 행복하다고 생각한다. 좋은 때를 오랜만에 만났다고 생각한다. 정말 위대한 역사의 최첨단에 있다는 느낌이 깊어졌고, 큰 영광을 차지하고 있다는 기분이 든다. 검사는 29, 30일 이틀. 꼭 갑종이 되고 싶다. 귀댁의 여러분에게 부디 잘 부탁드린다.

[마지막 일기에서]
1945년 4월 20일
마음 고요한 하루였다. 집안사람들과는 만나지 못했지만, 그리운 사람들과 마음껏 얘기를 나누며 즐거운 시간을 보낼 수 있었다.

오늘이 가면 다시 서로 만날 수 없는 몸이 되지만 조금도 슬픔이나 감상에 사로잡히지 않고 담소 중에 헤어질 수 있었던 것은 나로서도 이상할 정도였다.

나로서도 내가 이번 일주일 기간 중에 죽을 몸이라는 생각은 조금도 하지 않았다. 흥분이나 감상도 다시 일지 않았다.

다만 조용히 내 최후의 한 순간을 상상할 때 모든 것이 꿈같다는 생각이 든다. 죽는 순간까지 이런 차분한 마음으로 있을 수 있을지는 나로서도 알 수 없지만, 의외로 쉬운 일일 거라는 생각도 든다.

....

4월 21일

오전 시험비행.

주기장(駐機場)에 나와 있는 나의 애기(愛機)(야—406)도 정비원이 빈틈없이 정비해줘서 눈물겹다.

7 · 40[7시 40분] 처음으로 최후의 시험비행을 했다. 고도 2000, 순항 제원(諸元) 양호, 드디어 전투기 탑승으로, 최후의 특수비행[고도의 비행기술 훈련]을 쓰치우라 상공에서 종횡무진으로 수행했다. 시계는 다소 양호, 오랜만이지만 매우 쾌적. 기상(機上)에서 그리운 사람들에게 마지막 이별을 고했다.

11 · 00 시합

13 · 00 지휘소 앞 정렬

동기들이 하나에서 열까지 모두 거들어주고, 비행기 위에 천엽벚나무를 장식해 주었다.

13 · 30 건배

엔진은 푸른 하늘에 고고히 굉음을 울리고 있다. 출발 명령을 받아 최후의 경례를 하고 바로 구보로 나의 비행기로 다가간다. 벗이 혈서가 적힌 머리띠를 건네준다. 형들의 뜻은 반드시 이뤄진다고. 그것을 머리에 단단히 둘러맸다. 이제 나는 나의 모습이지만 내가 아니다. 어쩌면 일억 국민의 기도의 결집. 그 기도에 걸맞은 자가 돼라. 바람에 머플러가 펄럭이고 기분이 좋았다.

13 · 50

1번 기가 굄목을 떼어냈다. 내 비행기도 이어서 그것을 떼어냈다. 8기의 조용한 엔진 소리가 합쳐져 높고 낮게 울리며 푸른 하늘을 진동시킨다.

1년을 함께 보낸 친구가 깃발을 흔들며 뭔가 외치고 있는 얼굴이 환상처럼 지나간다.

13·55 1번 기 이륙, 내 비행기 이어서 이륙, 다른 6기도 뒤따라 이륙한다.

편대를 짜서 상공을 통과한다.

다시는 밟지 못할 제2의 고향! 안녕!! 그리운 쓰치우라도 뒤로 뒤로하고 지나간다.

엔진은 쾌조. 오직 무아지경 속에서 계속 날아간다. 가와사키의 우리 집 상공을 정확하게 지나간다.

아시가라야마 상공을 통과할 무렵 오른쪽에 숭고하기 그지없는 후지산을 봤다. 용케도 일본에서 태어난 것에 감격의 눈물을 흘렸다. 비행기에서 본 후지의 모습은 너무나도 장엄하다. 상상을 초월한다. 비행기에 있던 벚나무 가지 한두 개를 후지산에 바치고 일로(一路) 서진한다.

15·30 스즈카에 도착

4월 23일

………비행장[가고시마현의 가노야 비행장. 해군특공대 출격기지]은 곳곳에 구멍투성이로, 제1선 분위기가 흘러넘친다. 지상 활주를 하다가 제1쇼와대의 가네코 소위, 제2쇼와대의 마루모 중위, 사다카타, 기타하라, 네모토 소위, 요시나가 2등비행하사관의 얼굴을 보고 놀랐다. 마루모 중위 등의 돌진을 믿고 있었기에 환상을 본다는 생각이 들었다. 자세히 들어보니, 그들은

16일 출격을 위해 열선(列線)에 도착, 바로 발진하려 했을 때 그라만기가 내습해 총격을 가했기 때문에 기타하라 소위기인 25번이 폭발하고 다른 기들도 연쇄폭발을 일으켜 앞서 얘기한 이들의 애기들이 일순간에 타버리는 바람에 네모토, 요시나가를 뺀 나머지는 모레 야타베로 돌아갈 예정이라고 한다. 그래도 동기들 중에 남는 이는 가네코, 네모토 두 사람으로, 네모토가 우리와 함께 출격하면 생환하는 것은 가네코 한 사람이 된다. 그 심중 또한 복잡할 것이다. 그는 맨 먼저 가노야에 도착했고, 제1쇼와대는 그를 빼고 모두 죽는 사람 축에 끼었다. 제2진 벗들을 보낸 그는 지금은 또 우리의 출격을 지켜봐야 할 운명이다.

실로 인간은 내일 일을 알 수 없다는 말이 참으로 맞는다는 걸 느낀다. 숙사는 비행장에서 조금 내려간 소학교에 있었고 천장은 폭격으로 구멍이 뚫려 있었다. 교실 안에는 책상과 대나무 침대가 놓여 있을 뿐이다. 책상 위에는 누가 끼워놓았는지 장미와 괭이밥, 도깨비부채 장식이 있어 살풍경한 가운데 한 줄기 가련함이 떠돌았다. 구석에는 무참히 폭사를 당한 시노자키 소위와 발진 직전 착륙한 비행기에 추돌당해 전사한 니시다 소위의 유골이 놓여 있다.

내일 출격할지도 모르므로 시골길을 슬슬 걸어 목욕하러 갔다.

내 25년의 인생도 드디어 최후가 가까워졌는데, 자신이 내일 죽으러 가는 사람 같은 느낌이 들지 않는다. 이제 남국의 끝에 왔고 내일은 격렬한 대공포화를 무릅쓰고, 또한 전투기의 눈을 속이면서 적함에 돌진할 것이라는 생각이 들지 않는다.

논두렁길을 수건을 차고 방황하는데 주변은 벌레 우는 소리, 개구리 우는 소리에 싸여 어릴 적 기억이 샘솟듯 떠오른다. 연꽃이 달빛에 도드라져 정말 아름답다. 가와사키의 초여름 모습과 꼭 닮았다. 온 가족이 함께 산보한 일 등이 그립다. 숙사에 돌아오니 전등이 없어 파인애플 통조림 깡통에 기름을 붓고 불을 붙였다. 불꽃이 한 사람 한 사람의 그림자를 한들한들 벽에 비춘다. 실로 고요한 밤이다.

마스코트를 껴안고………

4월 24일

옆에 있는 작은 냇물에서 세면을 한다.

적 기동부대 아직 보이지 않는다. 11시부터 2시간 대기.

차트[항로]에 코스를 적어 넣거나 부호를 조사하면서 언제라도 출격할 수 있도록 준비한다.

오직 명령만을 기다리는 가벼운 기분이다.

옆방에서 〈누가 고향을 그리워하지 않는가〉[1940년의 히트곡]를 오르간으로 연주하는 자가 있다. 평화로운 남국의 분위기다. 무료하게 연꽃을 따러 나갔으나 지금은 그것을 바칠 사람도 없다. 배꽃과 함께 싸서 간신히 추억을 떠올린다. 저녁 어스름 속을 걸어 목욕하러 간다.

옆방에서는 술을 마시고 시끌벅적한데, 그것도 좋다. 나는 죽을 때까지 차분한 마음으로 있고 싶다. 인간은 죽을 때까지

정진해야 한다. 실로 야마토다마시(大和魂)[일본 민족 고유의 정신이라 해서 충용하고 고결함을 특성으로 삼는다]를 대표하는 우리 특공대원이다. 그 이름 부끄럽지 않은 행동을 마지막까지 견지하고 싶다. 나는, 내 인생은 인간이 걸을 수 있는 가장 아름다운 길의 하나를 걸어왔다고 믿는다. 정신도 육체도 부모한테서 받은 그대로 아름답게 살아갈 수 있었던 것은 신의 위대한 사랑과 나를 에워싸고 있는 사람들의 아름다운 애정 덕분이었다. 이제 한없이 아름다운 조국에 내 맑은 생명을 바칠 수 있게 된 데에 커다란 긍지와 기쁨을 느낀다………

오쓰카 아키오大塚晟夫

1922년 3월 23일생. 도쿄 출신.

1943년 주오대학 전문부 졸업.

1943년 12월 9일, 해군 입단.

1945년 4월 28일, 오키나와 가데나 앞바다에서 특별공격대원으로 전사. 해군 소위 후보생. 23세.

1945년 4월 21일

분명히 얘기하지만, 나는 좋아서 죽는 게 아니다. 아무것도 마음에 남는 것 없이 죽는 게 아니다. 나라의 앞날이 걱정돼 견딜 수 없다. 아니 그것보다도 아버지, 어머니, 그리고 그대들의 앞길이 걱정된다. 걱정에 걱정으로 참을 수 없다. 모두가 내 죽음을 알고 정신없이 슬퍼하며 서로 한심한 길을 간다면 나는 도대체 어떻게 될 것인가.

모두가 내 마음을 살펴서 지금까지 대로 명랑하고 사이좋게 살아가 준다면 나는 얼마나 기쁘겠는가.

그대들은 세 사람 모두 여자다. 이제부터 앞날의 힘들고 어려운 길이 염려된다. 그러나 총명한 그대들은 반드시 각자 올바른 사람의 길을 걸어갈 것이다.

나는 그대들 가슴속에 살아 있을 것이다. 만나고 싶거든 이름을 불러다오.

4월 25일

오늘 아침은 드물게도 이른 5시 반에 일어나 상반신을 벗고 체조를 했다. 정말 기분이 좋다. 지금 백목(白木) 상자(껍질을 벗기거나 깎기만 하고 칠하지 않은 나무상자로 유골을 담는다 – 옮긴이)에는 종이 한 장밖에 들어 있지 않은 것 같은데, 정말 그런가. 머리털이나 손톱을 보내려고 하는데 공교롭게도 어제 이발소에 갔고 손톱도 깎아버렸다. 아뿔싸, 했으나 이미 늦었다. 이런 건 일조일석에 되지는 않는 듯.

나는 미리 알려두지만, 묘 따위는 필요 없다. 그런 딱딱하고 거북한 것 속에 나를 넣는다면 갑갑하기 짝이 없을 것이다. 나 같은 배가본드[방랑자. 떠돌아다니는 사람]는 묘가 필요 없다. 아버지나 어머니에게 그 얘기를 부디 좀 해줘.

인간의 행복이란 그 사람의 생각 하나로 붙잡을 수 있는 것이다. 내가 없어졌다고 해서 슬퍼할 건 전혀 없다. 내가 만일 살아 있고 집안의 누가 죽어도 나는 집안을 위해 온힘을 다하려고 노력할 것이다.

4월 28일

오늘은 오전 6시에 일어나 상쾌한 산정의 공기를 마셨다. 아침 기운 받아들이기다.

오늘 할 일은 뭐든 할 것이다. 탑승원 정렬은 오후 2시, 출발은 오후 3시 지나서다.

쓰고 싶은 것이 있는 것 같지 않아 이상하다.

어쩐지 죽을 것 같은 생각이 들지 않는다. 잠깐 여행을 떠나는 듯한 가벼운 기분이다. 거울을 봐도 죽을상 따위 어디에도 보이지 않는다.

아버지의 신경통도 걱정 마시고 편안하게 생활하시면 좋아질 것이니 자애(自愛)해 주세요. 아버지와 한잔하고 싶었으나 어쩔 수 없게 됐습니다. 불단에서 뵙기로 하지요.

어머니는 13관 800[약 52킬로그램]쯤 되나요. 저보다는 덜하지만 대단하네요. 제 일 때문에 야위거나 하는 건 당치도 않습니다. 어머니가 건장하신 것은 제가 해군에 들어온 이래 줄곧 제 믿음의 원천이었습니다. 집안이 온전하려면 어머니가 건강해야 한다고 생각합니다.

눈물 많은 어머니시니 좀 걱정이 됩니다만 울지 마세요. 저는 웃으며 죽겠습니다.

"다른 사람이 웃으면 나도 웃는다"고 아버지가 늘 말씀하셨지요. 제가 웃을 테니 어머니도 웃어주세요.

누님도 아쓰코도 도모코도 정말 건강이 염려됩니다. 부디 몸조심하시도록. 마음에 어두운 게 있으면 그게 좋지 않은 병이니까 더욱더 조심하시도록.

도쿄는 벌써 벚꽃이 지고 있겠지요. 내가 지는데 벚꽃이 지지 않으면 말이 안 되지요.

떨어져라 떨어져라 벚꽃이여, 내가 지는데 너만이 피어 있다니 도대체 무슨 영문이냐.

오전 11시

이제부터 점심식사를 하고 비행장으로 간다.

비행장 정비 때문에 이제 쓸 짬이 없다.

이걸로 안녕을 고한다.

난필난문(亂筆亂文)은 늘 그랬지만 용서를 구한다.

모두 건강하게 가자.

대동아전쟁의 필승을 믿고,

그대들의 행운을 빌며,

지금까지의 불효를 사죄드리고,

이제 나는 빙긋 웃으며 출격한다.

오늘 밤은 만월이다. 오키나와 본도 앞바다에서 달을 보며 적을 찾아내 서서히 돌진한다.

용감하게 또한 신중하게 죽어 보이겠다.

재배(再拜)

아키오

우에하라 료지上原良司

1922년 9월 27일생. 나가노현 출신.

게이오의숙대학 예과를 거쳐, 1943년 경제학부 입학.

1943년 12월 1일, 마쓰모토 보병 제50연대에 입대.

1945년 5월 11일, 육군 특별공격대원으로, 오키나와 가데나 앞바다의 미국 기동부대에 돌진해 전사.

육군 대위. 22세.

1943년 12월 31일 금요일

오전 중에 목욕, 세탁, 척탄통(擲彈筒)[소형의 휴대용 통 모양의 소화기(小火器). 수류탄이나 발연탄·조명탄 등의 발사에 사용] 학과. 오후 세탁, 자습. 상등병님 기타 5명 중대로 옷, 바지를 가지러 갔다. 오전에 이케우치 전 내무반장님 오시다. 밝고 건강한 반장님이다.

1943년도 오늘로 끝이라 생각하니 감개무량. 올해는 실로 인상에 남는 해였다. 동경하던 본과에 들어간 것이 10월, 그와 함께 국내 체제 강화에 따라 징병유예 취소, 입대 등 눈이 핑핑 돌아갈 정도로 바빠 인생 중대사가 차례차례 등장했고, 그러는 동안 내 신념에 모순되는 일을 경험했으며, 동시에 거기에 대해 고민했다. 그러나 세월은 그 사이에 꾸역꾸역 흘러갔다. 현실을 직시할 짬도 없을 만큼 수많은 일과 부닥쳤다. 오직 명령대로 바쁘게 보낸 그 세월은 과연 어떤 결과를 가져다줄까. 그것을 생각하면 두려운 생각이 든다. 하지만 지나간 일에 대해선 아무 얘기도 하지 않겠다. 어디까지나 내 신념을 견지할 뿐. 나도 드디어 스물세 살이 된다. 점점 생각을 단련하고, 문제 해결에 매진하지 않으면 안 되겠다. 행운 있으라, 나의 앞길에.

방공훈련. 오늘 저녁부터 건포마찰.

저녁밥은 반장님과 회식, 그 뒤에 보병 4·5·6중대 합동 연예회. 성대했다.

점호 뒤 화재 소집. 이제 스물셋이 됐다.

1944년 3월 10일 금요일

군대에 들어와서 첫 육군 기념일. 아침부터 온종일 비가 내려 춥다. 지난 일러전쟁에서 대승을 거두고 평텐(奉天)에 입성한 기념일. 당시 정세와 현재의 정세를 비교하면, 그 규모의 대소는 달라도 국민의 정신적 상태는 동일한 것으로 생각된다. 어느 것이나 모두 세계의 강국을 상대로 한 전쟁인 만큼 거기에 공통적인 정신 요소가 존재한다. 비장한 기분, 이것이야말로 공통되는 것이 아닐까. 국력의 차이를 정신으로 보완할 수는 없다. 오늘과 같은 물질문명 세계에서는 정신제일주의를 취하는 자가 많지 않으리라 생각은 하지만, 만일 있다면 문명의 힘을 모르는 어리석은 자라고 해야 할 것이다.

일러전쟁 당시에는 물질에 대처하는 데는 정신력으로도 괜찮았다. 왜냐하면 아직 물질은 정신을 압도할 만큼 발달하지는 않았으니까. 그러나 오늘날에는 이미 정신으로 물질을 이길 수는 없다. 이는 오늘날에는 만인이 인식하는 바이지만, 대동아전쟁 이전에는 일본인들은 지나치게 정신력에 기대를 걸고 있었다. 일본의 식자들이 이것을 일찍 발견해 그 방책을 제대로 세웠더라면 오늘 무리한 전쟁을 벌이지 않고 여유작작하게 싸울 수 있었을 것이다.

일러전쟁과 대동아전쟁을 비교하면, 정신력과 물질력의 주객이 전도돼 있는 것을 본다. 여기에도 또한 인류 발전의 역사가 여실히 드러나 있다. 문화를 존중하는 쪽은 번영하고, 무시하는 쪽은 망한다. 문화의 힘은 무서운 것이다. 나의 현재 희망을 피력한다면, 한시바삐 미국 영국 소련을 굴복시켜 그들을 이기는 문화생활을 전개하면서 왕년의 영국처럼 세계 어디를 가도 일장기의 위력이 엄연히 존재하고 일본어가 세계어로 통용되는 것이다………

3월 21일 화요일

지난밤, 또 욕심 사나운 짓을 하는 자가 있었다. 두 번째다. 즉 소포에서 과자를 훔쳤다. 교관님에게 들키지 않았다고 하지만 진위는 모르겠다. 그뿐만 아니라 태도가 나쁘고 조금도 반성하는 기색이 없다. 일, 먹는 일에 관해서는 장교학생인 자, 욕망을 초월할 것을 요한다.

이번과 같은 사고가 일어난 것은 참으로 유감이지만 그 원인을 탐구하면 배고픔에 있다. 급여가 충분하지 않든가. 그렇다 충분하지 않다. 하지만 장교학생인 자는 오기로 버텨야 한다.

야마자키, 1기생 조교를 때리고, 되받아치기를 당했다. 때린 건 통쾌하지만 되받아치기를 당한 건 유감이다. 하지만 야마자키의 의기가 장한 것은 인정한다. 그래서 주번학생 역할을 하명받았다. 하지만 적임은 아니다.

오늘 전반, 교재와 발동기 손질을 했다. 중반, 노노타 교관님 훈화, 군대를 비판해선 안 된다는 말씀. 우리에게 그럴 자격 없다. 점심이 가까워서 교장 각하가 오셨다. 될 수 있는 한 세탁하러 나가지 말라는 시달이 있었다. 이런 표리부동한 행동은 장교학생인 자가 취할 행동이 못 된다. 있는 그대로를 교장 각하가 보시면 다행이다. 교장 각하도 그 정도는 알고 계시리라 생각한다. 또 오늘 시말서를 할당받았다. 이런 일도 처음이다. 모든 게 인원 수 채우기이고, 시말서는 의미가 없다고 생각한다.

군대를 비판할 자격이 없다는 것도 너무 모순되는 바 있기에 여기에 쓴다. 현재 사회 전체가 모순에 차 있다는 건 사실인데, 군대에도 또한 모순이 있다. 입대 전에는 몽상도 하지 못했던 것이다. 국군의 향상을 꾀하려면 먼저 이 모순을 제거할 필요가 있다. 그것을 이상주의적이라고 할 사람이 있겠지만 나는 말없는 실행을 통해 모순을 절멸할 수 있다고 본다.

오늘 후반, 임시근무자가 돼 발동기 손질을 한다. 그 사이 쌍발 프로펠러 고등훈련기 견학, 그 안에 들어가 봤다. 쾌적하다. 현대과학의 정수를 집약한 것이 이 비행기라는 감이 점점 깊어졌다. 조종석에 올랐을 때 쉽게 조종할 수 있을 것 같은 느낌이 들었다. 장님이 뱀 무서워할까라고 해야 하나.

7월 11일

인간미 풍부하고 자유가 넘쳐나는 그곳에서 아무런 불안도 없이 각자 그 생활에 만족한다. 욕망은 있지만 강하지 않고, 기쁨에 차서 행복한, 실로 자유로운 인간성이 흘러넘치는 그 세상을 살아갈 수 있는 시대가 다가오고 있다. 그것은 자유주의의 승리를 통해서만 획득할 수 있다.

크로체는 말했다. 지금 국가에 특수한 사명은 있을 수 없다. 만일 있다고 하면 그것은 신화다. 팔굉일우(八紘一宇)[세계를 하나의 집으로 삼는 것. 대동아전쟁을 합리화하기 위해 내세웠던 슬로건]의 이상은 각자가 그것을 얻을 수 있게 하려면, 그것은 자유주의적인 것을 포함하고, 또 한편으로는 공산주의적인 만인 평등의 성질을 가져야 한다. 말하자면 그 절충이다.

자유주의 국가에서는 경쟁이 있다. 따라서 진보가 뚜렷해진다. 원래 자유는 인간 본성이며, 인간으로서 개인을 버리고 전체를 위해 진력한다는 것은 상당한 수양을 요한다. 본래 인간은 먼저 개인을 생각한다. 국가 관념을 개인 위에 가로채듯 강요하는 것은 자연성에 반한다. 자연성에 반하는 것은 오래 지속될 수 없다. 예컨대 비행가(飛行家)를 보자. 그들은 자연성에 반하기 때문에 오래 살 수 없는 게 아닐까.

11월 19일

일본 군대에서는 인간 본성인 자유를 억제하도록 단련을 하면, 말하자면 자유성을 어느 정도 억제할 수 있으면 수양이 됐다, 군인정신이 생겼다고 생각하고, 자랑스럽게 생각한다. 대저 그만큼 어리석은 게 없다. 인간 본성인 자신을 억누르고 또 억누르려고 애쓴다. 이 무슨 낭비인가. 자유는 무슨 수를 써도 억누를 수 없다. 억눌렀다고 자신은 생각하더라도, 군인정신이 생겼다고 생각하더라도 그것은 단지 표면적인 것일 뿐이다. 마음 밑바닥에는 더욱 강렬한 자유가 흐르고 있다는 건 의심할 나위가 없다.

이른바 군인정신이 생겼다고 하는 어리석은 자가 우리에 대해서도 자유의 멸각(滅却)을 강요하고 육체적 고통도 그 독전대(督戰隊)로 삼고 있다. 하지만 격심한 육체적 고통의 채찍 아래 기대어도 항상 자유는 싸우며, 늘 승리자가 된다. 우리는 일부 어리석은 자가 우리의 자유를 빼앗으려 하고, 군인정신이라는 모순된 제목을 외칠 때마다 무엇에도 굴하지 않는 자유의 위대성을 새삼 느낄 뿐이다. 위대하도다 자유여, 너는 영구불멸하는 인간의 본성, 인류의 희망이다.

1945년 2월 7일

적을 알고 나를 알면 백번 싸워도 위태롭지 않다고 손자(孫子)는 말했다. 현재의 일본에서 적인 미국을 정말 아는 자 있는지. 자유의 미국, 미국을 알려면 자유주의를 먼저 알아야 한다. 자유란 무엇인가. 그것은 인간 본래의 성질이다. 자유를 믿는 자는 늘 강하다.

2·26 사건* 이래 일본은 그 나아가야 할 길을 그르쳤다. 급전직하, 자유를 무시하려는 운동(결국은 이기주의였으나 표면상으로는 그렇게 보였다)이 일어나 이에 대항하려 한 진정한 애국

자들은 차가운 칼 앞에서 잇따라 죽었다. 권력주의자는 자신들 승리의 여세를 몰아 일본을 영원히 구제할 수 없는 길로 몰아갔다. 그들은 진정으로 일본을 사랑하지 않았을 뿐만 아니라 이기주의로 달려가 위대한 국민에게 그들이 바라지 않는 방향을 강제로 선택하게 해서 미국에 대한 조치를 그 뜻에 호소하는 듯한 언사를 구사하며 무지한 대중을 속이고, 감히 전쟁을 통해 자신들의 지위를 더욱 굳히려 했다. 물론 그것은 국민의 희생을 통해서였지만.

그리하여 그들은 한 번은 무지한 국민의 눈을 속였으나, 시간이 지나자 하늘은 자연의 이치를 우리에게 보여주었다. 그들은 저널리즘을 악용해 끝까지 국민의 눈을 속이려 애썼지만 자연의 힘에는 당하지 못해 그 앞에 머리를 숙일 수밖에 없게 된다.

그들은 우리가 무엇보다 사랑하는 조국을 희생해서라도 자신들의 힘을 신장시키려는 시도를 했으나 이제 그것은 실패로 돌아가고 있고, 우리가 진심으로 사랑하는 일본뿐만 아니라 선량한 국민도 그 길동무가 되려 하고 있다………

특공대원(진무대振武隊)이 되어 [날짜 불명]
미리 기약한 바, 죽을 곳을 찾을 수 있게 돼 기쁘다. 선발돼 오늘의 밝은 영광을 누린다. 담담한 마음은 어떤 변화도 없다. 물론 사상상으로도 변화가 없다. 살아 최선을 다했으나 큰 봉공은 하지 못했다. 죽어서 일본을 지키겠다.

유구한 대의[천황을 위해 살고 천황을 위해 죽는 것이 영원히 변하지 않는 도의라고 여겨졌다]에 산다거나 하는 것은 아무래도 좋다. 어디까지나 일본을 사랑한다. 조국을 위해 독립 자유를 위해 싸우는 것이다.

천국에서의 재회, 죽음은 그 도정에 지나지 않는다. 사랑하는 일본, 그리고 사랑하는 교코(冶子)짱.

유언

생을 향유한 지 20여 년, 무엇 하나 부자유한 것 없이 자란 저는 행복했습니다. 따뜻한 부모님 사랑 밑에서 좋은 형님 누이의 보살핌 덕에 저는 즐거운 날을 보낼 수 있었습니다. 그동안 부모님께 염려를 끼친 일은 형제자매 중에서 제가 가장 많았습니다. 그것이 미처 아무 은혜도 갚지 못하는 사이에 먼저 일어난 일이어서 괴롭기 짝이 없지만, 충효 일본(一本), 충을 다하는 일이 효행하는 것이라는 일본에서는 제 행동을 용서해 줄 것이라 생각합니다.

하늘의 근무자로서 저는 매일매일 죽음을 전제로 한 생활을 보냈습니다. 한 글자 한 마디 말이 매일의 유서이고 유언이었습니다. 고공에서는 죽음은 결코 공포의 대상이 아닙니다. 이 대로 돌진한 끝에 죽겠지만, 아니, 도무지 죽는다는 생각은 들지 않습니다. 그리고 뭔가 이렇게 돌진해 보고 싶은 충동으로 치달린 적도 있습니다. 저는 결코 죽음이 두렵지 않습니다. 오히려 기쁘게 느낍니다. 왜냐하면 그리운 다쓰 형님을 만날 수 있다고 믿기 때문입니다. 천국에서의 재회야말로 제가 가장 바라는 일입니다. 저는 이른바 사생관(死生觀)*은 갖고 있지 않습니다. 왜냐하면 사생관 그 자체가 어디까지나 죽음에 의미를 부여하고 가치를 부여하려는 것이며, 불명확한 죽음을 두려워한 나머지 가지고 싶어 하는 것이라고 생각하기 때문입니다. 저는 죽음을 통해 천국에서의 재회를 믿고 있기 때문에 죽음을 두려워하지 않습니다. 죽음을 천국에 이르는 과정이라고 생각하면 아무렇지도 않습니다.

저는 분명하게 말해서, 자유주의를 동경하고 있었습니다. 일본이 정말 영원히 지속되기 위해서는 자유주의가 필요하다고 생각했기 때문입니다. 이것은 바보같은 얘기로 들릴지도 모르겠습니다. 그것은 현재 일본이 전체주의적인 분위기에 휩싸여 있기 때문입니다. 그러나 정말 큰 눈을 뜨고 인간 본성을 생각할 때 자유주의야말로 합리적인 주의라고 생각합니다.

전쟁에서 승패를 보려 하면, 그 나라의 주의(主義)를 보면 사전에 그것을 알 수 있다고 생각합니다. 인간 본성에 맞는 자연스러운 주의를 지닌 국가가 승전하는 것은 불을 보는 것보다 더 분명한 것이라 생각합니다.

일본을 예전의 대영제국과 같이 만들려 했던 저의 이상은 덧없이 패배했습니다. 그래서 오직 일본의 자유, 일본의 독립을 위해 기꺼이 목숨을 바치겠습니다.

인간에게 일국의 흥망은 실로 중대한 일입니다만, 우주 전체를 생각할 때 그것은 실로 사소한 일입니다. 교만한 자는 오래가지 못한다는 비유대로, 설사 이 전쟁에서 미국 영국이 승리한다 해도 그들은 반드시 패배할 날이 오리라는 걸 알게 되겠지요. 설사 패배하지 않더라도 언젠가는 지구의 파열에 의해 가루가 될 것이라고 생각하면 통쾌합니다. 그뿐만 아니라 지금 살아서 우쭐대고 있는 그들에게도 반드시 죽음이 찾아올 것입니다. 다만 빠른가 늦는가의 차이일 뿐입니다.

별채에 있는 제 책 상자 오른쪽 서랍에 유본(遺本)*이 있습니다. 열리지 않으면 왼쪽 서랍을 열어 못을 뽑아내 주세요.

그럼 부디 자애(自愛)하시기를 빕니다.

큰형님, 기요코를 비롯한 여러분 잘 부탁합니다.

그럼 안녕히, 안녕히 계십시오, 안녕 영원히.

부모님에게

료지로부터

*2·26사건… 1936년 2월 26일, 육군의 황도파 청년 장교들이 국가 개조·통제파 타도를 목표로 총리 관저 등을 습격한 쿠데타 사건.

*사생관(死生觀)… '전진훈'에 "생사를 초월해 제1의 임무 완수에 매진할 것. ……침착한 태도로 유구한 대의에 사는 것을 기쁨으로 여길 것"이라 돼 있는 사생관을 가리킨다.

*유본(遺本)… 하니 고로 저 『크로체』 1939년 초판, 가와데쇼보 간행. 유본의 뒷표지의 면지에는 위의 유서와는 다른 유서가 쓰여 있었다. 또 본문의 활자 곳곳에 ○ 표시가 돼 있었는데 그것을 짚어 가면 연인에게 보내는 유서가 되도록 돼 있다.

(애인에게 보내는 유언의 내용)

교코짱, 안녕히. 나는 그대를 좋아했다. 그러나 그때 이미 그대는 약혼한 사람이었다. 나는 괴로웠다. 그리고 그대의 행복

을 생각했을 때 사랑의 말을 속삭이는 걸 단념했다. 그러나 나
는 언제나 그대를 사랑한다.

와다 미노루和田稔

1922년 1월 13일생. 아이치현 출신.

제1고등학교를 거쳐, 1942년 10월, 도쿄제국대학 법학부 입학.

1943년 12월, 구레의 오타케(大竹) 해병단 입단.

1945년 7월 25일, 야마구치현의 가이텐(回天)특공대 히카리(光) 기지에서 훈련 중 사고로 순직. 해군 소위. 23세.

1944년 11월 18일 토요일

어제는 공습경보를 가와타나[나가사키현. 특공대 훈련기지]의 강변에서 들었고, 오늘은 모자 세 사람이 시설부의 트럭에서 즉사한 현장에 마침 있었기에 결국 구도(工藤)와 함께 동분서주했다………

혼이 가득 차 있었을 인간이라는 존재가 죽는 순간에 어떻게 저런 '물체'로밖에 느껴질 수 없게 되는 것일까.

1945년 2월 1일

첫 가이텐(回天)* 탑승. 7호적(的)['적'은 가이텐의 호칭]. 처음엔 후부 기동판이 열리지 않아 발동되지 않았고, 추섭정(追躡艇, 어뢰발사 훈련장에서 활용하는 잡역선 – 옮긴이)의 S기[신호기 조합으로 하는 선박 신호의 하나]를 보고 정지, 그러고 나서 기동판을 열게 해 다시 발사, 이번은 호조였다 ………밤, 연구회가 열렸다………

소세키의 『마음』을 읽고, 오자키 시로(尾崎士郎)의 『인생극장』을 읽는다. 모두 예전에 대강 훑어본 것이긴 하나 이처럼 살기로 가득 찬 생명이 돼버린 내게는 눈물겨운 감개 같은 게 있었다. 문학이나 시라는 것이 각기 개별적인 것이 아닌 일반적인 문학, 시로서 내게 호소해 왔다. 물론 그것은 터무니없이 엉성한 것이었음은 너무 당연했지만, 그러나 그렇다고 해도 어떻게 그것이 이처럼 내게 눈물겹게 감동을 자아내는 걸까.

내게는 이제 아무것도 필요 없다. 위로라든가 격려라든가, 만일 그것이 재잘거리는 군국조(軍國調)나 허풍스러운 것이라면 나를 화나게 만들 뿐이다. 이 무슨 시시하고 값싼 무리인가, 그것은. 내가 지금 바라는 것은 내가 평화로운 시대에 나를 울린 것과 똑같은 눈물이다. 내가 거울도 전혀 없이 나를 응시하던 무렵의 내 마음은 어느새 잃어버리고 만 게 아닐까. 내가 이 봄날에 내 생을 조국에 바칠 것이라는 것은 거의 확실한 일이다. 그러나 그런 건 이제 내가 알 바 아니다. 나는 지금 처음으로 유유자적한 생활의 기회를 얻어 그 속에서 살아가는 길을 제대로 탐구하는 일에 최선을 다하려 하고 있다………

3월 26일
아버지 어머니, 미노루는 이런 곳에 있습니다.
보세요, 옛날 와카나(若菜)가 연주회 등에서 화려한 모습을 보였던 때의 붉은 비로드 그것이 등불에 빛났던 것과 마찬가지로 바다는 지금 햇빛에 반들반들 빛나고 있습니다.

졸린 오후입니다.

그리고 나는 400톤의 강철 예인선의 지휘관, 머리에는 쌍안경 왼팔에는 특공마크인 녹색 기쿠스이(菊水) 문양이 있습니다.

침로 S56도W[남서 56도 방향], 좌4점[콤파스의 1점은 11도 15분], 미즈노코지마 우3점에 오키무쿠지마, 호토지마.

앞으로 1시간만 지나면 사이키(佐伯)에 닿을 것입니다.

나이 든 선장도 꾸벅꾸벅 졸기 시작했습니다.

아버지, 미요시라는 중위가 죽었습니다. 잘못 잠수해 배의 바닥에 부딪혔습니다. 위의 해치[문이 붙어 있는 출입구]에서 물이 들어갔고, 2시간이나 지나 인양됐을 때는 완전히 흐늘흐늘해져 얼굴이 피투성이인 채로 죽어 있었습니다. 가이텐정(回天艇)을 뒤집어 물을 뺐을 때 그게 엄청 녹슨 색깔의 바닷물이라고 생각했는데, 틀림없이 그의 피가 상당히 섞여 있었겠지요. 비도 내렸습니다.

그다음 날은 고별식이 열렸습니다⋯⋯⋯

그날 밤 지휘관 이하 모두가 술을 마셨습니다. 그 뒤 갑자기 폭풍이 들이닥쳐 11시 무렵에는 어뢰정 2척이 해안 육지 위로 밀려 올라가버렸습니다.

모두 술도 깨어 달려갔습니다만, 이미 늦었습니다.

4월 18일

········앞으로 1개월, 마치 학기말 시험 전과 같은 기분이다. 단지 앞으로 1개월 뒤 적 앞으로 나가는 거다, 적을 해치우는 거다, 라고 하는 것일 뿐 죽는 것이라고 얘기할 마음은 추호도 없다. 사생관이니 뭐니 각별히 얘기할 필요가 전혀 없는 우리는 행복하다. 아니면 바로 그것이 가장 큰 사생관인 걸까········

내게는 N중위처럼 허풍스러운 말을 할 생각이 없다. 그가 하는 말은 모두 한결같이 애국열로 불타오른다. 그러나 나의 냉정한 마음은 그것조차 고요한 반성의 심연에 가라앉히려 한다. 물론 그런 내성(內省) 따위는 분명 재미없고 불필요한 것이라는 얘기를 들을 수밖에 없을 것이다. 하지만 일단 생각하는 것을 알게 된 우리에겐 그것이 피할 수 없는 무거운 짐이라는 것을 나는 느끼고 있고, 또한 그 짐을 지고 가야만 내 일생의 청산이 완수된다는 생각을 나는 한다.

냉기는 사람의 마음, 무덤이야말로 내가 사는 집. 이시카와 다쓰조(石川達三)[소설가. 1905~1985]는 『전락의 시집』에서 그 여자에게 이렇게 쓰게 했다. 나는 이제야 나의, 나 자신의 마음이 차갑다는 것에 대해 곰곰이 생각하고, 주변에 속속들이 스며든 허전함을 깊이 느낀다. 내가 용맹 분투로 분기한 뒤에야 내게 이런 마음이 존재한다는 것은 내가 비겁하다는 얘기일까.

전우들은 최근 이삼일 내가 지친 얼굴을 하고 있다며 걱정한다. 그동안 나는 억지로라도 나의 죽음이라는 것에 대해 어떤 해석을 가하려 하고 있었다. 그리고 그것이 모두 확실히 납득할 수 있는 하나의 감정(맞다. 3천년 이래의 우리 고유의 감정) 앞에서는 통째로, 완전히 해명될 수 있다는 것을 알았을 때 나는 안심도 되고, 그리고 그것이 나에게만 주어져 있진 않았을 것 같은, 내 마음의 이면에 달라붙어 있는 냉정함을 가만히 어루만져 보게 됐다.

나는 내 육체가 적에게 제대로 돌진할 수 있도록 열심히 사각표(射角表)[적함에 명중하기 위한 발사 각도를 산출하는 표]를 만들었다. 방위각의 판정 오차도 상당히 작아졌다………

5월 6일

향후 1개월 살아 있는 동안 이제까지 불확실했던 생애의 결론을 찾아내기라도 하겠다는 것인가.

체념할 수 없는 초시계의 침이 돌아간다.

내 돌격의 때, 움직일 수 없는 때를 그래도 살짝 겁낼 때도 있다.

단지 피상적이었기 때문에 나는 지금까지 태연하고 냉담한 얼굴을 하고 있었다.

그리고 지금, 비로소 지금, 나는 정말 내 과거에 낭패를 느끼고 있다.

향후 1개월의 생명에 아무런 꾸밈도 없는 나를 찾아내려는 나의 발버둥.

내게는 이제 나 자신이 없어져버린 것 같다.

깊이 35미터. 떠오르지도 않고 해저를 쓱쓱 기며 돌아다니는 어뢰도 탔다.

경사 40도, 동승자의 얼굴을 신발 아래에서 보고, 30미터 바다모래에서 움직이지 못하게 된 어뢰도 조종했다.

해치를 열자 내압이 높은 탓에 팟 하고 흰 연기가 통 안에 가득 퍼지면서 온 얼굴이 찰싹 얻어맞은 것 같았던 어뢰도 있었다.

그리고 우리 부대 수완가의 한 사람으로 자타 공히 인정받은 남자가 되기도 했다.

용케도 이렇게까지 살아 있을 수 있다니, 하고 다른 사람은 울지도 모를 나의 매일.

6월 12일

오전 11시 40분, 가이텐전을 준비한다. 적은 항공모함인 듯하다.

인간성에 대한 신뢰가 없는 자는 불쌍히 여길 것.

나의 출격 이래 10여 일간은 시종 태만, 안일로만 지냈다. 사람들은 어쩌면 내가 담소하면서 죽음을 목전에 두고도 늠름하게 여유가 있다고 느낄지 몰라도, 이는 죽음을 직시할 용기가 없는 자의 일상적이고 자연스러운 추세일 뿐 아무런 가치도 없다.

나는 지금에야 예전 건강을 회복하고, 말없이 보낸 며칠, 일종의 체관(諦觀)이다. 나는 지금 반드시 명중시키겠다는 보국 정신이 다른 누구의 추종도 불허할 정도라는 것을 다시 얘기해 둬야겠다.

제1고등학교의 교육은 천하에 견줄 데가 없었다. 독립 자보

(自步), 의연히 어깨가 으쓱거려진다.

………한마디로 얘기하면 그 정신은 지사(志士)의 정신이다. 지사의 정신은 투쟁의 정신이다. 고료(向陵) 3년[제1고등학교 3년간의 기숙사 생활]의 바람은 나처럼 소심한 자조차, 게다가 불과 얼마 지나지 않아 정신적인 결벽자로 만들었고 또 나로 하여금 종종 강자와 싸우게 만들었다.

지금 울리시[캐롤라인 제도 서부의 환초 섬]·오키나와 보급로의 큰길에 서서 적을 기다리고 있는 이때, 젊었던 감성 시대의 지사의 가르침을 생각한다. 그러나 그것을 뿌리내리려는 투쟁의 정신, 바싹바싹 아랫배를 죄어오는 것을 느낀다. 사람들이여 나를 오만하다고 하지 마라. 나는 행복하다………

밤, 함교에 올라, 오른쪽에 북두, 왼쪽에 남십자성이 빛나고 있는 걸 본다. 코로나[북쪽 왕관자리] 바로 위에 있어, 은하수가 흰 눈 같다.

6월 20일

18일 밤, 드디어 모함으로 귀환하라는 명령이 왔다. 만일을 위해 얘기해 두지만, 어제 오늘도 색적(索敵)[적함을 찾아내는 것]을 계속했지만 찾지 못했다. 유감이고, 무념이다. 어떤 얼굴일지 되돌아가는 모습을 빛(光)[야마구치현의 가이텐 기지 '히카리(光)']에 비춰볼까.

사생(死生)에 대한 생각을 그만두면 사생은 이미 생각 속에서 사라진다. 이것이 진정한 각오다. 사생을 생각하지 않고 오직 나날의 허환허망(虛幻虛妄)만으로 호언장담할 수 있는 것은 사생을 넘어선 것과 비슷해 보이지만, 단연코 그렇지 않다. 늘 자기 수양에 힘써야 삶과 죽음 사이에서 깨달음을 얻을 수 있다. 그때그때 임시변통으로는 안 된다.

내 일생은 그저 허영의 일생이었고 또한 비굴의 일생이었다. 그렇기는 하나, 그런 나에게 이 1개월간 정관(靜觀)했던 나날은 어떤 의미에서도 내 생애에 하나의 구두점을 찍는 것이다. 그러나 그 열매는 아직 맺지 못했다. 오자키 시로의 『인생 극장』을 읽고 문득 내 과거가 얼마나 연극처럼 별난 행동을 좋아한 것이었는지 되돌아본 적도 있다. 내가 자부하는 사생관이라고 하나, 그것은 어쩌면 그 연극처럼 별난 행동을 좋아한 내 기질의 일단에 지나지 않을지도 모르겠다. 한층 더 반성하고 노력할 필요가 있다.

[이 일기는 몇 권의 수첩에 적었는데, 패전 뒤 유품으로 가족에게 인도된 마지막 부분을 빼고는, 면회할 때 도시락 상자 밑바닥에 기름종이로 싸서 넣고 그 위에 밥을 얹어 몰래 부모에게 전달된 것이다.]

---

*가이텐(回天)… 인간어뢰. 93식 어뢰를 개조해 머리 부분을 폭약으로 채우고 탑승원 혼자 조종하는데, 적에게 접근하면 잠수함에서 발진해서 몸으로 들이박는 특공 병기. 일단 발진하면 귀환할 수 없는 구조로 돼 있었다.

아보시 요헤이 網干陽平

1926년 9월 5일생. 효고현 출신.

1944년 오사카 외사(外事)전문학교 입학.

1945년 7월 9일 입대.

1945년 8월 8일, 적 어뢰 공격을 받아 동해(일본해)에서 라신마루(羅津丸)와 함께 침몰 전사. 육군 일등병. 18세.

[근로동원 중의 일기에서]

1945년 5월 8일 화요일 흐리고 추운 날씨

남진(南進)의 꿈 덧없이 사라지고 적의 상륙에 대비해 전전 긍긍하고 있다. 말레이어도 영어도 버리고 일개 사무원으로, 새끼 병사로 평범한 나날을 보내는 이 마음. 특별 갑종 간부후 보생은 보병을 희망했다. 목숨은 아깝다. 그러나 나는 죽어야 할 때는 쓸데없이 흥분 따위 하지 않고 조용히 죽을 자신은 있다. 또 체념할 수 있다. 지금까지 살아온 것도, 어떤 부끄러움 도 당하지 않고 온 것도 내게는 기적으로 생각된다. 인류 발족 이래 지금까지 모두 투쟁의 역사로 가득했다. 사랑이라 하고 사모라고 하는 중에도 남녀간의 투쟁이 되풀이되고 있다. 우리 가 생을 향유하는 것도 투쟁 뒤에 얻은 것이다. 투쟁에서 이기 면 살고 패하면 죽는 게 인간의 운명이다. 인간의 모든 노력은 전부 전쟁에서 이기기 위한 것이다. 그것을 피해 깊은 산이나 외딴 섬으로 도망가고 싶다는 생각도 한다. 그건 너무 인간답지 않다. 현재 인간에게 다시 한 번 노아의 홍수처럼 시련을 내려야 한다. 너무 추(醜)해진 그때 나는 방주를 타고 알프스 정상으로라도 도망가자. 오직 한 사람의 인간으로. 그러나 그렇게 되면 얼마나 고통스러울까. 얼마나 즐거울까. 얼마 안 있어 그것을 견디지 못하고 죽고 말 것이다. 나는 전 인류를 이기고 죽고 싶다. 오래 사는 것은 승리의 최대 징표 가운데 하나이니까…… 이런 기분은 모순. 죽을 수는 있다. 그러나 죽을 수 없다. 그저 될 대로 되라는 것일 뿐. 스스로 운명을 창조해 간다. 하지만 지금은 어떻게 해도 좋을 운명은 만들 수 없다.

덴마크 사람을 선망하면서, 그러나 그들에게도 고통은 있겠지. 나는 죽으면 별꽃풀이 되고 싶다. 다른 건 몰라도 권력자나 세력가의 추악한 투쟁이나 비참한 최후에는 관심이 없고, 온몸으로 신의 은혜를 향유하면서 즐겁고 조용하고 기쁘게 죽어가고 싶다.

필리프[프랑스의 작가. 1874~1909]의 『젊은 날의 편지』 중에 지금의 내 마음을 누구이 얘기하는 부분이 많다. 도시를 떠나 평범하고 평화로운 시골을 소망하며 전 인류를 혐오한다. 젊은이의 고뇌는 다르지 않다. 시골 사람의 고뇌도 마찬가지다. 꽃의 파리라고 하는 도시조차 그는 혐오했다. 파리도 좋은 곳은 아닐 것이다. 나는 믿는다, 도시에는 살 만한 곳이 없다.

하야시 도시마사林憲正

1919년 11월 18일생. 아이치현 출신.

마쓰야마고등상업학교를 거쳐, 1941년 게이오의숙대학 경제학부
입학. 1943년 9월 졸업.

1943년 10월 4일, 미에(三重) 항공대에 입학.

1945년 8월 9일, 가미카제 특별공격대원으로 혼슈 동남 해상에서
전사. 해군 중위. 25세.

1945년 4월 13일

구니야스 대위가 전사했다. 다니카와 다카오 소위도 전사했
다. 모두 죽어간다. 비행기 탑승은 덧없다. 핫파 소위도 그저께
죽었다고 오늘 얘기를 들었다. 그는 야간비행 훈련 중 바닷속
으로 돌진했다는 것이다. 그 주검은 어제 구주쿠리(九十九里)
의 백사장으로 건져 올렸다고 한다. 핫파 군. 그대와 함께 미에
에서 본 뒤의 재회를 여기서 기뻐했건만…… 그 사고 전날 밤
늦게 그대는 잠옷 차림으로 내 방에 와서 함께 맥주를 마셨다.
불길한 예감이었을까, 그는 매우 점잖았다. 멋진 잠옷이라고
하자 훗훗 웃으며 그것은 그가 지난 1월에 결혼한 아내가 만든
것이라고 했다. 그의 아내도 비행기 탑승자의 아내답게 현세적
으로는 박복했다. 이제부터의 긴 삶을 어떻게 보낼 수 있을 것
인가!

다니카와에게도 고베에 약혼자가 있다. 남겨진 자 모두는 불행할지도 모르겠다. 그러나 그것은 승리 일본의 하나의 희생이기 때문에, 남겨진 자들이여, 큰 긍지를 갖고 용감하게 기꺼이 죽어간 용사들의 이름을 부끄럽게 만들지 않게 살아 주세요………

4월 23일

야간비행이 시작됐다. 비행 작업을 마치고 가미오사코 환영회라고 해서 맥주를 마셨다. 꽤나 취했다. 그래서 가미오사코 소위와 크게 분개했다. 제국해군 내의 우리 예비사관*의 지위에 대해. 나는 지금 선언한다! 제국해군을 위해서는 조금도 전쟁을 하고 싶은 마음이 없다. 내가 살거나 죽으면 그것은 조국을 위해서다. 다시 극언을 한다면 나 자신의 프라이드 때문이라고. 나는 제국해군에 대해 반감조차 갖고 있고, 결코 호의는 갖고 있지 않다. 나는 지금부터 나 자신의 마음에 대고 말한다. 나는 내 프라이드를 위해서라면 죽을 수 있지만, 제국해군을 위해서는 절대로 죽을 수 없다고. 우리 13기 학도 출신 탑승원이 얼마나 탄압을 받고 있는가. 지금 전쟁을 하고 있는 것은 누구인가! 내 전우였던 동기들 중 함상 폭격기 탑승자의 반수는 이미 죽었다.

………오늘 이후로는 일련(一連)의 그들과는 결코 타협하지 않겠다는 것을 선언해 둔다.

나는 내 껍질 속에 틀어박혀 내 이즘(ism. 주의)을 지켜 가겠다. 이제부터 '불관기'(不關旗. 훈련 때 함대 행동에서 이탈하는 함이나 훈련과 무관한 함이 훈련 해역을 항행할 때 내거는 기 - 옮긴이)를 높이 내걸고 갈 것이다.

쓸쓸하고 작은 반항일 수밖에 없겠지만, 이는 내가 내 짧은 해군 생활에서 얻은 쓰디쓴 열매다. 내가 해군 군인으로서 맺을 수 있었던 결실이자, 슬퍼해야 할 손실의 열매를 보라! 모양은 작고 보기 흉하겠지만 그 쓴맛은 결코 나 혼자만 맛본 게 아니다. 이 작은 열매를 모으면 마침내 제국해군을 독살하는 독이 될 수 있을 것이다. 내 마음은 지금 Dämonisch[악마적]한 것에 대한 분노로 떨고 있다.

나는 조국을 위해, 우리 13기 동료들을 위해, 그리고 선배 학도 출신 전사들을 위해, 마지막에는 나의 프라이드를 위해 살고 죽을 것이다. 제국해군—그것이 의미하는 바는 에타지마[히로시마 만의 이 섬에 해군병학교가 있었다] 출신의 일부 사관에 의해 대표되는—을 저주하면서……

6월 14일

마스다 씨(돗토리현 요나고(米子)의 클럽)한테서 편지가 왔다. 요전에 니시가 찾아왔을 때 편지를 갖고 가게 했다. 다시 미호[美保. 돗토리현. 미호 해군항공기지. 지금의 요나고 공항]에 갈 기회가 있다면 꼭 찾아가보고 싶다.

옛 사람들은 모두 친절했다. 그립다.

산에서는 자꾸 멧새가 운다.

바깥은 연기 낀 듯한 안개비.

옆방에서는 레코드를 걸어 놓았다.

그 값싼 센티멘털리즘이 내 의식의 권역 바깥을 달린다.

6월 30일

아침에 일어나 보니 비. 더 잘 수 있는 게 기뻐서 또 모포를 뒤집어썼다. 7시 지나서 일어나 늦은 아침식사를 마치고, 병사들 숙사에서 함형(艦型) 식별 환등기를 봤다. 지금 그것을 끝내고 사실(私室)로 돌아와 레코드를 걸면서 이것을 쓰고 있다. 옆에는 침상에 모포를 펴 놓고 가미오사코, 야마베, 데지마, 나스가 브릿지[트럼프 놀이의 일종]를 하고 있다. 창밖은 여전히 장마.

나는 모든 걸 어떻게도 할 수 없다.

나는 아주 가까운 장래에 이 세상을 떠나지 않으면 안 되니까.

나는 빨리 전쟁을 하러 가고 싶다. 나는 빨리 죽고 싶다. 에구치로부터 이런 얘길 들었고, 나도 또한 그런 기분으로 자신을 내몰았으며, 나아가 우리 학도 출신 탑승원 전원을 그런 심경으로 몰아넣은 해군의 전통 정신, 또는 그 당파성을 나는 고맙게 생각한다.

7월 12일

나는 몹시 변했지만 아직도 이상주의자로서의 맑은 불꽃은 가슴 깊숙한 곳에서 타오르고 있다. 여자를 사기도 하고 술도 많이 마시고 음담패설도 한다. 그리고 태연하고 부끄러움이 없다. 때때로 그 노골성에 나도 싫증이 난다.

하지만 내 청춘시대에 얻은 이상주의는 여전히 더럽혀지지 않고 유지하고 있다. 나는 그 자신감에 홀로 기뻐한다. 이것을 유키마사 형님에게 전하고 싶다. 나는 평생 이상주의자로 일관할 것이라고. 유키마사 형님, 믿어주세요. 그리고 그때의 약속을 끝까지 지킬 수 있었던 나는 기꺼이 산화해 갈 것이다.

서쪽 하늘이 조금 환해졌다. 창으로 들어오는 바람이 상쾌하다. 사실(私室)의 창가에서 해질녘에 이것을 쓴다.

7월 31일

오늘이야말로 출격일이다. 우리 유성대(隊) 8기의 특공 공격의 날이다. 아침에 일어나니 한 치 앞이 안 보이는 안개. 산에 있는 나무의 잎과 줄기에서 그 안개가 물방울이 되어 똑똑 떨어지고 있다.

비행기로 가니 우리 비행기에 탑재해야 할 물품들이 산뜻하게 정돈되어 놓여 있다.

어젯밤, 몸에 걸치는 것들도 완전히 바꿨다. 어머니가 보내주신 천인침[앞의 주 참조]도 배에 둘렀다. 유다치(弓立)의 고모가 보내주신 순백의 새 머플러도 준비해 놓았다. 내가 지니고 있는 최상품의 것들을 몸에 걸친 셈이다.

출격 명령을 이제나 저제나 기다리면서, 그저 홀로 방공호에 들어와 이것을 적고 있다.

아버지 어머니를 비롯한 형제자매, 기타 친척 지인 여러분 안녕히.

건강하게 사세요.

나는 이번엔 '안데르센'의 동화의 나라로 가서 그곳의 왕자가 되겠습니다.

그리고 작은 새와 꽃과 나무들과 얘기하겠습니다.

대일본제국이여, 영원히 번영하기를.

8월 9일 쾌청

적 기동부대가 다시 본토에 접근해 왔다.

1시간 반 뒤에 나는 특공대원으로서 이곳을 출격한다. 가을에 들어선 하늘은 참으로 푸르고 깊다.

8월 9일!

이날, 나는 신예기 유성(流星)을 몰고 미국 항공모함을 온몸으로 들이박을 것이다.

부모님을 비롯해 모두들 안녕.

전우 제군(諸君), 고마워.

＊예비학생과 현역장교… 예비학생이란 해군병학교 출신 장교를 보완하기 위해 일반 대학 졸업자(나중에 학도 출정병도 포함) 중에 초급 장교로 쓰려고 채용한 자. 해군 내부의 에타지마(병학교) 출신의 현역장교와 예비사관(예비학교 출신)간의 반목은 매우 심했다. 병학교 출신자의 횡포에 대한 하야시 도시마사와 같은 예비학생들의 분노의 목소리는 공통된 것이었다. 더구나 1943년 9월에 입대한 제13기 해군비행전수 예비학생은 4,726명 가운데 약 3분의 1인 1,605명이 전몰했으며, 그중 447명이 오키나와전 등의 특공공격에서 전사하는 최대의 희생을 냈다. 그 비극이 백구(白鷗)유족회가 편집한『구름 흘러가는 저 끝에』의 간행을 재촉했다.

미사키 구니노스케三崎邦之助

1921년 3월 8일생. 도쿄 출신.

도쿄고등학교를 거쳐, 1940년 도쿄제국대학 문학부 국문학과 입학,

1942년 9월 졸업.

1944년 7월 입대.

1946년 3월 30일, 시베리아 억류 중, 타이셰트 북방 병사(病舍)에서

병사. 24세.

[히다카 로쿠로 씨에게 보낸 편지 1]

잠시 격조했습니다. 별고 없으십니까. 나도 건강하게 근무하고 있습니다. 날마다 겨울이 깊어가는 것을 명료하게 깨닫고, 그 다가오는 힘의 명백함에 놀라고 있습니다. 어제와 같은 흙 위에서 같은 장소를 둘러봐도 겨울이 자신의 일을 하룻밤 사이에 이토록 많이 해냈나 하고 놀라게 됩니다. 돌이나 딱딱한 흙덩어리가 자그락하고 불그스름한 갈색 자갈 위의 편상화(編上靴)에 닿는 느낌이 확실히 어제와 다르게 냉랭하여, 내지의 경우로 보자면 딱딱하게 얼어붙은 서릿발을 밟고 있는 듯한 발밑의 감촉입니다.

나무라고 할 만한 게 보이지도 않습니다만, 어쨌든 나무 같은 것은 모두 잎을 떨어뜨려 멋없이 서 있습니다. 사람 키에도 미치지 못하는 작은 관목도 마찬가지로, 내지의 철쭉처럼 진짜

관목의 이름에 걸맞은 것은 없고, 일체의 푸른 것이 자취를 감춘 가운데 특히 애처롭도록 가는 줄기에서 겨우 두세 개의 가지가 나와 있을 뿐입니다.

그러나 이런 것이 잘도, 오기 마련인 봄에 다시 싹을 낼까 하고 생각해 다가가 보면 어김없이 꽃봉오리가 붙어 있고, 게다가 꽃봉오리가 붙어 있는 가지들만은 잘 휘는 낚싯대처럼 팽팽하게 탄력을 지닌 채 하늘을 향해 반드시 호(弧)를 그리고 있습니다. 역시 아무리 보잘것없는 것이라도 태양 빛에 가까워지려는 무언의 욕구를 드러내고 있는지도 모르겠습니다. 그리하여 이제 불그스름한 갈색에 바삭바삭 말라버린 올해 난 잎들이 말려서 모두 아래를 향해 후줄근히 늘어져 있는 것과 비교하면 설령 잎 하나 없더라도 그 속에 생기를 머금고 굳건하게 공중에 솟아 있는 가지는 훨씬 더 힘이 센 것이라는 생각이 듭니다. 우리의 지금 또한 그런 것이었으면 좋겠다고 생각했습니다. 말랐는데도 떨어지지 않고 있는 잎은 죽은 혼이라는 느낌이 듭니다.

[히다카 로쿠로 씨에게 보낸 편지 2]

………그런데 서풍과 함께 봄이 오는데, 아름다운 것은 지면의 색입니다. 그래서 아직 땅을 갈지도 않고 푸르지도 않지만, 지난해 가을까지 사람들이 여기서 일하고 있었다는 것을 알 수 있는, 정연한 밭이랑들이 늘어선 모습들은 실로 아름답습니다. 풀 마른 광대한 들판만 보고 있노라면 정연한 선들이 정말 기분 좋게 느껴집니다. 주변 산들에는 매일 밤처럼 들불

이 타오릅니다. 심할 때는 낮에 가느다란 붉은 선이 가물가물 퍼져나가는 모습이 보입니다. 밤에 그것을 올려다보면 인가의 화재 등과 같은 무서움은 없고, 정말 따스하고(하지만 근처에 가면 대단한 기세로 타오르고 있을 게 분명합니다만) 새빨간 석탄불이 조용히 돌아와 있는 듯한 느낌이 듭니다. 한번 불탄 자리를 지나간 적이 있는데, 그곳은 다만 마른 풀들이 까맣게 타 있을 뿐이어서 조금도 재미날 게 없었습니다. 그런데 검게 탄 산 거죽이, 내 주변에도 한꺼번에 민들레 꽃 따위가 수없이 돋아나 연녹색의 생생한 싹이 고개를 내밀기 시작하면서 채 사흘도 걸리지 않아 새파랗게 됐습니다. 검은 것에서 녹색으로 눈부시게 변하는 그 색채의 전변(轉變)은 내지에서는 맛볼 수 없는 것이었습니다. 다만 나는 아직 설국인들이 봄을 반기는 기분 같은 것은(흔히들 얘기하는 것입니다만) 잘 모르겠습니다. 왜냐하면 이곳에는 겨울과 여름밖에 없다는 게 맞는 얘기일 것 같기 때문입니다. 산들의 거죽이 녹색이 되고 따스한 비에 부옇게 흐려질 무렵이 되면 강은 넘쳐흐르고 가운데 모래톱에서는 많은 밭들이 경작을 시작합니다. 나룻배들도 다니기 시작합니다. 강변에는 조선 여인이 방망이로 옷을 두드려 강물에 빨고 있는 모습이 보입니다. 가장 먼저 나오는 채소는 희고 푸른 대조적인 색으로 시선을 자극하는 파입니다. 노파가 바구니에 담아 읍내에 팔러 갑니다. 파의 신선하고 매운 맛이 강한 향이 이렇게 기뻤던 적은 없습니다⋯⋯⋯

[히다카 로쿠로 씨에게 보낸 편지 3]

꽤 오래 격조했습니다. 이쪽은 변함없습니다만, 가마쿠라 쪽은 별고 없으신지요. 대학 일도 전혀 얘길 들은 바가 없어 어떻게 되어 가는지 알지 못합니다만, 어쨌든 건물 몇 개 정도는 무너졌겠지요. 그건 그렇고, 독일도 이미 졌습니다만, 이따금 과거 위대했던 독일, 몇 번이나 바닥으로 가라앉았다가 다시 일어선 독일을 알게 된 자에겐 아무래도 독일이 이대로 더는 아무것도 할 수 없는 무기력한 민족으로 전락해버렸다는 생각이 들지는 않습니다.

프랑스에 대해서도 마찬가지입니다. 아니 그보다 유럽은 아직도 결코 낡아빠진 박물관의 창 유리 너머에 전시돼 있는 듯한 민족·국가들로 구성돼 있는 게 아니라는 생각을 합니다. 새로운 유럽, 새로운 아시아, 그리고 그들이 서로 얽혀 엮어가는 새로운 세계, 문제는 실로 큽니다. 어중간한 공부로는 아무 소용없다는 생각을 곰곰이 합니다. 눈앞의 문제에 정신이 팔려 있다가는 반드시 뒤처지고 말 게 분명합니다.

전투 종료는 물론 대단히 큰 전기(轉機)가 될 게 틀림없겠지만, 전쟁 종료를 느끼지 못하고 있습니다. 만물의 아버지인 전쟁이 전투의 종료로 없어지는 건 아니겠지요. 전투에 금방 쓸모가 있을지는 모르겠으나, 더욱 베르데(장생)한다고 할까요, 인간 정신에 걸맞은 존재가 되기 위해서는 절대로 필요한 공부가 있다고 생각합니다. 우리가 늘 다시 시작해야만 하는 게 그런 공부가 아닌가 생각합니다만, 매우 어려운 일입니다.

아무쪼록 무사히 공부하시기를.

세키구치 기요시関口清

1919년 2월 7일생. 군마현 출신.

도쿄미술학교 예과를 거쳐, 1943년 9월 유화과 졸업.

1943년 11월 10일 입대.

1945년 8월 19일, 오키나와, 미야코지마의 제28사단 제4야전병원에서 병사. 육군 중사.

26세.

[유류품 수첩에서]

나는 소년 시절, 때까치 새끼 6마리를 잡아 와서 매일 먹이를 주면서, 그들이 나날이 커서 금방 혼자 날아갈 수 있게 되는 과정을 즐겁게 지켜본 적이 있다. 그런데 그 6마리는 한결같이 모두 큰 입을 벌리고 먹이를 찾는 것은 아니었다. 맹렬하게 먹이를 찾는 녀석도 있지만 언제나 졸기만 할 뿐 별로 먹으려 하지 않는 녀석도 있었다. 날이 지나면서 잘 먹는 녀석은 점점 크게 자랐으나 먹이를 별로 찾지 않는 녀석은 활기가 없고 언제나 변함없는 상태여서, 언제 날 수 있게 될까 불안하게 만드는 녀석도 있었다. 그리고 또 며칠이 지나자 발육 상태가 좋은 녀석은 벌써 날개를 파닥거리며 어미새처럼 날카롭게 소리를 질러대면서 금방이라도 날아갈 듯한 기세를 보였다. 나는 이 가장 활기찬 녀석이 날아갈 날을 이젠가 저젠가 기다리고 있었다.

또 다른, 별로 발육 상태가 좋지 않은 녀석들 중에서도 유독 먹이를 잘 먹는 녀석이 한 마리 있었는데, 애처롭게도 그 녀석은 무슨 타박상을 입은 것인지 아랫배가 극도로 튀어나와 있어서 이대로는 잘 자라더라도 도저히 날 수가 없겠다는 생각을 했다. 가장 큰 녀석이 1미터 정도 날 수 있게 됐을 무렵 드디어 다른 새끼들도 먹이를 많이 먹게 됐고 마침내 어미 같은 소리를 내게 됐으나, 어찌된 일인지 그즈음부터 가장 큰 녀석이 점점 먹이를 먹지 않게 되고 언제나 걸터앉는 나무에 앉은 채 별로 움직이지 않더니 결국에는 먹이를 주어도 쳐다보지도 않았다. 그 모습은 이제 전혀 새끼답지 않고 수금류(水禽類)의 위엄마저 갖춘 작은 새였다. 다만 때때로 문 바깥에서 우는 작은 새의 소리에 귀를 기울이는 듯 보였다.

이 침묵하는 작은 새는 점차 활기를 잃어갔다. 다음 날 아침 작은 새는 걸터앉는 나무 밑에 굳은 채 죽어 있었다. 그때 나의 암울했던 심정은 지금도 확실히 기억하고 있다.

다음 날 나는 다른 작은 새들을 하늘로 날아가게 놓아주기로 하고 바깥으로 나갔으나 작은 새들은 아직 날아갈 태세가 돼 있지 않았다. 그래서 정원의 둥근 나무 가지에 앉혀 놓고 먹이를 주었다. 작은 새들은 나무에서 내려와 제멋대로 문 입구까지 날아가 안에 넣어달라는 듯 한꺼번에 울어댄 적도 있다. 그런데 아랫배가 돌출한 그 한 마리만 가엾게도 바깥의 작은 새들과 행동을 함께하지 못하고 가지에 머물려 했으나 떨어져버렸다. 또 다른 작은 새들은 1미터 이상 날아갈 수 있게 됐으나 그 장애를 지닌 새끼는 배를 땅에 비벼대며 간신히 걸었다. 어느 날 형이 내게 공기총을 주면서 그 장애를 지닌 작은 새를 쏘라고 했다. 나도 그 작은 새의 불쌍한 모습을 언제까지고 참고 볼 수 없었고 언제까지고 날 수 없는 작은 새의 비참함을 생각하고 차라리 한 발로 단숨에 죽여버리기로 마음먹고 4, 5미터 떨어진 곳에서 총을 겨누었다. 작은 새는 먹이를 찾아 큰 입을 벌리고 계속 울었다. 총구는 크게 벌어진 입을 향해 미동도 하지 않았다. 나는 아무래도 방아쇠를 당길 수 없어 총을 내려놓았다. 내게는 이 불쌍한 새끼가 어떻게든 죽지 않을 것이라는 생각이 들었다.

형이 어떻게 된 거냐고 묻기에, 다시 총을 잡고 머리 쪽을 겨냥해 발사했다. 작은 새는 두세 번 머리를 흔들더니 죽어버렸다. 그래서 죽은 새를 나무 아래에 묻고 작은 돌멩이를 얹어 장애를 지닌 작은 새를 장사 지냈다.

그러고 나서 4마리의 작은 새들이 날아갈 날을 오늘인가 내일인가 애태우며 기다렸는데, 어느 날 아침 작은 새들이 한 마리도 눈에 띄지 않았다. 나는 이상하다는 생각에 정원 속을 뒤졌는데, 작은 새들이 모조리 고양이에게 잡아먹혔다는 것을 알았다.

나는 이 작은 생명들이 그토록 덧없이 죽어간 것을 생각하고 하룻밤 잠을 설쳤다.

그 뒤 작은 새들 둥우리는 절대 손대지 않기로 했다. 그리고 그 덧없는 생명들을 위해 기도했다.

○관념은 감각에게 얘기를 건다. 너는 이제부터 바다를 넘어 남쪽으로 가는 거야. 제1선으로 가는 거야. 그리고 우리는 싸우는 거야. 그리고 전사하겠지 아마도. 아니 전장에 도착하지도 못한 채 수송선을 타고 있을 때 당할지도 몰라. 너의 운명은 이미 시간문제야.

그러나 감각은 대답이 없다. 그는 깊은 잠에 빠져 있었던 것이다. 그리고 이상한 세계의 꿈을 쫓고 있었다.

[병상일지에서]

1945년 7월 1일

○날이 밝자 한 차례 적기가 왔다.

날씨는 청명해 하루 종일 기분이 좋다.

△나는 과거를 가장 즐겨왔다. 그리고 현재 가장 괴롭다. 지옥도 극락도 이 세상에 있다.

고로 나는 죽을 수 없다. 살아 있는 것이 가장 올바르다고 믿고 있다.

나는 이 세상의 지옥과 극락을 본 뒤에도 해야만 할 일이 있다.

X15시 30분 야스다 일등병이 세상을 떠났다. 구로사와, 쓰바키, 사코다 3명 전사.

7월 2일

○아침에 한 차례 적기가 왔다.

하루 종일 취침, 저녁식사 전에 스나카와(砂川)의 집으로 갔다.

7월 3일
아침에 한 차례 적기가 왔다.

7월 4일 13시 적기가 한 차례 왔다.

○나는 인간으로서 너무 귀중한 체험을 많이 해왔다. 이는 인류에게도 귀중한 보물이 될 것이다. 나는 나의 이 몸에서 배어나온 땀과 기름과 눈물의 보석을 미야코지마(宮古島)의 흙이 되어 묻히게 하고 싶지 않다.

나는 고통스러우면 고통스러울수록 살고 싶다. 나의 운명의 역경이 크면 클수록 내 삶에 대한 집착도 커진다.

나는 무슨 삶의 보람이 있는 시대에 태어난 것일까 하는 생각을 한다. 나는 이 전쟁의, 그리고 인류의, 아니 모든 것의 결말을 보고 싶다. 살아야만 한다. 귀중한 보물을 후세에 남겨야 하며, 병마와 쇠약과, 그리고 혹서와 싸워야만 한다. 다행히 나는 젊고 강한 근성을 지니고 있으며, 생명은 그 무게를 감당할 긍지로 가득 차 있다.

나는 식물의 구근처럼 역경으로부터 그 생명을 지키고, 또될 수 있는 한 살이 쪄서 봄을!!

싹 트는 시기를 조용히 맞이하자.

그날은 반드시 올 것이라 확신한다.

○13시 무렵 근처의 민가로 갔다. 술 취한 지방인으로부터 모욕을 당했다.

세키구치 기요시 씨가 미야코지마에서, 아사 직전에 그린 그림
(이하 같다)

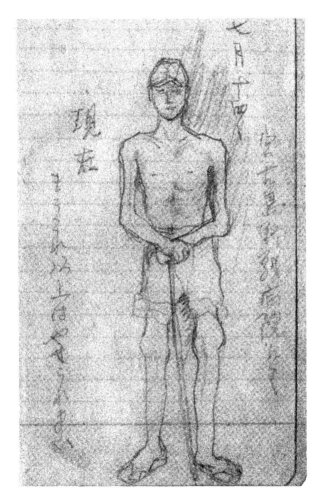

"미야코지마 야전병원에서 7월 14일 현재, 이제 더 이상 야윌 수 없다."

8월 9일

"이 정도만 있으면 병이 나을 것이다."

7월 5일

○오전 적기 한 차례.

아침부터 설사 기미, 어제 해의 직사광선을 너무 많이 쬐었기 때문일까.

7월 6일

○적 상륙 가능성 크다.

10시쯤 적기 30대 정도 왔다.

약간의 설사 기미.

7월 11일

몸 상태가 좋다. 오늘부터 보통식으로. 오늘 아침 일찍 우군기 왔다, 적기는 오지 않았다.

쓰노다 위생병한테서 우메보시를 받았다.

요시야 노부코의 『꽃』을 다 읽었다. 재미있게 읽었다. 저녁 무렵 가이 중사가 왔다. 나의 쇠약한 몸과는 반대로 그는 얼마나 건강한 구릿빛 몸인가. 나도 반드시 그에게 지지 않는 몸이 돼 보이겠다고 맹세했다.

그의 야무진 얼굴선이 가장 아름다워 보였다.

하치야 히로시 蜂谷博史

1922년 3월 18일생. 오카야마현 출신.

제6고등학교를 거쳐, 1942년 10월, 도쿄제국대학 문학부 국문학과
에 입학.

1943년 12월 입대.

1944년 12월 24일, 이오지마(硫黃島)에서 전사. 육군 병장. 22세.

[이오지마전 메모(1944년 12월)에서]

이오지마 비 자욱하고 고요한데 어제의 포격과 폭격 꿈
에서 본 듯

폭음을 호 안에서 들으며 노래 짓는 불쌍한 나의 봄 이제
다 가는구나

남해의 외로움 참으며 나는 살아 사람 열기 찌는 듯한 호
아래 있네

사람 열기 점점 더해가는 호 안에서 외롭게 살아가는 사
람 여기 있네

이오지마여 짙어가는 구름 바라보며 돌아갈 비행기 한
대 기다리다 날이 저문다

이노우에 히사시井上長

1922년 5월 1일생. 아이치현 출신.

시즈오카고등학교를 거쳐, 1942년 4월, 도쿄제국대학 법학부 정치
학과 입학.

1943년 12월 10일, 구레의 오타케 해병단에 입단.

1945년 7월 24일, 에타지마 부근의 오요도(大淀) 함상에서 전사. 해
군 중위. 23세.

『작은 섬의 봄』[오가와 마사코 지음, 영화로 만들어졌다]에
대한 환상

　문둥이 노래 들려주는 어머니 사람의 마음 그리운 눈먼
소녀

　업병(業病) 무서워하며 벗과 얘기하는 사랑이라는 말은
엄숙하다

　사람 세상 슬픈 운명 아파하면서도 시를 짓는 소녀 마음
고요할까

솔개의 노래

　널따란 하늘을 슬프게 울며 동그라미 그리며 춤추듯 흘
러가는 가을 솔개

보랏빛 연기(柴烟)

잠시 살아 있는 것이라니 보랏빛 연기의 춤이 슬프다

비구니

차가운 병의 물 마시며 남몰래 그저 한결같이 살아가는
산다화(山茶花) 꽃

천지 가을의 고즈넉함 쓸쓸함도 드러내어 말하지 않는
산다화

학도출진

이제는 그저 나라 소중하다 아는 체하지 않고 그냥 살아
간다

폐하를 위해 우리가 간다고 일족들이 와서 떠들어대는
눈 내린 아침

무제(雜詠)

스물셋 세상은 뜻대로 되지 않는 일 있다는 것 깊이 깨닫
고 낚싯줄 드리운다

20년 하고도 3년의 목숨 이승에선 볼 수 없는 어머니의
편지를 읽는다

불안한 죽음의 그림자 밟고 몰래 살아갈 뿐인 목숨 미련
없다

[오타케 해병단에 있을 때의 일지에서]

1943년 12월 31일

오늘 아침 어머니의 편지가 왔다. 아버지한테서는 2통 받았는데, 어머니 편지가 온 건 처음이다. 연말에 집안일로 바쁘기 때문일 것이다.

그래도 내가 이렇게 전쟁에 돌입할 준비를 하는 몸이 됐기에 어머니의 각오도 자못 큰 것이어서, 정신 바짝 차리고 살아가라는 말씀은 무엇보다 반갑다.

전장에 가는 몸을 정말 진심으로 걱정해 주는 이는, 세상이 넓다고 하나 부모님밖에 없을 것이다. 생각하니, 어제 분대장이 말씀하신 "아버지 위독 잘 해내라"는 전보는 무심결에 나로 하여금 눈물을 흘리게 만들었다. 부모에 대한 애착과 부모의 은혜를 뼈저리게 생각하는 오늘 지금이다. 그러나 피붙이의 사랑은 우리 병사들이 해결해야 할 가장 큰 문제 중 하나다.

돌이켜보면, 11월 초 오카자키(岡崎)의 징병검사장에서 검사관이 피붙이의 애정을 끊어버리라고 오히려 잔혹할 정도로 우리의 사고 전환을 요구한 이래 그 생각이 내 머리를 떠난 적이 없었다. 그러나 그 질긴 인연을 끊는 방법도 가지가지이지만 쓸데없이 눈을 감고, 귀를 닫고, 감각을 둔하게 만들어 자기기만 속에 부모를 잊는 것은 약자들이나 하는 짓이니, 나는 결코 그렇게 하지 않을 것이다. 오히려 감연히 부모의 사랑을 지금이야말로 뼈저리게 자기 몸으로 느껴야 할 때다. 하지만 또한 물밀듯이 밀려오는 사랑을 냉정한 평상심으로 끊어버리지 않으면 안 된다. 여기에 20여 년 자기 수양의 결과가 있고, 학문을 해온 인간의 비범함이 있어야 한다.

이곳에 와서 요시다 쇼인[吉田松蔭. 막부 말기의 지사. 안세이 대옥(安政大獄)으로 처형. 1830~1859]의 "평소의 학문 천박하여…… 운운, 부모 생각하는 마음보다 더한 자식 생각하는 부모 마음 오늘 물어서 무엇을 들으리"[사세가(辭世歌)]라는 구절을 떠올린다. 쇼인은 부모가 자신에게 주는 사랑의 일념을 뼈저리게 느끼면서 몌별(袂別)의 글을 냉정한 마음으로 써서 보냈다. 우리가 배워야만 할 최대의 문제가 여기에 있다. 바라건대 나도 또한 남해의 끝에 와서 최후의 순간까지 어머니의 자애를 잊지 않기를. 그리하여 최후까지 부모의 사랑에 이끌려 무사의 본심을 잊지 않을 것이다.

내가 배에 찬 띠(腹卷)에는 "오래 오래 힘내"라고 어머니가 쓰신 글이 적혀 있다. 이를 생각하면, 아무리 괴롭더라도 배에 힘이 들어가니 기쁘다. 어머니, 이제 당신을 환희에 차게 해줄 때가 올 것입니다. 아니 제가 가져다 드리겠습니다.

………

스미요시 고노키치住吉胡之吉

1921년 2월 15일생. 도쿄 출신.

시즈오카고등학교를 거쳐, 1942년 10월, 도쿄제국대학 제2공학부 전기공학과 입학.

1944년 말부터 항공연구소에 동원.

1945년 5월 24일, 메구로의 자택에서 가족 6명과 함께 전재사(戰災死). 24세.

1943년 12월 1일 수요일 맑음

자른 머리칼, 유서를 남기고 내 친구가 출정한다.

아침 휴강이어서 천천히 집을 나왔다. 뒤에 남은 자로서 견디기 어려운 기분이다. 나의 매일매일이 죽음 앞에 있다. 죽음은 분명 내게 중대한 일이다. 하지만 죽음으로는 해결되지 않는다. 죽음보다도 강한 생명이 있다. 지금 새삼 유서를 써서 남길 일이 있을까. 이 일기가 내 유서다. 내년의 생일로 입대 연기 기일도 만료된다. 또한 우리의 군 복무 기간도 단축된다던데. 군대에 불려가고 싶은 마음도 든다. 또 아름다운 사람을 생각하고 가슴이 막히는 자신이기도 하다. 하지만 온갖 생각으로 답답한 마음에 채찍질을 하면서 해야 할 일을 착실하게 해 나갈 수밖에 없다.

1945년 3월 5일 구름

울적한 하루, 이것저것 생각에 골몰한다. 온종일 히터 앞에 앉았다가 일찌감치 돌아간다. 무엇 때문에 사랑하는 사람이 이별해야만 하는가. 또 현재의 인간생활의 참혹함, 자연의 은혜를 남용하고 서로 살육하는 비참함, 하지만 강하고 늠름해야만 한다. 아무리 걱정스러워도 해결은 자신의 순간순간의 노력으로만 가능하다. 조국애, 나는 침착하게 죽을 수는 있을 것이다. 하지만 국가에 대한 의혹이 있는 것을 부정할 수 없다. 국가는 문제가 아니고, 지금의 일본 자체가 해답이다. 또 이 아름다운 일본에서 생을 받아 사는 은혜에 대한 감사, 그 누구에게 뒤지랴. 하지만 일본의 더 아름답고 더 높은 것을 바라는 마음이 현실의 일본에 대해 석연치 않은 마음이 들게 해 아프게 한다.

노력하겠다. 정말 나를 위한 것에 전력을 기울이고 싶다. 밝고 건강하게. 이것이 모든 것을 해결해 줄 것이다.

3월 7일

....

괴로워하자. 괴로움을 뚫고 나가는 것 외에 해결의 길이 없기 때문이다. 괴로움 속에서야말로 진심도 희망도 빛나기 시작하기 때문이다. 그러니 나의 현재를 감수하자. 감사하고 한층 더 투지를 불태우자. 사석(捨石)이 되리라는 의지조차 꺾이려 하는 생활. 하지만 그것은 아직 내가 약하기 때문이다. ○○[항공연구소 재직 시절 교제했던 사람]의 일도, 두 사람이 지금의 전도가 암담한 가운데서도 정말 진심으로 소통하고 서로 믿으면서 이 사랑을 더욱 진실한 것으로 만들려는 땀과 눈물 속을 통과하지 않으면 안 된다. 우리 두 사람의 사랑이야말로 가장 진실하고 가장 깊은 사랑일 수 있게 하자. ○○여, 그러니 지금의 고통을 참아내자. 괴로울 것이다. 참아다오. 그대는 빌어야 할 게 무엇인지 알고 있을 것이다. 기도해 다오. 그리고 그대의 눈물로 우리 두 사람의 사랑을 더욱 맑게 해다오. 나도 정말 땀을 흘리겠다. 그리고 두 사람의 사랑을 정말로 멋진 사랑이 될 수 있도록 해서 결혼이라는 다음의 창조로 나아가자.

하지만 지금은 반성 사색이 덧없는 기분에 빠지게 해서는 안 된다. 현실은 엄중하다. 발 등의 불이 아니라 자기 몸에 불이 붙고 있는 것이다. 이것을 끄지 않고는 아무리 속에 이상을 품어도, 그것마저 없어지는 소멸로 귀착될 수밖에 없다. 아무리 단조고요(単調枯寥. 단조롭고 시들고 쓸쓸하다는 뜻 – 옮긴이)한 생활일지라도 자기 일개인이 지금까지 그것을 통해 쌓아온 윤리로 대처한다면 희망을 갖고 즐겁게 지낼 수 있다. 하지만 지금은 그래서는 해결되지 않는다. 국가의 불행한 처지는 끝내나 개인의 마음에 병이 되어 아프게 만든다. 그 때문에 자신의 생의 윤리도 아직 충분하지 않다는 것을 느낀다. 하지만 그 국가의 불행한 처지에 괴로워하면서 국가를 위해 자신이 최선을 다해 살아가려 노력하고 거기서 생겨나는 생명의 충실감이라는 희망을 가질 수 있도록 해야 하지 않을까. 어디까지나 밝고 건강하게. 그것은 자신을 믿게 하는 쾌활함이다.

4월 2일

앞으로 100일, 200일의 생명. 아버지에게도 어머니를 비롯한 식구들을 소개(疏開)시켜 달라고 부탁했다. 나를 보라, 정말한결같다. 진짜 얼마 남지 않은 생명을 소중하게 여기며 살지않을 수 없다. 하지만 차분히 홀로 여러 가지 생각을 한다. 한결같이 하는 게 중요하다. 그리고 최후의 장례식 꽃을 멋지게장식할 각오. 차분하지만 강하고 또 강하게 느낄 수 있다. 지금까지의 내 괴로움은 쓸데없는 게 아니었다. 죽음의 공포, 느끼지 않는다. 다만 유종의 미를, 스스로 미소 지으며 죽을 수 있는 최후를 기약할 수 있다. 조국을 위해, 사랑하는 사람들을 위해 혼신의 노력을 다 기울이는 것이다. 하지만 목숨을 아끼자.이 그리운 2층 집의 계단을 오르는 것도 경치를 바라보는 것도얼마 남지 않았다. 내가 한순간 한순간을 가장 소중하게 살고있다는 것을 한층 더 깊이 반성하고 정진해야 한다.

사랑하는 것을 만나지 말지어다. 이 부처님의 가르침이 이해가 되는 지금의 기분. ○○, 사랑스럽다. 정말로 허위도 없다.숨기고 싶지도 않다. 보고 싶다. 하지만 만나봤자 결국 무의미하다. 인생 실로 괴롭고 덧없다. 그리고 그것을 어느 정도 꿰뚫어보고 체념한 마음은 공허하기에 고요하다. 정말 고요하다.

4월 13일

리어카를 끌고 항공연구소로. 도중의 병영 앞을 지나며 우울했다. 살풍경한 군인 사회. 하지만 그런 것에 지면 안 된다.강해져라. 예감은 또 맞아떨어졌다. ○○가 부친 편지가 왔다.

쓰치다[고등학교 시절의 급우]가 보낸 편지. 희망을 믿게 만드는 뭔가가 있다.

4월 14일

지난밤 대공습, 조금 늦게 출근. 오후 짐을 조금 내리고 일찍 돌아왔다. 봄날, 슬프다. 이제 벚꽃도 한창 때가 지나버렸다. 견습사관*이 병사들을 교육하고 있는 것을 봤다. 고성을 지른다. 그저 시간을 보낼 뿐이다. 공허한 시간의 낭비. 무의미 속에서 의미를 찾으려 해도 되지 않는다. 먹고 자고 마음 없는 허세와 거짓을 얘기하지 않으면 안 되는 군대.

4월 15일

군인칙유의 암송 강요. 어리석다. 그와 관련해서도 지금 기분은 점점 코스모폴리탄적으로 돼 간다. 일본의 이제까지의 강제적인 틀에 꼭 맞출 수 없는 것이 여기에 나와 있다. 자신의 길에 더욱 분명하게 나서라. 거기로 나아가는 의연한 용기와 노력.

4월 26일

○○로부터 편지가 왔다. 나의 힘없고 의지박약한 점, 마음 아프다. ○○도 매일 한 걸음씩이라도 나아가고 있다. 나는 지금 전혀 실력도 없다. 하지만 끝까지 밝고 솔직하고 싶다. 그리고 '녹색 수첩'[당시 몸에 늘 지니고 다녔던 작은 수첩]에 기록한 것처럼 감사하고, 사람을 사랑하며, 그 사랑의 실천에 부지런

히 노력하자. 나는 지금 미흡하다. 그러나 이런 길이 있다는 것을 믿는다. 이기고 있는 전쟁에서 죽는 것은 편할 것이다. 그러나 지고 있는 전쟁에서 뜨거운 포화에 맞아 죽는 것도 또한 내가 믿는 바이다. 자신의 꿈에 최선의 노력을.

4월 30일

모든 것이 불만. 누르려고 해도 누를 수 없는 불만에 묵묵히 돌아왔다. 푸르고 푸른 하늘이다. 오전 중에 아침 일찍부터 대거 공습. 바깥에 나가 잔디에 앉으면서—

폭음에 귀를 쫑긋 세우는 얼빠진 모습이 애처롭다

그저 봄을 슬퍼하며 먼 곳의 사람을 생각한다

해야 할 일도 없이 봄은 지나간다

하늘에 빛 가득하고 바람은 누그러졌다

이 봄이여 빨리 푸른 잎 번성하라

채우려 해도 채울 수 없는 불만, 자신의 내적 외적 불만, 사람에 대한, 지금의 모든 것에 대한 불만, 불쾌, 그것도 일본의 불행한 처지와 전도의 어둠. 그리고 그것을 위한 이별.

5월 4일

몇 번이나 써도 다 쓰지 못했다. 이 인생의 엄숙, 비참, 가혹을. 그리고 그것에 대해 나는 더욱 강하고 올바르고 크지 않으면 안 된다고 생각했다. 정직하게 나의 일본에 대한 마음. 일본은 좋다. 사랑한다. 하지만 일본의 국체(國體)* 운운 이상으로 일본인들은 크게 인간의 운명을 생각해야만 하는 게 아닐까. 아름답고도 맑은 후지산, 향토애, 민족애가 조국애라면, 그건 누구에게도 지지 않는다. 하지만 오직 과거의 역사, 국체를 위해 싸우는 것은 아무래도 석연치 않다. 인간의 비참은 천황으로는 구할 수 없다. 일본인 한 사람 한 사람이 더욱 훌륭해지지 않고는. 인간이 더 넓고 큰 마음이 되는 것, 더욱 사람의 땀과 눈물을 잘 아는 것이다. 그렇지 않으면 인간의 운명은 영원히 비참할 것이다. 정말로 인간의 비참을 구하기 위해 지금의 길을 바로잡고 최선을 다하자.

5월 6일

재와 먼지 속에서 새로운 일본을 창출하는 것이다. 국체 운운하는 패거리들 때문에 일본은 작고, 두려워 몸둘 바를 모르는 세계에서 허덕지덕 해왔다. 신록이 싹트는 듯한 희망과 밝음, 생명이 약동하는 일본을. 일본의 이제까지의 나라가 우리의 희망이었던 것은 부정할 수 없다. 또 만세일계(万世一系)의 황통 운운할 마음 티끌만큼도 없다. 하지만 그 황통, 국체 때문에 신칙(申勅) 때문에 현실을 무시하고, 인간성을 유린하며, 사회가 향해가야 할 진보를 저지하려는 군부, 고루한 애국주의자. 그들이 대어능위(大御稜威)[천황의 위덕]를 방해하고 일본을 좌우해온 것이 최근의 현실. 황족과 평민, 나는 이제 이런 봉건적인, 인간성을 무시한 것들을 말살하고 싶다. 진심으로 감사하고, 이웃을 사랑하며, 육친과 화합하고 모두가 서로 돕게 하고 싶다.

5월 16일

아침. 오늘 하루는 독서로 보내려 한다. 어제는 육체노동, 오늘은 또 이렇게 보낸다. 절로 막을 수 없는 생활의 기쁨이 샘솟는다. 짬을 내서 『동트기 전』[시마자키 도손 지음] 제2부를 읽는다. 현재 나라의 위세가 금방 비교된다. 그리고 조용한 희망도 샘솟는다. 정말로 자신의 신념을 더욱 확고하게 하지 않으면 안 될 것이라고 생각한다. 그리고 큰 시야를, 끝까지 밝은 자신에 대한 신념을 가지고 노력 정진하고 싶다.

○○에 대한 사모로 괴롭다. ○○는 믿을 수 있는 여자다. 그리고 오래 편지가 없어서 그렇게 믿고 있어도 빨리 편지 오기를 기다리느라 괴롭다. 부모형제에 대한 생각으로 길을 걷다가도 가슴이 아플 뿐이다.

5월 17일

우노 씨의 짐을 정명원(淨名院)에서 해남사(海南寺)로 옮겼다. 히로노 씨, 야마다 군, 야마나카 군 등과. 하늘이 정말 맑고 높다. 솟아오르는 적란운도 아름답고 산의 모습도 선명하게 보인다.

모두 고생하고 있다. 『독일 전몰 학생의 편지』[앞의 주 참조]를 다시 읽고 큰 감명을 받았다. 이상과 현실의 괴리. 괴로워하는 젊은 생명을 흩뜨리며 가는 사람들. 나도 앞으로 반년짜리 생명. 어쨌든 구원은 없다. 내 마음에 조금이라도 평온한 구원이 있다면, 그것은 내가 나를 속이는 것이다. 괴로워하면서도 최선을 다하고 싶다. 『동트기 전』, 『구름과 초원』[오자키 기하치 지음]을 읽어간다. 고요한 밤. 1[학도출진으로 동원당한 필자의 벗]이 건네준 아라레(싸라기눈처럼 만든 과자 – 옮긴이)를 먹었다. 바깥에 나갔다. 하현의 달빛, 묘지에도 어슴푸레하다. 구름 하나 없는 별 하늘, "아아, 젊은이여, 하늘이여, 생명이여, 생명 이 것 하나"라는 기숙사가(寮歌)를 읊조리며 나는 달그림자를 밟았다. 앞으로 반년, 나는 이렇게 샘솟는 심정을 아무리 써도 물리지 않을 것이다. 솔직하게 내 기분을 쓰고 싶다. 또 있는 그대로 쓸 수 있는 마음을 지니고 싶다. 자연을 예찬하고, 생명을 기뻐하며, 괴로움을 견디면서 이 일기에 뭔가를 남기기 위한 하루하루이기를 바란다. 전화(戰火)로 이 일기도 재로 돌아갈지 모른다. 하지만 쓰고 또 쓴다.

* 견습사관… 육군에서 사관후보생이나 간부후보생이 소위로 임관되기 직전 일정 기간 복무할 때의 관명.

* 국체… 천황제 국가. 〈국체의 본의〉(1937)에는 "대일본제국은 만세일계의 천황 황조의 신칙을 받들고 영원히 이를 통치하신다. 이는 우리 만고불역의 국체다"라고 되어 있다.

우나가미 하루오 海上春雄

1921년 3월 27일생. 상하이 출신.

시즈오카고등학교를 거쳐, 1942년 10월, 도쿄제국대학 경제학부 입학.

1943년 12월 1일 입대.

1945년 1월 9일, 필리핀의 링가엔 만에서 해상정진대(海上挺進隊) 대원으로 전사. 육군 선박병 견습사관. 23세.

유서

죽음이야말로 실로 인생의 심연으로, 사람된 자가 마음속에 항상 간직해야 하는 것이지만, 일을 함에 있어서 그 결의를 새롭게 다지는 것이 가장 중요하다.

돌아보건대 나는 이 세상에서 생을 누린 지 20여 년, 위대한 천지만물의 은애(恩愛)을 입지 않은 게 하나도 없으나 거기에 보답한 게 아무것도 없다.

나는 다만 내 목숨을 위하고 모든 것을 위해 헛되이 죽기를 바라지 않으며, 오직 보은의 길을 갈 뿐이다.

1943년 11월

우나가미 하루오

[1945년 1월, 루손섬에서 출격하기 전의 '메모'에 연필로 쓴 절필]

아버지 어머니

건강하게 임지로 향합니다. 하루오는 모든 의미에서 역시 학생이었습니다.

하루오

03

패전

1945년 8월 15일, 일본의 침략전쟁은 패배했다. 침략의 대상이 됐던 지역의 나라들 민중에게 치유하기 어려운 상흔을 남겼다. 일본의 병사와 시민도 원폭, 억류 등 수많은 고난을 피할 수 없었다. 새 헌법의 전문과 제9조에서 평화를 향한 희망을 담은 것도 잠시, 한국전쟁의 위기가 닥치면서 다진 부전(不戰)의 결의가 『들어라 와다쓰미의 소리를』을 탄생시켰다. '와다쓰미'의 비극, 그 원인과 결과를 제대로 읽어내서 침략전쟁을 허용한 '전 일본 국민의 먼(遠い) 책임'을 정면으로 받아들이고자 한다.

스즈키 미노루鈴木実

1924년 10월 19일생. 아이치현 출신.

제8고등학교를 거쳐, 1944년 10월, 도쿄제국대학 법학부에 입학.

1944년 10월 10일, 도요하시(豊橋) 제1육군예비사관학교에 입교.

1945년 8월 6일, 히로시마의 원자폭탄에 피폭, 8월 25일 오노 육군

병원에서 사망. 육군 소위. 20세.

유언장

부모님, 불효막심한 놈이었습니다. 부디 용서해 주세요. 이제부터 저는 부모님께 효양(孝養)을 다하겠다고 마음먹었으나 결국 쓰러졌습니다. 저는 가난 속에서도 저를 제8고등학교, 도쿄제국대학에 진학시켜 주신 데에 늘 감사했습니다. 저는 학생 시절부터 여러 가지로 부모님께 심려를 끼쳐드려, 이제부터는 효행을 다 해야겠다고 마음먹은 시기에 쓰러진 것이 유감입니다. 누님이나 동생들은 결혼도 단념하고 국민학교[앞의 주 참조] 아동을 교육하는 한편으로 부모님을 도와드렸습니다. 저는 아무것도 드릴 말이 없습니다.

부모님은 아침에 달을 보고 저녁에 별을 보면서 쉼 없이 일해서 저를 대학까지 보내주셨습니다. 정말 부모님께 고생만 시켜드리고 아무런 보은도 하지 못한 채 죽어가는 저는 유감스럽고 뭐라 사죄드릴 말이 없습니다.

하지만 부모님, 제 몸은 죽어도 혼은 반드시 부처님께 부모

님이나 누님 동생들을 항상 보살펴달라고 빌겠습니다. 혼이 되어 부모님에게 효양을 다하겠다고 다짐합니다. 부모님, 누님 동생들이여, 부디 울지 말아 주세요. 혼이 되어 늘 여러분과 함께 일하고 모두 함께 식사하고 모두 함께 웃고 함께 슬퍼하겠습니다. 앞으로 가을이 되어 온갖 벌레들 울음소리를 들을 때나, 겨울이 되어 낙엽 쓸쓸한 숲을 볼 때에도 절대 울지 마세요. 그리고 어떤 사태를 만나더라도 몸에 충분히 주의하면서 단호하게 대처해서 언제까지나 언제까지나 건강하게 살아 주세요. 부모님, 지난 6일의 원자폭탄은 위력이 엄청났습니다. 저는 그 때문에 얼굴, 등, 왼팔에 화상을 입었습니다. 그러나 군의관님을 비롯해 간호부님, 친구들의 정성 어린 간호 속에 최후를 맞이할 저는 더없이 행복합니다.

스즈키 미노루

1945년 8월 25일 21시

부모님께

다카기 쓰토무高木孜

1922년 1월 7일생. 출신지 불명

1943년 9월, 도쿄상과대학 전문부 졸업.

1943년 12월, 육군 입대, 화북(華北)에 출정. 1945년, 베이징에서 이동 중, 북한 함흥에서 패전.

1946년 2월 25일, 중국 길림성, 연길 평성병원에서 사망. 육군 상사. 24세.

1945년 8월 17일

위원회 최후의 잔무 정리를 한다. [조선]반도 독립의 소리 팽배하게 일어난다. 물정 소연(騷然). 각지에서 현지민들이 많이 모여 소리를 높여 뭔가를 얘기하고 있다. 이토, 흥남(興南)에서 돌아왔다. 단독으로 공용외출 금지. 식사 배급 2식에 정량은 절반. 소련군이 온다는 소문. 구축함 흥남 입항 소문도 돈다. 청사에서 중요한 서류와 기타 물품을 불태운다. 군의 역사, 여기서 종막이다.

불티, 불티들이 검푸른 하늘로 휘말려 올라간다. 타고 남은 서류, 아직 펼치지 못한 장부, 전혀 손대지 않은 새 사무용 소모품들이 구덩이에서 연기를 내고 있다. 긴 장대로 휘젓는다. 또다시 팟 하고 불티들이 올라간다. 마당 주변 구덩이에서 불이 활활 타오르고 있다. 정말 처절한 피날레. 눈물도 나오지 않는다.

8월 □ □ 일

소련군이 온다, 조선인들이 환호로 맞이한다. 야마토초(大和町)에서 그들 장교 2명, 승용차로 지나가는 것을 봤다. 공회당에 소련 국기와 조선독립국기가 올라간다.(사유물을 태운다. 어머니와 동생, 누이로부터 입대 이후 받은 편지의 일지, 한 움큼의 재로 변했다. 내 과거는 죽었다.)

9월 21일

....

우리의 협정은 틈 사이, 과거의 것, 미래의 것을 생각하지 말 것. 모든 것을 낙관적으로 생각하고 해결해야 한다. 이것은 행복의 한 조건이기 때문이다. 이런 경우에 처하면 유언비어가 퍼진다. 90퍼센트까지가 희망적 관측이라는 유령이다. 이 뿌리도 잎도 없는 유언비어를 그룬데[기초]로 삼아 다시 원망(願望)의 덧없는 누각을 쌓아올린다. 그리고 또다시 근거 지극히 괴이쩍은 비관적 유언비어에 의해 이 누각도 근저에서부터 붕괴된다. 잠시 뒤 다시 그 붕괴한 누각의 파편들을 줍는다. 그리고 무의미한, 보람 없는 건축을 다시 짓기 시작한다. 이는 이런 경우에 나타나는 피할 수 없는 심리인지도 모르겠다. 하지만 어리석은 헛된 짓도 정도가 심하다. 우리는 믿지 않는다. 상상 추측 판단, 그런 잔머리의 활동을 격리시킨다. 오직 확정된 사실만을 긍정하고 거기에 만족한다. 오로지 될 대로 될 수밖에 없기 때문이다. 내려진 명령만이 확실한 것이다. 그 명령에 따라 행동하고, 또 다음 명령을 기다린다. 우리는 맹목이고, 모든 힘을 빼앗겼기 때문에 그 밖에 달리 무엇을 생각하고 무엇을 할 필요가 있을까.

완전히 양치기 목동의 정신을 우리 것으로 만드는 것, 다음 장소로 쫓겨 갈 때까지 그저 풀을 먹는 것, 분명한 태도다. 요전까지는 이토, 단자와와 함께 세 사람은 이 정신을 우리 정신으로 삼았고, 그 이후 사토, 마쓰타니 두 사람도 행동을 같이했으며, 또 나는 오직 그들에게 양의 정신을 심었다. 지금까지 그 효과가 있었는지 없었는지 모르겠지만, 가장 차분한 마음과 태도를 유지하고 있고, 그리고 모두가 요행스럽게 잘 있다. 이것은 당연하다고도 할 수 있다. 우리는 늘 "내 경우야말로 최선이다"라고 믿는 습관을 획득하고 있기 때문이다.

끊임없이 자신이 걸어온 그 길을 뒤돌아보며 과거의 행동을 후회하거나 다른 부대 또는 한 사람 한 사람의 타인들의 행동이나 경우를 부러워하면서 자기 주변을 불평과 비관의 눈으로 바라본다 해서 뭐가 되겠는가. 인간의 힘으로는, 이미 한 번 지나간 과거의 출발점으로 되돌아가 지금과는 다른 행동을 취하는 것은 불가능하다.

우리는 "그렇게 했어야 했는데" 등의 어리석은 말을 내뱉으면 우리 세 사람 중 한 사람으로부터 지독한 벌을 받는다. 또 "빨리 돌아가고 싶구나"라는 영탄조의 말도 우리는 엄금하고 있다. 이는 현재 "돌아간다"는 게 거의 확정적이라는 점이 판명되었고, 다만 시기의 문제인 데다 그 귀환 명령도 가까운 시

일 내에 발령될 것이라는 점도 판명되어 있기 때문에, 그런 부주의한 말은 동료들을 헷갈리게 만든 향수를 일제히 부채질해서 귀중한 시간을 우울한 분위기에 빠지도록 만들 수밖에 없다. 향수의 싹을 느끼면 자라기 전에 손으로 문질러 찌부러뜨려야 한다. 아이처럼 참지 못하는 데서 오는 단체원들의 감정 교란을 저지하는 것은 우리의 행복(알랭이 말하는)에 필요한 일이다.

인간은 반추하는 동물이다. 달리 할 것이 아무것도 없으면 (우리의 지금 생활이 하는 것이 없는 상태의 전형이다), 어느새 머리가 우물우물 반추를 시작한다. 그중에서도 특히 향수의 반추가 시작되는 것은 가장 멈추기가 어렵다. 즐거운 고향의 공상. 이는 반추와는 다르다. 그러나 이것도 채워질 수 없는 지금의 처지와 충돌하면 곧바로 우울한 반추가 시작되는 것이다.

그 때문에 아무것도 하는 일 없는 상태를 그대로 둬서는 안 된다. 거기서 우리는 뭔가 일을 찾아냈다. 무슨 책이라도 있으면 가장 좋겠지만 책도 없다. 그래서 바지나 셔츠로 배낭을 개조한다. 조끼를 만든다. 복띠를 만든다. 잡낭을 만든다. 젓가락, 숟가락을 만든다. 담배를 만다. 주기(註記)를 넣는다. 이런 일들을 하면서 우리는 모든 것을 망각한다. 이것은 멈추지 않는 반추운동을 피하는 좋은 방법이다.

우리 세 사람은 트럼프를 만들었다. 이것을 어디에든 허리에 차고 간다. 따분하면 이것으로 게임을 한다. 유희, 특히 경쟁의식을 불러일으키는 것은 이 반추병 예방에 최상의 양약이기 때문이다. 나는 이것을 행복 지킴이로 삼고 있으며, 또한 돌아갈 때 이 생활의 추억으로 가지고 갈 작정이다.

10월 24일 맑음 강풍 냉기 극심

잠에서 깨니 대단한 바람이다. 뒷산과 교정의 나무들이 휘이휘이 비명을 지르고 있다. 하늘이 으르렁거리고 있다. 교사(校舍)가 벌벌 떨 듯 삐걱댄다.

"방법이 없네! 이렇게 바람이 불어서야. 바다가 거칠어져 배도 못 나가요."

"추위! 이렇게 해서 추위가 점점 밀려올 거야. 이봐, 우리 설날(정월)까지 여기에 눠두면 모두 죽고 말 거야, 반드시."

이웃 반에서 잠을 깬 자들이 소곤소곤 서로 얘기하고 있다. 나는 갑자기 불안해져 조바심이 인다. 그 순간 한겨울에 이 임시병원에 남겨진 나를 상상한다. 불도 뭣도 없다. 휑뎅그렁한 큰 방, 바람이 휘이휘이 새어 들어온다. 조잡한 침상, 몇 겹이나 모포를 깔아도 그대로 느껴지는 심한 추위. 음식물은 아무것도 없다. 칼로리를 섭취할 수 없다. 몸은 안팎으로 얼고, 배는 꼬르륵거리며 아프다. 참을 수 없다. 하루에 열 번 넘게 변소를 간다. 그리고 병은 절망적인 상태가 된다. 약이 없다. 눈밖에 나서 방치돼 있다. 불러도 누구 한 사람 오지 않는다. 로스케[러시아 사람, 소련 병사에 대한 멸칭]가 자동총을 늘어뜨린 채 개인 물품을 노리고 문병 오는 게 고작이다. 그리하여 다음에서 그다음으로 불길한 상상이 덮쳐와 제멋대로 머릿속을 헤집고 돌아다닌다. "에이, 바보 같은 놈! 그럴 리가 있나. 여기서 내년까지 있어야 한다니, 그런 불길한 증거가 어디 있나?

출발은, 아무리 생각해도 이제 곧 할 것 아닌가. 그만둬. 상상은…… 하지만, 하지만 어떻게든 이번 승선자 편성에 들어가야만 해. 좋아, 이젠 몸 상태가 어떻든 마담을 달고 탈 거야. 내지에 돌아가기만 하면 어떻게든 되겠지. 만일 승선에서 빠지면……, 그 상상이 현실이 될 수밖에 없어" 하고 나 자신에게 일렀더니 이번에는 겨우 마음이 다소 평온해졌다. ―또 거센 바람이 천방지축으로 불며 으르렁거린다.

10월 28일 맑음 추운 날씨

감기가 든 모양이다. 요주의.

10월 25일, 26일, 27일 사흘간 같은 장면의 필름을 돌리고 있는 듯한 생활. 이동 기미가 전혀 없다. 사토 반장까지 "돌아가고 싶어!" 하고 토로했다.

오로지 틈만 나면 나오는 얘기가 한결같이 저게 먹고 싶다, 이게 먹고 싶다. 돌아가서 다이후쿠(大福. 팥소를 넣은 찰떡 ─ 옮긴이)나 안코로(팥고물을 묻힌 찰떡 ─ 옮긴이)를 볼이 미어지게 먹고 있는 자신을 상상하고는 "아아, 돌아가고 싶어!"다.

그래서 한 가지 방책을 생각해냈는데, 먹고 싶은 것의 요리법 노트를 만들어 돌아가면 재빨리 꺼내 만들 수 있도록, 먼저 내가 How to cook(요리법)을 만들어 시작했다. 지금 이것이 인기가 있어서 여기저기서 강습회…… 서로 조리사가 되거니 제자가 되거니 하며 온종일 그것을 하고 있다. 얘기하는 사람은 실물을 앞에 놓고 하고 있는 것처럼 열을 올리며 설명하고 듣는 쪽은 또 실물을 직접 먹고 있는 듯 눈을 반짝이고 침을 꿀꺽 삼키면서 긴장해 있는 광경을 상상해 보시라— 그러면 어떤 향수라도 잊게 된다는 거다. 그러나 창안자 본인이 벌써 식상해지기 시작했다. 도쿄에서 노점이나 홀을 경험한 Y군, 아침부터 저녁까지 쉴 새 없이 팔러 와서는 흥분해서 자기도 취다. 덕택에 뇌수가 위산과다가 된 모양이다. (지금 솔깃한 뉴스를 들었다. 지난번의 로스케 여의사가 와서 연성반(練成班)의 건강에 이상이 없는 자의 숫자를 군의에게 물어보고 있다고 한다. 우리는 환성을 올린다. 물에 빠진 자 지푸라기라도 잡는다.) 이 식단법 노트 제작에도 모두가 지쳤다면………

이나가키 미쓰오 稲垣光夫

1924년 3월 12일생. 도쿄 출신.

도쿄고등학교를 거쳐, 1943년 10월, 도쿄제국대학 법학부에 입학.

1944년 10월, 해군 경리학교에 입교.

1947년 6월 22일, 국립누마즈(沼津)병원에서 사망. 해군 대위. 23세.

귀성

군대에서 복귀한 아들의 망모(亡母)에게도 고할 수 없는
마음

망모의 비(碑)여, 아들은 헤매고 있다고 고할 뿐

새벽 냉기 꿈이여 어머니 사랑 덧없이

가을 밤

별 하나 흰 도시에 누이 살아

밤 먹으면 더 한층 그리운 고향

스물셋의 고요한 가을

덮어쓴 밤 추위 침상의 눈물인가

춥고 추워 팔에 팔을 서로 그리네

가프키 X* 애처로운 새잎 그늘
슬픔에 내리는 비에 꺼지는 담뱃불

1947년 1월 13일 월요일 맑음

밤 10시

니시지마 씨는 예상한 대로 말을 할 수 없을 정도가 됐다. 그래도 의식은 꽤 분명했다. 이제 결국 죽을 수밖에 없는 사람, 죽음의 그림자가 그 사람을 붙잡아버렸다.

죽음의 그림자도 행복한 것이어야 한다.

그리고 사람들은 서로 행복해야만 하는데, 아아, 그것은 얼마나 붙잡기 어려운 것인가.

모두 누구나 죽어 갔다.

이런 일밖에 나는 생각하지 않는다. 내가 피상적이기 때문일까………

5월 17일 토요일 맑았다가 점차 흐림

오늘 아침은 주임이 와서 내 오른쪽 폐 끝에 공동(空洞)이 있다고 말했다. 작지만 이것은 중대한 일이다. 그 심각한 쇼크도(2년의 요양 생활은 아무 소용이 없었고 오히려 마이너스였다), 나는 비교적 담담하게 받아들였다. 지난밤은 잠들지 못한 채 늦게까지 생각에 잠겼는데, 그것도 어느덧 잠들 무렵에는 나는 평생 결혼하지 않은 상태로 자신의 고통은 생각하지 않고 더약한 사람들을 위해 살아가고 싶다고 생각했다. 그 마음이 의외로 오늘의 쇼크를 버티게 해 주었을 것이다. 내 희망은 대학으로의 복학에 있었으나 그것도 불가능하게 돼버렸다. 아침에 잠시 나는 흰 베개에 뺨을 댄 채 슬퍼했다.

6월 19일

내일 수술, 생에의 집착. 한없는 업무.

너는 활동을 해서 병을 극복하라.

혼돈 속에서의 질서와 리듬.

그 옛날 입학시험을 준비하는 즐거움, 자신 있다면.

정력적. 긍정. 창조. 오라 고난이여.

*가프키(Gaffky's scale)는 결핵의 배균(排菌. 결핵균을 몸 밖으로 내보내는 것) 정도를 나타내는 지표로, X(10호)는 상당히 심한 결핵을 의미한다.

기무라 히사오木村久夫

1918년 4월 9일생. 오사카 출신.

고치고등학교를 거쳐, 1942 4월, 교토제국대학 경제학부 입학.

1942년 10월 1일 입대.

1946년 5월 23일, 싱가포르의 창이 형무소에서 전범형사(戰犯刑死).

육군 상등병. 28세.

죽기 며칠 전 우연히 다나베 하지메(田辺元)의 『철학통론』을 손에 넣었다. 죽을 때까지 이것을 한 번 더 읽고 죽자는 생각을 했다. 4, 5년 전 내 서재에서 일독했을 때의 일을 떠올리면서 '콘크리트' 침대 위에서 머나먼 고향, 내가 지나온 세월을 생각하면서, 죽음의 그림자에 쫓기면서. 며칠 뒤에는 단두대의 이슬로 사라질 몸이긴 하지만 내 정열은 역시 학문의 길에 있었다는 것을 마지막으로 다시 한 번 상기한다.

이 책을 대하고 있으면 어디서부터라고 할 것도 없이 샘솟는 즐거움이 있다. 내일은 교수대의 이슬로 사라질지도 모르는 몸이지만 무진장한 흥미에 이끌려 이 책을 세 번째 읽기로 마음먹었다. 1946년 4월 22일.

나는 이 책을 충분히 이해할 수 있다. 학문의 길에서 떨어져 나온 지 이미 4년, 오늘날에도 난해하기로 유명한 이 책을 이렇다 할 어려움 없이 읽을 수 있는 지금의 내 두뇌를 나로서도 고맙게 생각한다. 동시에 과거 내가 학문 생활에 정진하던 시절을 뒤돌아보며 즐겁고 맛나는 것으로 기억하며 기뻐한다.

내 죽음에 대한 감상을 단편적으로 엮어 쓰겠다. 종이에 쓰는 것을 허락받지 못한 지금의 내게는 여기에 기록하는 것 외에 달리 방법이 없다.

나는 사형을 선고받았다. 누가 이것을 예측했겠는가. 나이 서른도 되지 않았고, 또 학문의 길 도중에 이 세상을 떠날 운명임을 누가 예지할 수 있었겠는가. 파란만장했던 내 일생은 또 한 번의 보기 드문 파란 속에 가라앉아 사라져 간다. 나로서는 한 편의 소설을 보는 듯한 느낌이 든다. 그러나 이 또한 운명이 명한 바라는 것을 알았을 때 마지막 체관(諦觀)이 솟구쳤다. 커다란 역사의 전환기에는 나와 같은 음지의 희생자가 얼마나 많았던가. 과거 역사를 통해 이를 알았을 때, 전혀 무의미한 것처럼 보이는 내 죽음도 커다란 세계역사가 명하는 바라는 것을 감지한다.

일본은 졌다. 전 세계의 분노와 비난의 한복판에서 진 것이다. 일본이 지금까지 굳이 감행해 온 수없이 많은 무리(無理)와 비도(非道)를 생각할 때, 그들이 분노하는 것은 전적으로 당연한 것이다. 지금 나는 세계 전 인류의 기분전환의 일환으로 죽

어가는 것이다. 이로써 세계 인류의 기분이 조금이나마 편안해
진다면 좋겠다. 그것은 장래의 일본에 행복의 씨앗을 남기는
것이다.

　나는 죽어 마땅한 아무런 악도 저지른 적이 없다. 악을 행한
것은 다른 사람들이다. 그러나 지금과 같은 경우 변명은 성립
되지 않는다. 에도의 적을 나가사키에서 토벌한 셈인데, 전 세
계가 볼 때는 그들이나 우리나 같은 일본인이다. 그들의 책임
을 내가 대신 지고 죽는 것은 일견 커다란 불합리처럼 보이겠
지만, 이런 불합리는 과거에 일본인들이 지겹도록 타국인들에
게 강요해 온 일이기 때문에 감히 불복한다고 얘기할 수 없는
것이다. 그들의 눈에 비친 나는 불운하다고 할 수밖에. 고충을
안고 가서 편히 살 수 있는 곳은 없다. 일본 군대를 위해 희생
됐다고 생각하면 미련 없이 죽을 수 없지만, 일본 국민 전체의
죄와 비난을 한 몸에 덮어쓰고 죽는다고 생각하면 화도 나지
않는다. 웃으며 죽을 수 있다.
　이번 사건에서도 가장 태도가 천박했던 것은 육군 장교들
중에 많았다. 이에 비해 해군 장교들은 훨씬 훌륭했다.

　이번의 내 재판에서도, 또 판결 뒤에도 내 결백을 증명해야
할 나는 최선의 노력을 기울여 왔다. 그러나 내가 너무 일본국
을 위해 일을 많이 했기 때문에 내가 결백하다 해도 비난당할
수밖에 없었다. '하와이'에서 산화한 군신(軍神)*도 지금은 세
계의 법을 범한 죄인 외에 아무것도 아니게 된 것과 마찬가지

로 '니코바르'섬 주둔군을 위해 적의 첩자를 발견했을 당시는 전군의 감사와 상관의 찬사를 받았고, 방면군*으로부터 감장(感狀)[전공에 대해 상관이 수여하는 상장]을 받아야 한다는 말까지 들은 내 행위도 1개월 뒤 발표된 일본 항복 때문에 결과는 역전됐다. 그때는 일본국에 대공(大功)을 세운 것이었지만, 가치 판단 기준이 바뀐 오늘에는 원수가 됐다. 그러나 이 일본 항복이 전 일본 국민을 위해 필수적이었던 만큼 나 개인의 희생과 같은 것은 참아낼 수밖에 없다. 불만을 말한다면, 패전하리라는 것을 알면서도 이 전쟁을 일으킨 군부한테 따질 수밖에 없다. 그러나 또 다시 생각하면, 만주사변 이래의 군부의 행동을 허용해 온 전 일본 국민에게 그 먼 책임이 있다는 것을 알아야 한다.

우리 국민은 이제야 큰 반성을 하고 있을 것이라 생각한다. 그 반성이, 지금의 역경이 장래의 밝은 일본을 위해 큰 역할을 하게 될 것이다. 그것을 보지 못하고 죽는 것은 유감이지만 어쩔 수 없다. 일본은 모든 면에서 사회적, 역사적, 정치적, 사상적, 인도적 시련과 발달이 충분하지 못했다. 만사에 내가 남보다 우월하다고 생각하게 만든 우리 지도자, 오직 그런 지도자의 존재만을 허용해 온 일본 국민의 두뇌에 책임이 있다.

예전처럼 내 형편에 좋지 않은, 뜻에 어긋나는 것은 모두 악으로 여기고, 오직 무력으로 배척하려는 태도가 다다를 결과는 명백해졌다. 지금이야말로 모든 무력 완력을 버리고 모든 것을 올바르게 인식하고 음미해서 가치 판단을 할 필요가 있다. 이

것이 진정한 발전을 우리나라에 가져다줄 방도다.

모든 것을 그 근저에서부터 재음미하는 데에 일본국이 재발전할 여지가 있다. 일본은 모든 면에서 혼란에 빠질 것이다. 그러나 그래도 괜찮다. 도그마적인 모든 사상이 땅에 떨어진 앞으로의 일본은 행복하다. '마르크시즘'도 좋고, 자유주의도 좋고, 모든 것이 그 근본 이론 차원에서 구명되고 해결될 날이 올 것이다. 일본의 진정한 발전은 거기에서 시작될 것이다. 모든 이야기가 내 사후에 시작되는 것이 슬프지만, 내 대신에 더 뛰어난 머리를 지닌 총명한 사람이 이것을 보고 또 지도해 줄 것이다. 뭐라 해도 일본은 근저에서부터 변혁하고 다시 구성하지 않으면 안 된다. 젊은 학도의 활약을 기원한다.

고코(孝子)를 빨리 결혼시켜 주세요. 저의 죽음으로 인해 부모님과 누이가 너무 낙담해서 일가 쇠망에 이르지나 않을지를 가장 두려워하고 있습니다. 부모님이여 누이여, 부디 내 죽음에 낙담하지 말고 밝고 평화롭게 살아주세요.

우리 죄인들을 감시하고 있는 것은 원래 아군에 포로가 된 네덜란드군 병사다. 예전에 일본군 병사들로부터 심한 가혹행위를 당했다는 등의 이유로 우리에 대한 보복적 가혹행위가 상당하다. 때리고 차는 등의 행위는 가장 얌전한 부류에 속한다. 하지만 우리 일본인들도 그보다 더한 짓을 해 왔다는 점을 생각하면 불평을 할 수 없다. 투덜투덜 불평불만을 늘어놓는 자들 중에 육군 장교가 많은 것은 예전의 자기들 소행은 생각하지 않기 때문인데, 우리 일본인들조차 옳다고 여기지 않는다.

한 번도 포로를 다룬 일이 없고 또 한 번도 그런 행위를 한 적이 없는 내가 이런 곳에서 한통속으로 취급당하는 것은 매우 유감스럽지만, 저들 쪽에서 보면 나도 또한 같은 일본인이다. 구별해서 대우해 달라는 것이 무리일지도 모르겠다. 그러나 천운인 것은 나는 한 번도 구타당한 적도, 발길에 차인 적도 없다는 점이다. 모두로부터 매우 호감을 얻고 있다. 우리의 식사는 아침에 쌀가루로 만든 풀죽, 저녁에 죽으로 하루 2식인데, 하루 종일 배가 꼬르륵 대고 겨우 걸을 수 있을 정도의 힘밖에 없다. 하지만 나는 꽤 호감을 얻고 있는지, 감시병들이 몹시 친절해서 밤중에 몰래 빵, 비스킷, 담배 등을 가져다준다. 어제 밤 같은 경우는 '사이다' 한 병을 가져다주었다. 나는 정말 눈물이 나왔다. 그 물건 때문이 아니라 그 친절 때문이다. 그중의 한 병사가 어쩌면 진주군으로 일본에 갈지도 모른다고 해서 오늘 나는 내 편지를 첨부해서 내 주소를 알려주었다. 그 병사들은 나의 말하자면 억울한 죄에 매우 동정하며 친절하게 대해준다. 대국적으로는 지극히 반일적인 그들도 개개인으로서 접할 동안에는 이렇게 친절하게 대해주는 자도 있는 것이다. 역시 같은 인간이라고 생각한다.

이 병사는 전에 우리 군의 포로였는데, 그때 일본군 병사로부터 두들겨맞고 차이고 불로 지지는 학대를 당한 일을 얘기하면서, 왜 일본 병사들은 그런 짓을 그토록 태연하게 저지르는지 도무지 이해할 수 없다고 말했다. 또 그는 일본 부인들의 사회적 지위가 낮은 것을 이해할 수 없는 일로 여기는 것 같다.

들이마시는 숨 하나 내쉬는 숨 하나, 먹는 한 숟가락의 밥, 이런 것들 하나하나가 모두 지금의 내게는 현세에 대한 감촉이다. 어제는 한 사람, 오늘은 두 사람이 교수대의 이슬로 사라졌다. 이윽고 며칠 안에 나를 부르러 올 것이다. 그때까지 맛보는 최후의 현세에 대한 감촉이다. 지금까지는 아무 자각도 없이 해온 이런 것들이 맛보면 맛볼수록 이렇게도 통절한 맛을 지니고 있는 것이로구나 하고 놀랄 뿐이다. 입에 넣은 한 숟가락의 밥이 뭐라 말할 수 없는 자극을 혀에 주고 녹을 듯 목에서 위로 내려가는 감촉을 눈을 지그시 감고 맛볼 때, 이 현세의 천만무량 복잡한 내용이 모두 이 하나의 감각 속에 담겨 있는 듯 느껴진다. 울고 싶을 때가 있다. 그러나 눈물조차 지금의 내게는 나올 여유가 없다. 극한까지 짓눌린 인간에게는 어떤 화도 비관도 눈물도 없다. 그저 주어진 순간순간을 고마워하고, 있는 그대로 향유해 가는 것이다. 죽음의 순간을 생각할 때는 역시 두렵고 불쾌한 기분에 휩싸이지만 그것은 그 순간이 올 때까지 생각하지 않기로 했다. 그리고 그 순간이 왔을 때는, 즉 죽을 때라고 생각하면, 죽음은 의외로 쉬운 게 아닐까 하고 스스로를 위로한다.

나는 이 책을 며칠 전 뜻밖에도 입수할 수 있었다. 우연히 이것을 입수한 나는 죽을 때까지 한 번 더 읽고 죽고 싶다는 생각을 했다. 몇 년 전 내가 아직 젊은 학도의 한 사람으로 사회 과학의 기본 원리를 왕성하게 탐구하고 있을 때 도움이 된 게 이 다나베 씨의 명저를 손에 넣은 일이었다. 난해한 것으로 다소 유명한 책이었기 때문에 몹시 고생하면서 읽은 일을 기억한다. 그때 어느 날 라쿠호쿠 시라카와(洛北白川)[교토 시]의 한 서재에 있었는데, 지금은 멀리 고향을 떠나 쇼난(昭南)[싱가포르를 점령한 일본군은 전쟁 중에 싱가포르를 쇼난이라 불렀다]의, 그것도 감옥의 차가운 '콘크리트' 침대 위다. 생의 막을 내리기 직전에 이 책을 다시 읽을 수 있게 된 것은 내게 마지막 즐거움과 휴식과 정열을 안겨주었다. 몇 년간의 학구적이지 않았던 생활 뒤에 비로소 이것을 손에 넣고 일독하는데, 뭐랄까 이 책 한 글자 한 글자 속에 예전 야심에 불타던 내 모습을 발견한 듯하여 실로 그리운 감격에 젖어 떨었다. 진정한 명저는 언제 어디에서도, 또 어떤 상태의 인간에게도 불타는 듯한 정열과 휴식을 주는 것이다. 나는 모든 목적 욕구에서 떨어져 나와 한숨을 돌리고 이 책을 일독했다. 그리고 다시 한 번 더 일독했다. 뭐라 말할 수 없는 상쾌한 기분이었다. 내게는 죽음 앞의 독경에 비할 만한 느낌을 주었다. 예전과 같이 야심적인 학구에의 정열에 불타는 통쾌한 맛은 아니지만, 모든 형용사를 초월한, 말로는 도저히 표현할 수 없는 상쾌한 느낌을 주었다. 나는 이 책을 내가 쓰지 못한 유언서로, 어쩐지 나라는 존재를 상징해 줄 최적의 기념물로서 뒤에 남긴다. 내가 이 책에 쓰여 있는 철리(哲理)를 모두 충분히 이해했다는 것은 아니다. 오히려 내가 이해한 것은 이 책의 내용과는 거리가 먼 것일지도 모르겠지만, 내가 말하고 싶은 것은 이 책의 저자인 다나베 씨가 이 책을 쓰려고 붓을 들었던 그 마음이 내가 평생 추구해왔던 마음이고, 이 책을 유서로, 가장 나를 잘 상징해 줄 유품으로 남기겠다는 생각을 하게 만들어준 마음이라는 것이다.

나의 죽음을 듣고 선생님이나 학우들 다수는 애석하게 여겨줄 것이다. "필시 훌륭한 학도가 됐을 텐데" 하고 애석하게 여겨줄 것이다. 만일 내가 살아남더라도 평범한 시정 사람으로 일생을 보내게 될 것이라면, 차라리 지금 이대로 여기서 죽는 것이 나로서는 행복할지도 모르겠다. 아직 세속의 모든 욕심에 속속들이 물들지 않은 지금의 학문 탐구를 향한 순수성을 유지한 채 일생을 마치는 쪽이 어쩌면 아름답고 깨끗할지도 모르겠다. 나로서는 살아남아 학문 탐구의 길을 계속 밟아나가고 싶은 게 당연하지만, 신의 눈으로 보면 지금 운명이 명하는 대로 죽는 쪽이 내게는 행복한 것일지도 모르겠다. 내 학문이 결국 책을 읽지 않고 쌓아두는 것에서 몇 걸음도 더 나아가지 못한 채 끝나는 것이라면 지금의 깨끗한 이 순수한 정열이 일생 중에 가장 가치가 높은 것일지도 모르겠다.

나는 살기 위해, 내 몸의 결백을 증명하기 위해 모든 수단을 다 동원했다. 내 상급자인 장교들로부터 법정에서 진실한 진술을 하지 못하도록 엄금당했고, 그 때문에 명령자인 상급 장교가 징역, 그들의 명령을 받은 자인 내가 사형 판결을 받았다. 이것은 명백히 불합리하다. 내게는 내가 살아남는 것이 그런 장교들이 살아남는 것보다 일본에게는 몇 백배나 더 유익하다는 것이 명백해 보인다. 또 사건 그 자체의 진실이라는 관점에서 보더라도 명령자인 장교들에게 더 많은 책임을 물어야 하는 것은 당연하며, 또 그들이 스스로 이를 잘 알고 있기 때문에 내게 사실을 진술하지 말도록 엄금한 것이다. 여기에서 살아남는 것은 내게는 당연한 권리이고, 일본 국가를 위해서도 해야만 할 일이며, 또한 마지막 효행이기도 하다는 생각에, 판결이 난 뒤이기는 하지만 나는 영어로 글을 써서 사건의 진상을 폭로하며 호소했다. 판결이 난 뒤의 일이고 또 상고가 없는 재판이기 때문에 내 진상 폭로가 과연 받아들여질지 모르겠으나, 어쨌든 최후의 노력을 시도하긴 했다. 처음에는 내 허위진술이 일본인 전체를 위해서라면 어쩔 수 없다고 생각해서 명령에 따랐지만, 결과는 우리 명령을 받은 자들이 오히려 원수가 됐기 때문에 진상을 폭로했던 것이다. 만일 그것이 받아들여진다면 몇 명의 대령, 중령, 몇 명의 위관급 장교들이 사형을 선고받을지도 모르겠으나 그것이 진실인 이상 당연하며, 또 그들의 죽음으로 내가 구제를 받는다면 국가적 견지에서 보더라도 내가 살아남는 것이 몇 배 유익한 일이라고 확신하고 있기 때문이다. 그들은 미사여구일 뿐이고 내용은 전혀 없는 이른바 '정신적'인 언어를 뱉어내지만 내실을 보면 물욕, 명예욕, 허영심 외에 아무것도 없다. 그러한 군인들이 과거에 해온 것과 같은 생활을 앞으로도 계속해 나간다 한들 국가에 유익한 것은 아무것도 없다는 건 명백하다고 확신한다. 일본 군인들 중에는 훌륭한 사람도 있을 것이다. 그러나 내가 본 군인들 중에는 훌륭한 사람은 별로 없었다. 요컨대 고등학교 교사 정도의 인물조차 장군이라고 불리는 사람들 중에 없었다. 감옥에서 무슨 무슨 중장, 무슨 무슨 대령이라는 사람들을 몇 번이나 만났고 함께 생활해 왔으나 군복을 벗은 적나라한 그들의 그 언동은 실로 참아가며 보고 들을 수 없는 것이었다. 이 정도의 인간을 장군이라고 받들어 모시고 있었다니, 일본에 아무리 과학과 물량이 풍부했다 한들 전쟁의 승리는 도저히 바랄 수 없는 것이었다고 생각될 정도다. 특히 만주사변 이래, 게다가 남방 점령 뒤의 일본 군인은 매일 이익을 쫓는 것을 업으로 삼는 상인보다 훨씬 더 저열한 근성으로 전락해 있었던 것이다. 그들이 늘 호언장담한 '충의' '희생정신'은 어디로 갔는가. 종전에 의해 몸을 치장했던 옷들이 벗겨진 그들의 맨몸은 실로 참고 봐줄 수 없는 꼬락서니였다.

그러나 국민은 이들 군인을 비난하기 전에 이런 군인들의 존재를 허용하고 또 키워 왔다는 사실을 알아야만 한다. 결국 책임은 일본 국민 전체의 지능 수준이 얕았던 데에 있는 것이다. 지능 수준이 낮다는 것은 결국 역사가 얕다는 것이다. 2600여 년의 역사가 있다고 할지 모르겠으나 내용이 빈약하면서 길기만 할 뿐인 역사는 자만할 게 못 된다. 근세 사회로서의 훈련과 경험이 부족했다 하더라도, 이제는 더는 비국민이라 하여 군부로부터 질책당하는 것을 받아들이지 않을 것이다.

내가 학생 시절에 보였던 일견 반역적인 생활도 전적으로

이 군벌적 경향을 섬기는 무비판적 추종에 대한 반발이었을 뿐이다.

나의 군대 생활 중에 장교들은 예의 그 호언장담을 해댔다. 내가 완곡하게나마 그 사상에 반대하면 그들은 "너는 자유주의자다"라며 일언지하에 물리쳤다. 군인 사회에서 볼 수 있는 죄악은 일일이 예를 들 수 없을 정도로 한이 없다. 그런 것들은 모두 잊어버리자. 그들도 역시 일본인이니까. 하지만 한마디 해두고 싶은 것은, 그들은 전 국민 앞에서 배를 가르는 심정으로 사죄하고 여생을 사회봉사에 바치지 않으면 안 된다는 것이다.

천황의 이름을 가장 남용하고 악용해온 자들도 군인들이었다.

내가 전쟁도 이미 끝난 오늘에 이르러 교수대의 이슬로 사라지는 것을 부모님은 나의 불운이라 여기며 한탄할 것이다. 부모님이 낙담한 나머지 망연자실하지나 않을지 무엇보다 걱정하고 있다. 그러나 여러모로 생각해 보면, 나는 이만큼 무운(武運)이 상당히 강했던 것이다. 인도양의 최전선, 적의 반항이 가장 강렬했던 동안에, 이제 끝이라고 스스로 단념했던 적이 몇 번이나 있었다. 그래도 나는 작은 상처 하나 입지 않고 오늘까지 살아남을 수 있었다. 나로서는 신이 이렇게 나를 여기까지 잘 가호해 주신 것에 감사하고 있다. 나는 나의 불운을 한탄하기보다 과거 신의 두터웠던 가호에 감사를 드리며 죽어가고

자 한다. 부모님 한탄하지 마세요. 내가 오늘까지 살 수 있었다는 것이 행복이었다고 생각해 주세요. 나도 그렇게 믿고 죽겠습니다.

지금 뜻밖에도 하찮은 '뉴스'를 들었다. 전쟁범죄자에 대한 적용 조항이 삭감되어 우리에게 상당한 감형이 있으리라는 것이다. 며칠 전 주번병으로부터, 이번에 규칙이 새로 바뀌어서 명령을 받고 수행한 병사들의 행동에는 아무런 죄가 없는 것으로 결정했다는 '뉴스'를 들은 것과 합쳐서 생각하면 뭔가 희미한 희망 같은 것이 솟아났다. 그러나 이런 일들은 결과적으로 보면 죽음에 이르기까지의 덧없는 물결에 지나지 않는다는 생각이 든다. 내가 특히 이것을 쓴 것은, 인간이 마침내 죽음에 이르기까지에는 여러 정신적인 갈등을 야기하게 된다는 것을 기록해 두기 위해서다. 인간이라는 존재는 죽음을 각오하면서도 끊임없이 생에 대한 집착에서 벗어나지 못하는 것이다.

안다만[벵골 만 동부의 섬들] 해군부대의 주계장(主計長)을 하고 있던 소령 우치다 미노루 씨는 실로 뛰어난 사람이다. 우치다 씨는 나이 서른이 될까 말까 한데, 도쿄상대를 나온 수재다. 많은 고관들 대다수가 이 최고 상대 출신의 주계관에게 인간적으로는 훨씬 미치지 못한다는 게 얼마나 얄궂은 일인가. 일본국 전체의 모습도 의외로 이와 비슷한 것이 아닌가 하는 의심을 갖지 않을 수 없다. 역시 독서하고 사색하면서 스스로 고뇌해 온 자와 그렇지 못한 자는 다른 점이 있다는 것을 통감할 수밖에 없었다.

너무도 크게 신세를 진 히토쓰야에 사는 할머니의 고생, 내어린 마음에도 선명하게 각인돼 있다. 내가 한 사람으로서 제몫을 하게 됐다면, 가장 먼저 그 은혜에 반드시 보답해야 한다는 점을 나는 늘 중요하게 생각하면서 마음 깊이 새기고 있었다. 그러나 나는 지금 그 할머니보다 먼저 가야만 하는 처지가됐다. 이 커다란 염원 가운데 하나를 이룰 수 없다는 것은 마음에 걸리는 큰 유감 중의 하나다. 이런 내 의지를 누이 고코가대신 꼭 실현해주기 바란다. 지금까지 입 밖에 내지는 않았으나 죽을 때에 이르러 특히 한마디 해 두고자 한다.

내 장례 같은 것은 간단히 해 주세요. 그저 장송(葬送)만 하는 정도로 충분합니다. 성대하게 하는 것은 오히려 내 마음에반합니다. 묘석은 할머니 옆에 세워 주세요. 내가 어릴 적에 이새 할머니의 석비 다음에 세워질 새로운 묘는 과연 누구의 묘일까 생각한 적이 있는데, 바로 내 묘가 들어설 것이라고는 상상도 하지 못했습니다. 거기서는 멀리 스이타[오사카부 스이타시]의 방송국이나 조차(操車)장의 널따란 풍경이 눈에 들어오지요. 백중(伯仲) 때 야간 참배를 하러 가서 멀리 화단에서 쏘아올려진 불꽃을 바라보던 일이 생각납니다. 묘 앞의 감나무열매를, 다음에 돌아간다면 마음껏 따먹겠습니다. 내 불단과묘 앞에는 종래의 헌화보다도 '달리아'나 '튤립' 같은 화려한서양 꽃을 올려주세요. 이것은 내 마음을 상징하는 것이고, 사

418

후에는 특히 화려하고 밝게 살고 싶습니다. 맛있는 서양과자도 듬뿍 올려주세요. 내 머릿속에 남아 있는 불단은 너무 고요했습니다. 내 불단은 더 밝고 화려한 것으로 해주면 좋겠습니다. 불도에 반할지도 모르겠으나 부처가 될 내가 바라는 것이니 괜찮겠지요. 그리고 나 한 사람의 희망으로는 내가 죽은 날보다는 오히려 내 탄생일인 4월 9일을 불단에서 축하해 주기를 바랍니다. 나는 죽은 날을 잊고 싶습니다. 우리의 기억에 남는 것은 오직 내가 태어난 날만이기를 바랍니다.

내 일생 중 가장 기념해야 할 시기는 1939년 8월이다. 그것은 내가 시코쿠의 오모고(面河) 계곡에서 처음으로 사회과학책을 펼쳤던 때이고 또 동시에 진정으로 학문이라는 것의 엄숙성을 깨닫고 하나의 자각한 인간으로서 출발했던 때였다. 나의 감격적인 생은 그때부터 시작됐던 것이다.

이 책을 부모님에게 전해달라고 부탁한 사람은 우에다 대령이다. 우에다 씨는 '카니코바르'[벵골 만 남동 니코바르 제도 중의 섬]의 민정부장으로, 내가 2년에 걸쳐 신세를 졌던 사람이다. 다른 모든 장교들이 병사들을 완전히 노예처럼 취급하며 돌아보지 않았으나 우에다 씨는 참으로 내게 친절했고 내 인격도 충분히 존중했다. 나는 씨로부터 한마디의 질책도 들은 적이 없다. 나는 씨로부터 병사로서가 아니라 한 사람의 학생으로 대접받았다. 만일 내가 씨를 우연히 만나지 않았다면 나의 니코바르에서의 생활은 더욱 비참했을 것이고 나는 다른 병사들이 매일 강요당했던 중노동 때문에 필경 병이 들어 죽었을 것이라고 생각한다. 나는 씨 덕분에 니코바르에서는 장교들조차 받지 못했던 좋은 대우를 받았다. 이건 전적으로 씨 덕분이며 씨 외의 다른 누구 때문도 아니었다. 이는 부모님도 감사하셔도 좋을 것이다. 그리고 법정에서 보여준 씨의 태도도 실로 훌륭했다.

이 책을 내 유품의 하나로 보낸다. 싱가포르, 창이 감옥에서 다 읽었다.

죽음 직전이라고는 하나 이 책은 말로 표현할 수 없는 즐거움과, 조용하지만 진리를 향한 정열을 내게 가져다주었다. 어쩐지 모든 감정을 초월해서 내 본성을 다시 흔들어 일깨워 주었다. 이것이 이 세상에서 본 최후의 책이다. 이 책을 접할 수 있었던 것은, 무미건조했던 내 생애 최후에 휴식과 의미를 더해 준 일이었다. 어머니 울지 마세요, 저도 울지 않아요.

마침내 내 형이 집행되게 됐다. 전쟁이 끝나고 전화 속에서도 죽지 않았던 생명을 지금 여기에서 잃게 되는 건 너무나 애석하지만, 커다란 세계역사의 전환 속에서 국가를 위해 죽어가는 것이다. 부디 부모님은 제가 적탄에 맞아 장렬하게 전사한 것으로 생각하시고 체념해 주세요.

내가 형을 받기에 이른 사건의 상세한 내용에 대해서는 후쿠나카 에이조 대위한테서 들어 주세요. 여기에 서술하는 것은 삼가겠습니다.

부모님은 그 뒤로 건강하신가요. 고코짱은 건강하신가. 고코짱은 이제 스물두 살이 되는군요. 멋진 숙녀가 돼 있겠지만, 그 모습을 볼 수 없는 건 유감입니다. 빨리 결혼해서 나 대신 집안을 이어가 주세요. 내가 없어진 뒤 부모님에게 효양을 다할 사람은 그대뿐이니까요.

부모님께 큰 은혜를 입고 드디어 효양도 다해야겠다고 할 때가 됐는데, 이 모양 이 꼴입니다. 이는 커다란 운명으로, 나와 같은 자 일개인으로서는 도무지 어떻게 해볼 수도 없는 것이어서 완전히 체념할 수밖에 없습니다. 말하자면, 푸념을 하자면 한이 없으나 모두 소용없습니다. 그만두지요. 커다란 폭탄에 맞아 흔적도 없이 사라져버린 것과 같습니다.

이렇게 조용히 죽음을 기다리고 있자니 고향의 그리운 풍경들이 차례차례 떠오릅니다. 별채의 복숭아밭에서 사이데라의 마을을 내려다본, 저 어린 시절의 풍경은 지금도 눈에 선합니다. 다니 씨의 숙부가 아래 연못에서 곧잘 고기를 낚았습니다. 펄떡거리는 붕어가 낚싯줄에 매달려 올라오던 광경을 생생히 기억합니다.

다음에 떠오르는 것은 뭐니 뭐니 해도 고치(高知)입니다. 내게 환경적으로나 사상적으로 가장 파란이 많았던 시대였기 때문에 추억거리가 무궁무진합니다. 새 부지에 지은 집, 고노모

리(鴻ノ森) 언덕, 고등학교, 사카이초, 이노노, 추억은 주마등처럼 달려갑니다.

시오지리[시오지리 고메이(塩尻公明). 윤리학자. 1901~1969], 도쿠다, 핫파 세 선생님은 어떻게 지내실까. 내 일을 들으면 틀림없이 울어주시겠지요. 나는 그분들에게 큰 신세를 졌습니다. 내가 살아남는다면 끝없이 생각날 분들이지만, 아무런 은혜도 갚지 못한 채 먼 타향에서 죽어가는 게 가장 유감스럽습니다. 하다못해 내가 이제 좀 더 나은 인간이 될 때까지라도 살고 싶었습니다. 내가 출정할 때 남긴 말처럼 내 장서는 전부 시오지리 선생님을 통해 고등학교에 기부해 주세요. 시오지리 선생님에게 어떻게든 잘 전해 주세요. 선생님한테서 받은 지도와 후의는 영원히 잊을 수 없어 죽은 뒤에도 계속 간직하겠습니다. 선생님의 저서 『천분(天分)과 애정의 문제』를 이곳에 멀리 떨어져 있는 관계로 오늘에 이르도록 결국 한 번도 읽을 수 없었던 것은 참으로 유감입니다.

모든 희망을 잃어버린 인간의 기분은 실로 기묘하다. 현세의 어떤 말로도 표현할 수 없다. 이미 현세를 한 걸음 초월한 것이다. 죽음의 공포도 느끼지 못하게 됐다.

항복 후의 일본은 크게 변할 것이다. 사상적으로도 정치 경제 기구적으로도 큰 시련과 경험과 변화에 처하겠지만, 그 어느 것이나 하나하나 볼만한 가치가 있을 것임이 분명하다. 그 중에서 나의 시간과 장소를 찾아낼 수 없다는 것은 실로 유감이다. 그러나 세계역사의 움직임은 훨씬 더 큰 것이다. 나 같은 자의 존재에 눈길 한 번 주지 않는다. 태산명동(泰山鳴動)에 밟혀 죽은 한 마리의 개미에 지나지 않는다. 나 같은 예는 무수히 존재한다. 전화에 스러져간 수많은 군신(軍神)도 그렇다. 원자폭탄으로 사라져간 사람들도 그렇다. 이와 같은 일들을 전 세계 차원에서 생각할 때 자연히 내 죽음도 수긍할 수 있을 것이다. 이미 죽어간 사람들을 생각하면, 지금 살고 싶다고 생각하는 건 그 사람들에 대해서도 미안한 일이다. 만일 내가 살아남는다면 어쩌면 한 사람 몫을 하는 자가 돼 얼마간의 일을 해낼지도 모르겠다. 그러나 또한 그저 신통찮은 범인으로 일생을 보낼지도 모른다. 미처 꽃잎도 보지 못하고 꽃봉오리 상태로 죽어가는 것도 하나의 존재 방식일지도 모르겠다. 지금은 그저 신의 명령대로 죽어가는 수밖에 없다.

요즘에 이르러 마침내 죽음이라는 것이 그다지 두렵지 않게 됐다. 결코 억지를 부리는 게 아니다. 병으로 죽어가는 사람도 죽기 전에 이런 기분이 되지 않을까 하는 생각이 든다. 그래도 가끔 정말 몇 초간, 현세에 대한 집착이 불쑥 고개를 쳐들지만 곧바로 사라져버린다. 이 정도라면 그다지 볼썽사나운 모습 없이도 죽을 수 있겠다는 생각이 든다. 뭐라 해도 일생에 이만큼 큰 인간의 시험은 없다.

지금은 부모님이나 누이의 사진도 없기 때문에 매일 아침저녁 눈을 감고 예전 얼굴을 떠올리고는 인사를 한다. 여러분들도 부디 눈을 감고 내 모습을 떠올려 답례해 주세요.

내 일에 대해서는 앞으로 차차 귀환할 전우들이 소식을 전해주겠지요. 뭔가 소식이 있을 때마다 먼 길이지만 전우들을 방문해서 내 일에 관한 얘기들을 들어 주세요. 나는 무엇 하나 불명예스러운 짓은 하지 않았습니다. 죽을 때도 반드시 당당하게 죽을 것입니다. 나는 훌륭한 일본 군인의 귀감이 되지는 못할지라도 고등교육을 받은 일본인의 한 사람으로서 아무 부끄러울 것 없이 행동을 해왔습니다. 그럼에도 뜻밖에도 내게 전쟁범죄자라는 오명을 씌운 것이 고코의 혼담이나 집안의 앞길에 무슨 지장을 초래하지 않을지 걱정스럽기 짝이 없습니다. '카니코바르'에 종전 때까지 주둔한 사람이라면 누구든 모두 나의 공명정대함을 증명해 줄 것입니다. 부디 나를 믿고 안심하십시오.

만일 사람들 얘기처럼 저세상이라는 게 존재한다면, 죽어서 조부모님도 전사한 학우들도 만날 수 있겠지요. 그 사람들과 현세의 추억을 얘기하는 것도 즐거움의 하나로 삼을 수 있겠지요. 또 사람들 얘기처럼 될 수 있는 것이라면, 저세상 음지에서나마 부모님과 누이 부부를 지켜볼 수 있겠지요. 늘 슬픈 기억을 불러내는 나일지도 모르겠지만, 가끔은 나에 대한 기억도 떠올려 주세요. 그리고 오히려 나날의 생활에 기운을 북돋워주는 쪽으로 생각을 향해 주세요.

내 기일은 1946년 5월 23일이다.

더 이상 쓸 것은 없다. 드디어 죽으러 간다. 여러분 건강하게. 안녕히. 안녕히.

1. 대일본제국에 새로운 번영 있기를.

1. 여러분 모두 건강하게. 많은 신세를 졌습니다.

1. 마쓰고노미즈(末期の水. 임종하는 사람 입에 넣어주는 물)를 올려주세요.

남녘 이슬로 사라지는 목숨 아침 죽 마시는 마음 슬프다

아침 죽 마시면서 생각하는 고향의 아버지 한탄하지 마세요 어머니 용서하세요

먼 나라에서 사라지는 생명의 외로움에 더 한층 한탄할 부모님

벗이 가는 독경 소리 들으며 내가 갈 날을 손꼽아 기다린다

손가락 깨물고 눈물 흘리며 머나먼 부모님에게 빌었다 안녕히 안녕히라고

눈을 감고 어머니를 그리면 어린 날의 사랑스러운 모습 사라질 때 없다

소리도 없이 내게서 떠나가지만 쓰면서 그리워한다 내일이라는 글자를

어렴풋이 바람 불어와 깊은 마음에 먼지처럼 이는 슬픔

내일이라는 날도 없는 목숨 보듬어 안고 글 읽는 마음 꾸밈없다

이하 2수, 처형 전야 작

전율도 슬픔도 없는 교수대 어머니 웃는 얼굴 안고 간다

바람도 멎고 비도 그쳤다 상쾌하게 아침 햇살 받으며 내일은 나갑니다

유골은 보내지 않는다. 손톱과 남긴 머리칼로 그것을 대신한다.

처형 반시간 전 붓을 놓는다.
기무라 히사오

* 하와이에서 스러져간 군신(軍神)… 미일 개전 첫날에 하와이 진주만 군항을 특수잠항정으로 공격한 최초의 특공대원은 '군신'이 됐다.
* 육군 사단 편성과 방면군… 사단(보병의 경우)은 여단 – 연대 – 대대 – 중대 – 소대의 방침에 따라 편성되며, 전략의 최소 단위가 사단, 전술의 최소 단위는 대대가 된다. 통상적으로 보병 2개 여단(4개 연대)을 축으로 평시에 1만 명, 전시에는 포병·기병·공병·치중병(군수)·야전병원 등 각 병과 연합의 2~3만 명에 이르는 대집단이 된다. 1937년 7월, 중일 전면전에 돌입한 이후에는 보병 3개 연대를 근간으로 하는 3단위 사단이 많이 편성됐다. 복수의 사단으로 '군', 복수의 군으로 '방면군'을 편성한다. 패전 직전의 임시편성으로 복수의 방면군으로 '총군'을 만들었다. 1945년 가을에 상정된 본토결전용 육군은 동에 제1총군, 서에 제2총군, 합계 80개 사단 310만 명 규모로 전개하기로 돼 있었다.

옮긴이의 말

　『들어라 와다쓰미의 소리를』은 태평양전쟁 말기에 목숨을 잃은 일본 학도병들이 남긴 글들을 모아 엮은 유고집이다. 1945년 8월 일본 패전에 이르는 전쟁 막바지에 전장에서 죽어간, 주로 20대 초반 나이의 젊은이들이 남긴 일기, 수기, 부모 형제나 연인·아내·친구·스승 등에게 보낸 편지, 에세이, 유류품 수첩 메모 등을 모아 편집했다. 1949년에 처음 나온 이래 지금까지도 꾸준히 팔리고 널리 읽히는 반전·평화의 고전이요 일본 최고의 스테디셀러 가운데 하나다.

　예전에 신문사 국제부에서 일할 때 이 책의 존재를 알게 됐는데, 주로 반전·평화 운동 맥락에서 언급돼 온 이 유명한 책을 읽어보고 싶었으나 마음뿐, 뜻을 이루지 못하다가 덜컥 번역을 맡아 하면서 그 놀랍고도 비통한 사연들을 절감했다. 그러면서 전쟁이라는 인간사 최대·최악의 우행이자 악업에 대해, 그리고 무엇보다 일본뿐만 아니라 우리나라를 비롯한 아시아 전역에서 그런 전란을 자행하며 참혹한 재앙을 안겨준 제국주의 일본의 만행과 오늘의 일본에 대해 다시금 곰곰이 생각해보지 않을 수 없었다.

번역에 사용한 판본은 일본이 패전한 지 50년('전후 50년')째인 1995년에 나온 이와나미쇼텐(岩波書店) 문고본 개정판 『신판(新版) 들어라 와다쓰미의 소리를-일본 전몰학생의 수기』이다. 아마존 재팬에 뜬 이 책 홍보용 문구를 참고삼아 옮기면 이렇다.

"혹독한 상황 속에서 마지막까지 예민한 혼과 명석한 지성을 잃지 않으려 노력하면서 조국과 사랑하는 이의 미래를 걱정하며 죽어간 학도병들. 1949년 간행 이래 무수한 독자들의 마음을 계속 사로잡아온 전몰학생들의 수기를 전후 50년을 기해 다시 원점으로 돌아가 수정 보완함으로써 새 세대가 계속 읽어갈 수 있게 만든 결정판."

'와다쓰미(わだつみ)'는 본래 바다의 신·신령이라는 뜻을 지닌 말인데, 지금은 바다 그리고 이 책 간행 이후엔 흔히 젊은 나이에 태평양전쟁 때 전장에서 죽어간 전몰학생들을 가리키는 말로 쓰이고 있다고 한다. 일본 『고사기』나 『일본서기』에 나오는 말인 와다쓰미의 '와다'가 당시 바다(海)를 가리키는 고어였다고 하니, 어쩐지 우리말 '바다'와의 친연성을 느끼게 한다. 쓰미의 '쓰'는 우리말의 관형격 조사 '~의'에 해당하고

'미'는 신령이라는 의미란다.

이 책은 수록된 글들을 '중일전쟁 시기', '아시아태평양전쟁 시기', '패전' 등 크게 세 시기로 나눠 싣고 있다. 중일전쟁 시기는 1931년 이른바 '만주사변' 이후 일본군이 만주와 중국 대륙을 침략한 전쟁에 동원된 학도병들의 글을 담았다. 패전 시기로 분류된 글들은 일본이 항복한 뒤에도 전장이나 병원에서 숨져간 젊은이들 유고들이다. 중일전쟁 시기의 글이 약 80쪽 분량이고 패전 시기의 글이 약 40쪽이다. 따라서 420쪽이 넘는 이 책의 약 4분의 3에 해당하는 300여 쪽이 아시아태평양전쟁 시기, 즉 1941년 12월 일본군이 하와이 진주만의 미 태평양함대 사령부를 급습한 이후의 미일전쟁을 중심으로 그 전의 싱가포르 등 동남아시아 침공 시기부터 패전까지의 기간에 숨겨간 학도병들 유고로 채워져 있다.

따라서 이 책에 실린 유고의 필자들은 대부분 1944~5년에 목숨을 잃었고, 중일전쟁 시기의 유고로 분류된 글의 주인공들도 사망 시기는 그와 크게 다르지 않다. 패전 시기의 것으로 분류된 유고들 중엔 히로시마 원폭 피폭자로 병원 치료 중 숨진 학도병, 패전 직후 소련군에 포로로 끌려가 시베리아에서 강제노역을 하다 병으로 죽은 학도병의 글도 있고, 한반도 북부에서 소련군이 밀고 내려오는 상황을 묘사한 글도 있다. 마지막은 1942년 4월에 교토제국대학 경제학부에 입학했다가 그해 10월에 입대해 동남아 지역으로 배치된 뒤 일본 패전 다음

해인 1946년 5월 싱가포르 창이 형무소에서 포로학대 전쟁범죄 죄목으로 사형당한 육군 상등병의 비교적 긴 글로 맺고 있다. 자신에게 임무를 부여한 상사들은 다 빠져나가고 현장 실무병인 그가 죄를 다 뒤집어쓰게 된 경위와, 억울하지만 제국 일본이 저지른 죄의 대가라며 담담히 받아들이면서 일본 군부와 전쟁의 비리와 비참을 고발한 그 상등병의 글은, 역시 징병당했다가 일본 패전 뒤 그와 비슷한 죄목으로 처형당한 수십 명의 조선인 B·C급 전범자들의 또 다른 처지를 떠올리게 만들었다.

가장 양도 많고 기구하고 절절한 사연들도 많은 아시아태평양전쟁 시기 유고들 중에는 한국에서 날조된 재일동포 간첩단 사건 피해자들 석방운동에도 참여한 진보적 문화인이요 사회학자로 지난 6월 101세로 세상을 떠난 히다카 로쿠로(日高六郎)에게 보낸 한반도 주둔 병사 미사키 구니노스케의 편지 3편도 들어 있다. 히다카의 도쿄제국대학 몇 년 후배인 미사키는 도쿄대 문학부를 1942년 9월에 졸업한 뒤 1944년 7월에 징병당했고 1946년 3월 소련군에 의한 시베리아 억류 중에 스물넷의 나이로 병사했다. 그보다 네 살 위인 히다카는 그 뒤 72년을 더 살았다. 문학도답게 매우 치밀하면서도 아름다운 서정적인 필치의, 너무 일찍 죽어야 했던 미사키의 주둔지 주변 조선의 풍정 묘사는 전쟁과 식민지라는 상황에 어울리지 않을 수도 있지만, 그런 섬세한 품성과 재능의 소유자에게 들이닥친

동원과 요절의 비극과 대비되면서 또 다른 사념을 불러일으킨 다.

희생자들 중에는 고교 졸업생이나 전문학교 출신자들도 있지만, 이런 사례들을 통해서도 엿볼 수 있듯이 대다수는 도쿄 제국대학과 교토제국대학, 게이오의숙, 와세다대, 주오대 등 당대 최고 학부를 다녔거나 졸업한 일본의 엘리트들이었다. 물론 학력이 지적·도덕적 능력과 정비례하는 건 아니지만 일본 인구 중에 대학을 다닌 사람이 극소수였던 시절에, 다수 일본 인들에게 지적으로 우수했고 세계를 보는 눈이나 시대적 감수성에서도 가장 예민했던 것으로 비쳐졌을 그들의 면모를 구체적으로 살펴볼 수 있는 유고들은 전후 일본인들에게 더욱 큰 상실감을 안겨주었을 것이다. 그들이 머나먼 중국, 필리핀, 미얀마, 인도네시아, 남태평양과 일본 근해에서 어처구니없게도 인간어뢰나 인간폭탄 등으로 돌진하며 죽어갈 날이 며칠, 또는 몇십 일 앞으로 다가와 있다는 사실을 분명히 인지한 가운데 써서 남긴 회한, 애절, 눈물, 가족과 연인 등에 대한 절절한 사랑, 죽음에 대한 공포, 체념, 전쟁과 상사에 대한 증오, 인간과 세상사에 대한 사념, 그래도 버리지 못한 소망 등을 이 책은 날 것 그대로 보여주고 있다.

포로가 되는 치욕을 견디느니 천황과 일본 국체를 위해 죽을 것을 강요한 〈전진훈〉이나 병사들에게 통수권을 지닌 천황을 정점으로 한 확대된 가부장적 체제의 황국사관 이데올로기를 주입하기 위한 〈군인칙유〉가 지배했던 시절에도 젊은이들의 내면은 그런 강제된 이데올로기보다는 각기 다양한 인간적 고민과 자유에 대한 희구, 자유주의에 대한 생각으로 채워졌고, 심지어 아나키즘이나 사회주의, 공산주의 등의 급진적 사회개혁 사상으로 소용돌이치기도 했음을 유고들은 보여준다. 그런 사상을 비롯한 당대의 선진적 담론과 일본의 향후 진로를 두고 정연하게 논리를 펼쳐간 일부 필자들의 사고는 지금 봐도 수준급이다. 그러면서도 그들 중 다수는 일본 민족주의와 국가주의의 자장을 벗어나지 못했고, 일부는 천황 숭배자들도 있었으며, 중국·조선 등 피침략·식민지 사람들에 대한 우월감 내지 무관심, 주입된 군국주의 사상에서도 자유롭지는 못했다.

전후 일본의 반전·평화 운동에 큰 영향을 끼쳤다는 이 책이 출간된 뒤의 충격파가 컸던 만큼이나 일본 사회에서의 논란도 적지 않았다. 일부 논자들은 천황과 군국일본 숭배자들의 글도 그대로 실었어야 했다며, 책이 반전·평화적 유고들 위주로 편집된 것은 사실 왜곡이라고 주장했다. 또 많은 사람들은 도쿄 제국대학 등 명문대 출신자들의 글 위주로 유고를 선별, 편집한 것을 두고 대다수 일반 병사들의 생각과 처지를 외면한 편향이라고 비판했다. 몇 차례 판을 거듭하면서 부분적인 원고 가필 또는 수정 의혹이 불거져 소송까지 벌어진 적도 있다. 하지만 유고 선별상의 문제는 당대 시대상의 한계나 편집자들의 의도를 반영한 나름의 합리적인 이유를 갖고 있으며, 원고 수정·가필 의혹은 신판 출간 이후 대체로 해소된 듯하다.

이처럼 이런저런 한계와 문제를 안고 있음에도, 『들어라, 와다쓰미의 소리를』은 반전·평화의 감동적인 고전으로, 당대 일본 사회의 실상을 생생하게 전해주는 명저로 확고하게 자리 잡았다.

문고본으로 5백 쪽이 넘는 두터운 분량의 글을 옮기는 과정 자체가 큰 공부였다. 지금 세대에게 읽히기 쉽게 편집했다지만 글을 쓸 당시의 어법과 시대상황이 지금과는 반세기 이상 떨어진 시공간적 괴리에서 오는 어려움이 있었다. 그 어려움은 역자 역량의 한계 때문에 배가됐을 것이다. 어떤 대목에서는 긴 문장보다 훨씬 더 절절하고 첨예하게 필자들의 생각과 느낌을 압축적으로 전달하는 일본 특유의 단가나 시를 옮길 때 특히 그랬다. 잘못이 발견된다면 당연히 이제부터라도 고쳐나가도록 하겠다.

덧붙이자면, 우리는 왜 이런 유의 명저들이 없거나, 설사 있었다 하더라도 왜 스테디셀러 고전으로 자리 잡지 못했을까, 하는 생각도 했다. 기구하고 비통하고 절절한 사연으로 치면 근대 이후 우리 쪽이 몇 배나 더했을 텐데 말이다. 거기에는 여러 요인들이 있겠지만, 지금에 이르는 질곡의 한반도 현대사 자체가 그것을 허용하지 않은 측면도 있을 것이다. 그러나 또 한편으로 생각하면 바로 그 때문에, 그 질곡을 청산해 가기 위해서라도 그런 기록을 발굴하고 정리해서 새 세대들이 널리 읽게 만들어야 하는 게 아닌가 하는 생각도 했다.

2018년 7월 22일
한승동

옮긴이 | 한승동

1957년 경남 창원 생. 서강대학교 사학과를 졸업했고 〈말〉지를 거쳐 1988년 〈한겨레〉 창간 때부터 기자로 일했으며, 도쿄 특파원, 국제부장, 문화부 선임기자, 논설위원 등을 지낸 뒤 2017년 말 정년퇴임했다. 지은 책으로 『대한민국 걸어차기』 『지금 동아시아를 읽는다』가 있으며, 옮긴 책으로 『우익에 눈먼 미국』 『시대를 건너는 법』 『나의 서양음악 순례』 『디아스포라의 눈』 『희생의 시스템 후쿠시마 오키나와』 『속담 인류학』 『멜트다운』 『보수의 공모자들』 『내 서재 속 고전』 『재일조선인』 『다시 일본을 생각한다』 『짧게 쓴 프랑스 혁명사』 등이 있다.

들어라 와다쓰미의 소리를

초판 1쇄 발행 2018년 8월 20일

엮은이 일본전몰학생기념회
옮긴이 한승동

펴낸곳 서커스출판상회
주소 서울 마포구 월드컵북로 400 5층 24호(상암동, 문화콘텐츠센터)
전화번호 02-3153-1311
팩스 02-3153-2903
전자우편 rigolo@hanmail.net
출판등록 2015년 1월 2일(제2015-000002호)

ISBN 979-11-87295-21-1 03910

이 도서의 국립중앙도서관 출판예정도서목록(CIP)은 서지정보유통지원시스템 홈페이지(http://seoji.nl.go.kr)와 국가자료공동목록시스템(http://www.nl.go.kr/kolisnet)에서 이용하실 수 있습니다.(CIP제어번호: CIP2018021932)